서울
시설공단

직업기초능력평가

서울시설공단
직업기초능력평가

개정5판 발행	2025년 4월 25일
개정6판 발행	2026년 3월 25일

편 저 자 | 취업적성연구소

발 행 처 | ㈜서원각

등록번호 | 1999-1A-107호

주　　소 | 경기도 고양시 일산서구 덕산로 88-45(가좌동)

교재주문 | 031-923-2051

팩　　스 | 031-923-3815

교재문의 | 카카오톡 플러스 친구[서원각]

홈페이지 | goseowon.com

PREFACE

우리나라 기업들은 1960년대 이후 현재까지 비약적인 발전을 이루었다. 이렇게 급속한 성장을 이룰 수 있었던 배경에는 우리나라 국민들의 근면성 및 도전정신이 있었다. 그러나 빠르게 변화하는 세계 경제의 환경에 적응하기 위해서는 근면성과 도전정신 이외에 또 다른 성장 요인이 필요하다.

최근 많은 공사·공단에서는 기존의 직무 관련성에 대한 고려 없이 인·적성, 지식 중심으로 치러지던 필기전형을 탈피하고, 산업현장에서 직무를 수행하기 위해 요구되는 능력을 산업부문별·수준별로 체계화 및 표준화한 NCS를 기반으로 하여 채용공고 단계에서 제시되는 '직무 설명자료'에서 제시되는 직업기초능력과 직무수행능력을 측정하기 위한 직업기초능력평가, 직무수행능력평가 등을 도입하고 있다.

서울시설공단에서도 업무에 필요한 역량 및 책임감과 적응력 등을 구비한 인재를 선발하기 위하여 고유의 필기전형을 치르고 있다. 본서는 서울시설공단 직원 공개채용대비를 위한 필독서로 서울시설공단 필기전형의 출제경향을 철저히 분석하여 응시자들이 보다 쉽게 시험유형을 파악하고 효율적으로 대비할 수 있도록 구성하였다.

신념을 가지고 도전하는 사람은 반드시 그 꿈을 이룰 수 있습니다. 처음에 품은 신념과 열정이 취업 성공의 그 날까지 빛바래지 않도록 서원각이 수험생 여러분을 응원합니다.

STRUCTURE

핵심이론정리

NCS 기반 직업기초능력평가에 대해 핵심적으로 알아야 할 이론을 체계적으로 정리하여 단기간에 학습할 수 있도록 하였습니다.

출제예상문제

적중률 높은 영역별 출제예상문제를 상세하고 꼼꼼한 해설과 함께 수록하여 학습효율을 확실하게 높였습니다.

인성검사 및 면접

취업 성공을 위한 실전 인성검사와 면접의 기본을 수록하여 취업의 마무리까지 깔끔하게 책임집니다.

CONTENTS

서울시설공단 소개

01 공단소개

(1) 설립배경 및 목적

① 서울시설공단은 「지방공기업법 제76조 제1항」과 「서울시설공단 설립 및 운영에 관한 조례」에 의거하여 '서울특별시장이 지정하는 시설물의 효율적 관리운영을 통하여 시민의 복리 증진에 기여함'을 목적으로, 1983년 9월 1일 우리나라 최초의 지방공단으로 설립되었다.

② 출범 당시 공단은 지하철 2호선 을지로 지중(地中)공간에 조성된 지하보도 및 상가관리 업무를 시작으로 유료도로와 유료주차장 관리업무를 수행하였으며, 이후 서울어린이대공원(1986년)과 장묘사업(1987년) 등 규모가 크고 시민의 일상생활에 밀접한 사업들을 잇달아 맡았고, 이어 1990년대에 도시고속도로(1994년)와 공동구(1995년) 등 크고 작은 여러 분야로 그 범위를 넓혀 나갔다.

③ 2000년대 들어서는 소규모공사감독(2000년), 교통정보제공(2001년), 장애인콜택시(2003년) 등 다양한 분야에서 시민여러분을 만나게 되었으며, 특히 서울월드컵경기장(2001년), 청계천(2005년), 서울추모공원(2012), 장충체육관(2014), 고척스카이돔(2015), 그리고 공공자전거(2016) 등 서울을 상징하는 주요 인프라를 인수·관리하면서 대한민국을 대표하는 최고의 시설전문 공기업으로 발전하고 있다.

(2) 주요사업

복지경제	문화체육	도로관리	시설안전	교통사업
• 지하도상가	• 서울월드컵경기장	• 도시고속도로	• 도심지공사감독	• 주차시설
• 서울추모공원	• 고척스카이돔	• 도시고속도로	• 공동구관리	• 교통시설
• 서울시립승화원	• 청계천	교통정보(ITS)	• 상수도지원	• 공공자전거
(화장장 등)	• 어린이대공원			
• 장애인콜택시	• 장충체육관			

(3) 경영방향 및 캐치프레이즈

① 경영방향

Mission	Vision
-안전을 누리고 서울을 즐기다- 지속가능한 안전·행복특별시 서울 만들기	시민을 위한 도시기반시설 경영 전문 공기업

② 캐치프레이즈 … 안전을 누리고 서울을 즐기다.

(4) 경영전략

경영전략	안전경영	창의경영	효율경영	청렴경영	지속가능경영
경영방향	• 디지털 전환 • 첨단안전도시 구현	• 창의·혁신 • 시민행복도시 조성	• 자율·책임 • 효율경영구조 확립	• 공정·투명 • 시민·직원신뢰 확보	• 사회적책임 수행 • 지속가능발전 도모
전략과제	• 디지털 융합 안전 관리 체계 강화 • 노후시설물 보완·개선 • 중대재해 예방제계 강화	• 사회적 약자와의 동행 • 시민행복 경험 제공 • 시민과의 소통기반 구축	• 숨겨진 비효율의 정상화 • 적극적 업무개선 • 신성장 동력 확보	• 사전 부패예방 강화 • 직원이 일할 맛 나는 일터문화 조성 • 불합리한 의사결정 구조 및 제도 개선	• 저탄소·친환경 활동 강화 • 민간과의 동반성장 • 직원 전문역량 강화
경영목표	중대재해 Zero	고객만족도 100점	수지율 개선	종합청렴도 1등급	경영평가 가 등급

채용안내

(1) 인재상

"기본에 충실하고 전문성을 보유한 창조적 인재"	
전문인	• 분야별 전문성을 바탕으로 변화를 주도하는 인재 • 해당분야 전문가가 되기 위해 끊임없는 자기계발을 수행하는 인재
창조인	• 환경변화에 유연하게 대처하고 개선하고자 하는 열정을 보유한 인재 • 새로운 사고로 가치를 창출하는 인재
소통인	• 구성원과 화합하고 성실한 인재 • 성품과 행실이 올바르며, 기본에 충실한 인재

(2) 직원사명

우리는 서울의 주요시설과 공공서비스를 책임지고 운영하는 최고의 전문인으로서, 시민의 신뢰를 바탕으로 시민의 곁에서, 시민들과 함께 더 나은 삶을 위한 최적의 공간을 만들고, 사람이 우선하는 사람존중의 가치를 실현해 가겠습니다.

시민에게 안전과 신뢰를	• 우리는 기본과 원칙에 충실하고 작은 위험도 소홀히 하지 않습니다. • 보이지 않는 곳까지도 세심하게 시민의 안전을 챙기며 우리가 제공하는 공공서비스가 시민들의 신뢰를 받을 수 있도록 노력합니다.
직무에서 책임과 정성을	• 우리는 책임 있는 자세로 맡겨진 임무에 정성을 다합니다. • 시민의 입장에서 더 나은 공공서비스는 무엇일까를 늘 고민하며, 더 좋은 서비스를 위해 낡은 것은 새롭게 하고 새로운 것은 익숙하도록 끊임없이 전문성을 키웁니다.
동료에게 배려와 존중을	• 우리는 동료에 대한 따뜻한 관심과 배려를 바탕으로 서로를 존중합니다. • 기쁨은 같이 나누고 어려움은 함께 극복해 나가며 동료들의 가능성과 재능이 꽃 피워질 수 있도록 서로를 지지하고 격려합니다.
일상에서 소통과 협력을	• 우리는 열린 자세로 소통하고 협력합니다. • 다양한 가치를 인정하고 수평적으로 소통하여 다양한 주체들이 공공서비스를 기반으로 새로운 가치를 창출 할 수 있도록 기회를 마련합니다.
자신에게 정직과 용기를	• 우리는 잠시의 안락함을 위해 스스로를 속이지 않습니다. • 실수를 인정할 줄 하는 용기와 어떠한 유혹에도 흔들림 없는 마음가짐, 누구에게나 투명하고 공정한 태도로 우리의 명예를 지킵니다.

(3) 채용안내

① 지원자격

구분		응시자격요건 (아래 어느 하나를 갖춘 자)		필기전형 우대사항 (중복시 하나만 적용 10%)	매 전형 우대
		전공	자격		
공통		• 공단 인사규정 제12조 결격사유에 해당하지 않으며, 공단 정년인 60세 이하인 자 ※ 공단 인사규정에 따라 18세 이상이거나 고등학교 졸업예정자부터 지원가능 • 군 복무중인 자는 매 전형 응시 가능해야 하며, 최종합격자는 공단 인력운영 상황에 따른 임용시기에 정상근무 가능해야 함			
7급	법정 상경	–		공인회계사 공인노무사 세무사	취업지원 대상자 (5% 또는 10%) · 장애인(5%)
	전산	전산분야 관련학과 졸업자 또는 졸업예정자		–	
	토목 건축 전기 기계 통신 조경	–	(직종별 관련분야) 기사 이상	(직종별 관련분야) 기술사	
7급 (보)	전기 기계 통신 조경	–	(직종별 관련분야) 기능사 이상	–	

② 전형절차

㉠ **서류전형** : 응시자격요건 충족자로서 자기소개서 불성실 기재 요건에 해당하지 않는 유효지원자를 대상으로 전원 필기시험 기회 부여

㉡ **필기전형**

• 전형대상 : 서류전형 합격자

• 시험과목 : 전공 및 NCS 각 50문항 각 60분(100점 만점)

• 선발기준 : 전공시험 원점수 50%와 NCS 직업기초능력 원점수 50%를 합산하고 가산점을 반영하여 고득점 순으로 선발

• 과락기준 : 필기전형 매 과목 만점의 40% 미만 득점한 경우 또는 필기전형 전 과목 평균점수(가점포함)를 60% 미만 득점한 경우(단, 가점은 매 과목 만점의 40% 이상 득점자에게 적용
• 선발인원 : 분야별 채용예정인원의 2~5배수

※ 단, 필기 최종점수 동점자가 발생하여 선발예정인원을 초과하는 경우에 동점자는 모두 합격자로 선발

ⓒ 인성검사(온라인)
• 전형대상 : 필기전형 합격자
• 검사내용 : 개인의 성격·가치·태도 등 업무수행, 공직소양 및 조직생활 적응에 요구되는 기초적인 성격을 파악하기 위한 검사

※ 인성검사 결과는 면접 시 참고자료로 활용되며, 인성검사 미실시자는 면접전형 불합격 처리됨

ⓐ 면접전형
• 면접대상 : 필기전형 합격자 중 인성검사를 완료한 자
• 면접방법 : 구조화 조별면접(7급 : 실무·인성면접 및 토론면접, 7급(보) : 실무·인성면접)
• 평가요소
 – 실무·인성면접[7급 및 7급(보)] : 전문성, 고객만족, 공직윤리, 팀워크, 자기관리
 – 토론면접(7급) : 의사소통능력, 문제해결능력(사고력, 문제처리능력), 대인관계능력
• 선발기준 : 부적격 기준에 해당하지 않는 자 중 필기전형 원점수(가산점 적용 전) 50%와 면접전형 원점수 50%를 합산하고, 가산점을 반영하여 고득점 순으로 선발

※ 면접전형 부적격 판단 기준 : 출석위원의 과반수가 평가요소 중 과반의 항목을 '미흡'으로 평가하였거나, 출석위원의 과반수가 어느 하나의 동일한 평가요소에 대하여 '미흡'으로 평가한 경우
※ 7급 토론면접 평가는 면접전형 부적격 판단 기준 미적용

• 직급별 선발기준표

구분	필기시험	실무 및 인성면접	토론면접
7급	50%	25%	25%
7급(보)	50%	50%	미실시

③ 가산점 사항

	구분	배점	증빙서류
필기전형	우대 자격증 소지자	필기전형 만점의 10%	공인회계사, 공인노무사, 세무사, 기술사 자격증
매 전형	취업지원대상자	전형단계별 만점의 5% 또는 10%	취업지원대상자증명서
	장애인	전형단계별 만점의 5%	장애인증명서

※ 가산점 사항은 원서 접수 마감일 기준 취득 · 보유 · 소지한 경우로, 최종 임용일까지 유효하여야 함

※ 필기전형 시 우대 자격증(공인회계사, 공인노무사, 세무사, 기술사) 가산점은 하나만 적용

※ 취업지원대상자 및 장애인 가산점이 중복되는 경우에는 합산 적용

※ 취업지원대상자증명서 및 장애인증명서의 경우 채용 공고일 이후 발급분만 인정

※ 단, 취업지원대상자의 경우 국가유공자 등 예우 및 지원에 관한 법률 제31조 제3항에 의거 가산점을 적용받아 합격하는 인원은 선발 예정인원의 30%를 초과할 수 없음

※ 가산점은 매 과목 만점의 40% 이상 득점자에게 적용

※ 응시자가 가산점 항목 허위 기재 시 이에 대한 불이익은 일체 응시자의 책임으로 함

④ 최종 합격자 임용(수습사원)

　㉠ 3개월 미만의 수습근무 후 별도 평가절차를 거쳐 정규임용(본채용) 예정이며, 수습평가 결과 부적격자는 정구임용(본채용)이 거부됩니다.

　㉡ 개인사정에 의한 임용일자 조정은 불가합니다.

NCS
직업기초능력평가

1 의사소통과 의사소통능력

(1) 의사소통

① 개념 … 사람들 간에 생각이나 감정, 정보, 의견 등을 교환하는 총체적인 행위로, 직장생활에서의 의사소통은 조직과 팀의 효율성과 효과성을 성취할 목적으로 이루어지는 구성원 간의 정보와 지식 전달 과정이라고 할 수 있다.

② 기능 … 공동의 목표를 추구해 나가는 집단 내의 기본적 존재 기반이며 성과를 결정하는 핵심 기능이다.

③ 의사소통의 종류
    ㉠ 언어적인 것 : 대화, 전화통화, 토론 등
    ㉡ 문서적인 것 : 메모, 편지, 기획안 등
    ㉢ 비언어적인 것 : 몸짓, 표정 등

④ 의사소통을 저해하는 요인 … 정보의 과다, 메시지의 복잡성 및 메시지 간의 경쟁, 상이한 직위와 과업지향형, 신뢰의 부족, 의사소통을 위한 구조상의 권한, 잘못된 매체의 선택, 폐쇄적인 의사소통 분위기 등

(2) 의사소통능력

① 개념 … 의사소통능력은 직장생활에서 문서나 상대방이 하는 말의 의미를 파악하는 능력, 자신의 의사를 정확하게 표현하는 능력, 간단한 외국어 자료를 읽거나 외국인의 의사표시를 이해하는 능력을 포함한다.

② 의사소통능력 개발을 위한 방법
    ㉠ 사후검토와 피드백을 활용한다.
    ㉡ 명확한 의미를 가진 이해하기 쉬운 단어를 선택하여 이해도를 높인다.
    ㉢ 적극적으로 경청한다.
    ㉣ 메시지를 감정적으로 곡해하지 않는다.

2 의사소통능력을 구성하는 하위능력

(1) 문서이해능력

① 문서와 문서이해능력
- ㉠ 문서 : 제안서, 보고서, 기획서, 이메일, 팩스 등 문자로 구성된 것으로 상대방에게 의사를 전달하여 설득하는 것을 목적으로 한다.
- ㉡ 문서이해능력 : 직업현장에서 자신의 업무와 관련된 문서를 읽고, 내용을 이해하고 요점을 파악할 수 있는 능력을 말한다.

예제 1

다음은 신용카드 약관의 주요내용이다. 규정 약관을 제대로 이해하지 못한 사람은?

> [부가서비스]
> 카드사는 법령에서 정한 경우를 제외하고 상품을 새로 출시한 후 1년 이내에 부가서비스를 줄이거나 없앨 수가 없다. 또한 부가서비스를 줄이거나 없앨 경우에는 그 세부내용을 변경일 6개월 이전에 회원에게 알려주어야 한다.
>
> [중도 해지 시 연회비 반환]
> 연회비 부과기간이 끝나기 이전어 카드를 중도해지하는 경우 남은 기간에 해당하는 연회비를 계산하여 10 영업일 이내에 돌려줘야 한다. 다만, 카드 발급 및 부가서비스 제공에 이미 지출된 비용은 저외된다.
>
> [카드 이용한도]
> 카드 이용한도는 카드 발급을 신청할 때에 회원이 신청한 금액과 카드사의 심사 기준을 종합적으로 반영하여 회원이 신청한 금액 범위 이내에서 책정되며 회원의 신용도가 변동되었을 때에는 카드사는 회원의 이용한도를 조정할 수 있다.
>
> [부정사용 책임]
> 카드 위조 및 변조로 인하여 발성된 부정사용 금액에 대해서는 카드사가 책임을 진다. 다만, 회원이 비밀번호를 다른 사람에게 알려주거나 카드를 다른 사람에게 빌려주는 등의 중대한 과실로 인해 부정사용이 발생하는 경우에는 회원이 그 책임의 전부 또는 일부를 부담할 수 있다.

① 혜수 : 카드사는 법령에서 정한 경우를 제외하고는 1년 이내에 부가서비스를 줄일 수 없어.
② 진성 : 카드 위조 및 변조로 인하여 발생된 부정사용 금액은 일괄 카드사가 책임을 지게 돼.
③ 영훈 : 회원의 신용도가 변경되었을 때 카드사가 이용한도를 조정할 수 있어.
④ 영호 : 연회비 부과기간이 끝나기 이전에 카드를 중도 해지하는 경우에는 남은 기간에 해당하는 연회비를 카드사는 돌려줘야 해.

출제의도

주어진 약관의 내용을 읽고 그에 대한 상세 내용의 정보를 이해하는 능력을 측정하는 문항이다.

해 설

② 부정사용에 대해 고객의 과실이 있으면 회원이 그 책임의 전부 또는 일부를 부담할 수 있다.

답 ②

② 문서의 종류
  ㉠ **공문서** : 정부기관에서 공무를 집행하기 위해 작성하는 문서로, 단체 또는 일반회사에서 정부기관을 상대로 사업을 진행할 때 작성하는 문서도 포함된다. 엄격한 규격과 양식이 특징이다.
  ㉡ **기획서** : 아이디어를 바탕으로 기획한 프로젝트에 대해 상대방에게 전달하여 시행하도록 설득하는 문서이다.
  ㉢ **기안서** : 업무에 대한 협조를 구하거나 의견을 전달할 때 작성하는 사내 공문서이다.
  ㉣ **보고서** : 특정한 업무에 관한 현황이나 진행 상황, 연구·검토 결과 등을 보고하고자 할 때 작성하는 문서이다.
  ㉤ **설명서** : 상품의 특성이나 작동 방법 등을 소비자에게 설명하기 위해 작성하는 문서이다.
  ㉥ **보도자료** : 정부기관이나 기업체 등이 언론을 상대로 자신들의 정보를 기사화 되도록 하기 위해 보내는 자료이다.
  ㉦ **자기소개서** : 개인이 자신의 성장과정이나, 입사 동기, 포부 등에 대해 구체적으로 기술하여 자신을 소개하는 문서이다.
  ㉧ **비즈니스 레터(E-mail)** : 사업상의 이유로 고객에게 보내는 편지다.
  ㉨ **비즈니스 메모** : 업무상 확인해야 할 일을 메모형식으로 작성하여 전달하는 글이다.

③ **문서이해의 절차** … 문서의 목적 이해→문서 작성 배경·주제 파악→정보 확인 및 현안문제 파악→문서 작성자의 의도 파악 및 자신에게 요구되는 행동 분석→목적 달성을 위해 취해야 할 행동 고려→문서 작성자의 의도를 도표나 그림 등으로 요약·정리

(2) 문서작성능력

① 작성되는 문서에는 대상과 목적, 시기, 기대효과 등이 포함되어야 한다.

② 문서작성의 구성요소
  ㉠ 짜임새 있는 골격, 이해하기 쉬운 구조
  ㉡ 객관적이고 논리적인 내용
  ㉢ 명료하고 설득력 있는 문장
  ㉣ 세련되고 인상적인 레이아웃

다음은 들은 내용을 구조적으로 정리하는 방법이다. 순서에 맞게 배열하면?

> ㉠ 관련 있는 내용끼리 묶는다.
> ㉡ 묶은 내용에 적절한 이름을 붙인다.
> ㉢ 전체 내용을 이해하기 쉽게 구조화한다.
> ㉣ 중복된 내용이나 덜 중요한 내용을 삭제한다.

① ㉠㉡㉢㉣　　　　② ㉠㉡㉣㉢
③ ㉡㉠㉢㉣　　　　④ ㉡㉠㉣㉢

출제의도

음성정보는 문자정보와는 달리 쉽게 잊혀 지기 때문에 음성정보를 구조화 시키는 방법을 묻는 문항이다.

해 설

내용을 구조적으로 정리하는 방법은 '㉠ 관련 있는 내용끼리 묶는다. → ㉡ 묶은 내용에 적절한 이름을 붙인다. → ㉣ 중복된 내용이나 덜 중요한 내용을 삭제한다. → ㉢ 전체 내용을 이해하기 쉽게 구조화한다.'가 적절하다.

답 ②

③ 문서의 종류에 따른 작성방법

　㉠ 공문서
- 육하원칙이 드러나도록 써야 한다.
- 날짜는 반드시 연도와 월, 일을 함께 언급하며, 날짜 다음에 괄호를 사용할 때는 마침표를 찍지 않는다.
- 대외문서이며, 장기간 보관되기 때문에 정확하게 기술해야 한다.
- 내용이 복잡할 경우 '−다음−', '−아래−'와 같은 항목을 만들어 구분한다.
- 한 장에 담아내는 것을 원칙으로 하며, 마지막엔 반드시 '끝'자로 마무리 한다.

　㉡ 설명서
- 정확하고 간결하게 작성한다.
- 이해하기 어려운 전문용어의 사용은 삼가고, 복잡한 내용은 도표화 한다.
- 명령문보다는 평서문을 사용하고, 동어 반복보다는 다양한 표현을 구사하는 것이 바람직하다.

　㉢ 기획서
- 상대를 설득하여 기획서가 채택되는 것이 목적이므로 상대가 요구하는 것이 무엇인지 고려하여 작성하며, 기획의 핵심을 잘 전달하였는지 확인한다.
- 분량이 많을 경우 전체 내용을 한눈에 파악할 수 있도록 목차구성을 신중히 한다.
- 효과적인 내용 전달을 위한 표나 그래프를 적절히 활용하고 산뜻한 느낌을 줄 수 있도록 한다.
- 인용한 자료의 출처 및 내용이 정확해야 하며 제출 전 충분히 검토한다.

ㄹ 보고서

- 도출하고자 한 핵심내용을 구체적이고 간결하게 작성한다.
- 내용이 복잡할 경우 도표나 그림을 활용하고, 참고자료는 정확하게 제시한다.
- 제출하기 전에 최종점검을 하며 질의를 받을 것에 대비한다.

다음 중 공문서 작성에 대한 설명으로 가장 적절하지 못한 것은?

① 공문서나 유가증권 등에 금액을 표시할 때에는 한글로 기재하고 그 옆에 괄호를 넣어 숫자로 표기한다.
② 날짜는 숫자로 표기하되 년, 월, 일의 글자는 생략하고 그 자리에 온점(.)을 찍어 표시한다.
③ 첨부물이 있는 경우에는 붙임 표시문 끝에 1자 띄우고 "끝."이라고 표시한다.
④ 공문서의 본문이 끝났을 경우에는 1자를 띄우고 "끝."이라고 표시한다.

출제의도

업무를 할 때 필요한 공문서 작성법을 잘 알고 있는지를 측정하는 문항이다.

해 설

공문서 금액 표시
아라비아 숫자로 쓰고, 숫자 다음에 괄호를 하여 한글로 기재한다.
예) 금 123,456원(금 일십이만삼천사백오십육원)

답 ①

---

④ 문서작성의 원칙
　ㄱ 문장은 짧고 간결하게 작성한다(간결체 사용).
　ㄴ 상대방이 이해하기 쉽게 쓴다.
　ㄷ 불필요한 한자의 사용을 자제한다.
　ㄹ 문장은 긍정문의 형식을 사용한다.
　ㅁ 간단한 표제를 붙인다.
　ㅂ 문서의 핵심내용을 먼저 쓰도록 한다(두괄식 구성).

⑤ 문서작성 시 주의사항
　ㄱ 육하원칙에 의해 작성한다.
　ㄴ 문서 작성시기가 중요하다.
　ㄷ 한 사안은 한 장의 용지에 작성한다.
　ㄹ 반드시 필요한 자료만 첨부한다.
　ㅁ 금액, 수량, 일자 등은 기재에 정확성을 기한다.
　ㅂ 경어나 단어사용 등 표현에 신경 쓴다.
　ㅅ 문서작성 후 반드시 최종적으로 검토한다.

⑥ 효과적인 문서작성 요령

  ㉠ **내용이해** : 전달하고자 하는 내용과 핵심을 정확하게 이해해야 한다.

  ㉡ **목표설정** : 전달하고자 하는 목표를 분명하게 설정한다.

  ㉢ **구성** : 내용 전달 및 설득에 효과적인 구성과 형식을 고려한다.

  ㉣ **자료수집** : 목표를 뒷받침할 자료를 수집한다.

  ㉤ **핵심전달** : 단락별 핵심을 하위목차로 요약한다.

  ㉥ **대상파악** : 대상에 대한 이해와 분석을 통해 철저히 파악한다.

  ㉦ **보충설명** : 예상되는 질문을 정리하여 구체적인 답변을 준비한다.

  ㉧ **문서표현의 시각화** : 그래프, 그림, 사진 등을 적절히 사용하여 이해를 돕는다.

(3) **경청능력**

① **경청의 중요성** … 경청은 다른 사람의 말을 주의 깊게 들으며 공감하는 능력으로 경청을 통해 상대방을 한 개인으로 존중하고 성실한 마음으로 대하게 되며, 상대방의 입장에 공감하고 이해하게 된다.

② **경청을 방해하는 습관** … 짐작하기, 대답할 말 준비하기, 걸러내기, 판단하기, 다른 생각하기, 조언하기, 언쟁하기, 옳아야만 하기, 슬쩍 넘어가기, 비위 맞추기 등

③ **효과적인 경청방법**

  ㉠ **준비하기** : 강연이나 프레젠테이션 이전에 나누어주는 자료를 읽어 미리 주제를 파악하고 등장하는 용어를 익혀둔다.

  ㉡ **주의 집중** : 말하는 사람의 모든 것에 집중해서 적극적으로 듣는다.

  ㉢ **예측하기** : 다음에 무엇을 말할 것인가를 추측하려고 노력한다.

  ㉣ **나와 관련짓기** : 상대방이 전달하고자 하는 메시지를 나의 경험과 관련지어 생각해 본다.

  ㉤ **질문하기** : 질문은 듣는 행위를 적극적으로 하게 만들고 집중력을 높인다.

  ㉥ **요약하기** : 주기적으로 상대방이 전달하려는 내용을 요약한다.

  ㉦ **반응하기** : 피드백을 통해 의사소통을 점검한다.

다음은 면접스터디 중 일어난 대화이다. 민아의 고민을 해소하기 위한 조언으로 가장 적절한 것은?

> 지섭 : 민아씨, 어디 아파요? 표정이 안 좋아 보여요.
>
> 민아 : 제가 원서 넣은 공단이 내일 면접이어서요. 그동안 스터디를 통해서 면접 연습을 많이 했는데도 벌써부터 긴장이 되네요.
>
> 지섭 : 민아씨는 자기 의견도 명확히 피력할 줄 알고 조리 있게 설명을 잘 하시니 걱정 안하셔도 될 것 같아요. 아, 손에 꽉 쥐고 계신 건 뭔가요?
>
> 민아 : 아, 제가 예상 답변을 정리해서 모아둔거에요. 내용은 거의 외웠는데 이렇게 쥐고 있지 않으면 불안해서
>
> 지섭 : 그 정도로 준비를 철저히 하셨으면 걱정할 이유 없을 것 같아요.
>
> 민아 : 그래도 압박면접이거나 예상치 못한 질문이 들어오면 어떻게 하죠?
>
> 지섭 : ______________________________

① 시선을 적절히 처리하면서 부드러운 어투로 말하는 연습을 해보는 건 어때요?

② 공식적인 자리인 만큼 옷차림을 신경 쓰는 게 좋을 것 같아요.

③ 당황하지 말고 질문자의 의도를 잘 파악해서 침착하게 대답하면 되지 않을까요?

④ 예상 질문에 대한 답변을 좀 더 정확하게 외워보는 건 어떨까요?

(4) 의사표현능력

① 의사표현의 개념과 종류

　㉠ **개념** : 화자가 자신의 생각과 감정을 청자에게 음성언어나 신체언어로 표현하는 행위이다.

　㉡ **종류**

　　• 공식적 말하기 : 사전에 준비된 내용을 대중을 대상으로 말하는 것으로 연설, 토의, 토론 등이 있다.

　　• 의례적 말하기 : 사회·문화적 행사에서와 같이 절차에 따라 하는 말하기로 식사, 주례, 회의 등이 있다.

　　• 친교적 말하기 : 친근한 사람들 사이에서 자연스럽게 주고받는 대화 등을 말한다.

② 의사표현의 방해요인

　㉠ **연단공포증** : 연단에 섰을 때 가슴이 두근거리거나 땀이 나고 얼굴이 달아오르는 등의 현상으로 충분한 분석과 준비, 더 많은 말하기 기회 등을 통해 극복할 수 있다.

ⓛ 말 : 말의 장단, 고저, 발음, 속도, 쉼 등을 포함한다.

ⓒ 음성 : 목소리와 관련된 것으로 음색, 고저, 명료도, 완급 등을 의미한다.

ⓔ 몸짓 : 비언어적 요소로 화자의 외모, 표정, 동작 등이다.

ⓜ 유머 : 말하기 상황에 따른 적절한 유머를 구사할 수 있어야 한다.

③ 상황과 대상에 따른 의사표현법

ⓖ 잘못을 지적할 때 : 모호한 표현을 삼가고 확실하게 지적하며, 당장 꾸짖고 있는 내용에만 한정한다.

ⓛ 칭찬할 때 : 자칫 아부로 여겨질 수 있으므로 센스 있는 칭찬이 필요하다.

ⓒ 부탁할 때 : 먼저 상대방의 사정을 듣고 응하기 쉽게 구체적으로 부탁하며 거절을 당해도 싫은 내색을 하지 않는다.

ⓔ 요구를 거절할 때 : 먼저 사과하고 응해줄 수 없는 이유를 설명한다.

ⓜ 명령할 때 : 강압적인 말투보다는 'ㅇㅇ을 이렇게 해주는 것이 어떻겠습니까?'와 같은 식으로 부드럽게 표현하는 것이 효과적이다.

ⓗ 설득할 때 : 일방적으로 강요하기보다는 먼저 양보해서 이익을 공유하겠다는 의지를 보여주는 것이 좋다.

ⓢ 충고할 때 : 충고는 가장 최후의 방법이다. 반드시 충고가 필요한 상황이라면 예화를 들어 비유적으로 깨우쳐주는 것이 바람직하다.

ⓞ 질책할 때 : 샌드위치 화법(칭찬의 말 + 질책의 말 + 격려의 말)을 사용하여 청자의 반발을 최소화 한다.

당신은 팀장님께 업무 지시내용을 수행하고 결과물을 보고 드렸다. 하지만 팀장님께서는 "최대리 업무를 이렇게 처리하면 어떡하나? 누락된 부분이 있지 않은가."라고 말하였다. 이에 대해 당신이 행할 수 있는 가장 부적절한 대처 자세는?

① "죄송합니다. 제가 잘 모르는 부분이라 이수혁 과장님께 부탁을 했는데 과장님께서 실수를 하신 것 같습니다."

② "주의를 기울이지 못해 죄송합니다. 어느 부분을 수정보완하면 될까요?"

③ "지시하신 내용을 제가 충분히 이해하지 못하였습니다. 내용을 다시 한 번 여쭤보아도 되겠습니까?"

④ "부족한 내용을 보완하는 자료를 취합하기 위해서 하루정도가 더 소요될 것 같습니다. 언제까지 재작성하여 드리면 될까요?"

출제의도

상사가 잘못을 지적하는 상황에서 어떻게 대처해야 하는지를 묻는 문항이다.

해 설

상사가 부탁한 지시사항을 다른 사람에게 부탁하는 것은 옳지 못하며 설사 그렇다고 해도 그 일의 과오에 대해 책임을 전가하는 것은 지양해야 할 자세이다.

답 ①

④ 원활한 의사표현을 위한 지침

　　㉠ 올바른 화법을 위해 독서를 하라.

　　㉡ 좋은 청중이 되라.

　　㉢ 칭찬을 아끼지 마라.

　　㉣ 공감하고, 긍정적으로 보이게 하라.

　　㉤ 겸손은 최고의 미덕임을 잊지 마라.

　　㉥ 과감하게 공개하라.

　　㉦ 뒷말을 숨기지 마라.

　　㉧ 첫마디 말을 준비하라.

　　㉨ 이성과 감성의 조화를 꾀하라.

　　㉩ 대화의 룰을 지켜라.

　　㉪ 문장을 완전하게 말하라.

⑤ 설득력 있는 의사표현을 위한 지침

　　㉠ 'Yes'를 유도하여 미리 설득 분위기를 조성하라.

　　㉡ 대비 효과로 분발심을 불러 일으켜라.

　　㉢ 침묵을 지키는 사람의 참여도를 높여라.

　　㉣ 여운을 남기는 말로 상대방의 감정을 누그러뜨려라.

　　㉤ 하던 말을 갑자기 멈춤으로써 상대방의 주의를 끌어라.

　　㉥ 호칭을 바꿔서 심리적 간격을 좁혀라.

　　㉦ 끄집어 말하여 자존심을 건드려라.

　　㉧ 정보전달 공식을 이용하여 설득하라.

　　㉨ 상대방의 불평이 가져올 결과를 강조하라.

　　㉩ 권위 있는 사람의 말이나 작품을 인용하라.

　　㉪ 약점을 보여 주어 심리적 거리를 좁혀라.

　　㉫ 이상과 현실의 구체적 차이를 확인시켜라.

　　㉬ 자신의 잘못도 솔직하게 인정하라.

　　㉭ 집단의 요구를 거절하려면 개개인의 의견을 물어라.

　　ⓐ 동조 심리를 이용하여 설득하라.

　　ⓑ 지금까지의 노고를 치하한 뒤 새로운 요구를 하라.

　　ⓒ 담당자가 대변자 역할을 하도록 하여 윗사람을 설득하게 하라.

　　ⓓ 겉치레 양보로 기선을 제압하라.

　　ⓔ 변명의 여지를 만들어 주고 설득하라.

　　ⓕ 혼자 말하는 척하면서 상대의 잘못을 지적하라.

(5) 기초외국어능력

① **기초외국어능력의 개념과 필요성**
 　　㉠ **개념** : 기초외국어능력은 외국어로 된 간단한 자료를 이해하거나, 외국인과의 전화응대와 간단한 대화 등 외국인의 의사표현을 이해하고, 자신의 의사를 기초외국어로 표현할 수 있는 능력이다.
 　　㉡ **필요성** : 국제화 · 세계화 시대에 다른 나라와의 무역을 위해 우리의 언어가 아닌 국제적인 통용어를 사용하거나 그들의 언어로 의사소통을 해야 하는 경우가 생길 수 있다.

② **외국인과의 의사소통에서 피해야 할 행동**
 　　㉠ 상대를 볼 때 흘겨보거나, 노려보거나, 아예 보지 않는 행동
 　　㉡ 팔이나 다리를 꼬는 행동
 　　㉢ 표정이 없는 것
 　　㉣ 다리를 흔들거나 펜을 돌리는 행동
 　　㉤ 맞장구를 치지 않거나 고개를 끄덕이지 않는 행동
 　　㉥ 생각 없이 메모하는 행동
 　　㉦ 자료만 들여다보는 행동
 　　㉧ 바르지 못한 자세로 앉는 행동
 　　㉨ 한숨, 하품, 신음소리를 내는 행동
 　　㉩ 다른 일을 하며 듣는 행동
 　　㉪ 상대방에게 이름이나 호칭을 어떻게 부를지 묻지 않고 마음대로 부르는 행동

③ **기초외국어능력 향상을 위한 공부법**
 　　㉠ 외국어공부의 목적부터 정하라.
 　　㉡ 매일 30분씩 눈과 손과 입에 밸 정도로 반복하라.
 　　㉢ 실수를 두려워하지 말고 기회가 있을 때마다 외국어로 말하라.
 　　㉣ 외국어 잡지나 원서와 친해져라.
 　　㉤ 소홀해지지 않도록 라이벌을 정하고 공부하라.
 　　㉥ 업무와 관련된 주요 용어의 외국어는 꼭 알아두자.
 　　㉦ 출퇴근 시간에 외국어 방송을 보거나, 듣는 것만으로도 귀가 트인다.
 　　㉧ 어린이가 단어를 배우듯 외국어 단어를 암기할 때 그림카드를 사용해 보라.
 　　㉨ 가능하면 외국인 친구를 사귀고 대화를 자주 나눠 보라.

출제예상문제

1 다음 글의 문맥으로 보아 밑줄 친 단어의 쓰임이 올바른 것은?

> 우리나라의 저임금 근로자가 소규모 사업체 또는 자영업자에게 많이 고용되어 있기 때문에 최저임금의 급하고 과도한 인상은 많은 자영업자의 추가적인 인건비 인상을 ㉠표출할 것이다. 이것은 최저임금위원회의 심의 과정에서 지속적으로 논의된 사안이며 ㉡급박한 최저임금 인상에 대한 가장 강력한 반대 논리이기도 하다. 아마도 정부가 최저임금 결정 직후에 매우 포괄적인 자영업 지원 대책을 발표한 이유도 이것 때문으로 보인다. 정부의 대책에는 기존의 자영업 지원 대책을 비롯하여 1차 분배를 개선하기 위한 장·단기적인 대책과 단기적 충격 완화를 위한 현금지원까지 포함되어 있다. 현금지원의 1차적인 목적은 자영업자 보호이지만 최저임금제도가 근로자 보호를 위한 제도이기 때문에 궁극적인 목적은 근로자의 고용 안정 도모이다. 현금지원에 고용안정자금이라는 꼬리표가 달린 이유도 이 때문일 것이다.
>
> 정부의 현금지원 발표 이후 이에 대한 비판이 쏟아졌다. 비판의 요지는 자영업자에게 최저임금 인상으로 인한 추가적인 인건비 부담을 현금으로 지원할거면 최저임금을 덜 올리고 현금지원 예산으로 근로 장려세제를 ㉢축소하면 되지 않느냐는 것이다. 그러나 이는 두 정책의 대상을 ㉣혼동하기 때문에 제기되는 주장이라고 판단된다. 최저임금은 1차 분배 단계에서 임금근로자를 보호하기 위한 제도적 틀이고 근로 장려세제는 취업의 의지가 낮은 노동자의 노동시장 참여를 ㉤유보하기 위해 고안된 사회부조(2차 분배)라는 점을 기억해야 할 것이다. 물론 현실적으로 두 정책의 적절한 조합이 필요할 것이다.

① ㉠

② ㉡

③ ㉢

④ ㉣

⑤ ㉤

> ✔ **해설** '구별하지 못하고 뒤섞어서 생각하다.'의 '혼동'은 올바르게 사용된 단어이며, '혼돈'으로 잘못 쓰지 않도록 주의해야 한다.
> ① 최저임금 인상이 자영업자의 추가적인 인건비 인상을 발생시키는 원인이 된다는 내용이므로 '표출'이 아닌 '초래'하는 것이라고 표현해야 한다.
> ② 앞의 내용으로 보아 급하고 과도한 최저임금 인상에 대한 수식어가 될 것이므로 '급격한'이 올바른 표현이다.
> ③ 최저임금 인상 대신 그만큼에 해당하는 근로 장려세제를 '확대'하는 것의 의미를 갖는 문장이다.
> ⑤ 취업 의지가 낮은 노동자들을 노동시장으로 참여시킨다는 의미가 포함된 문장이므로 그대로 둔다는 의미의 '유보'가 아닌, '유인'이 적절한 표현이 된다.

2 다음 말하기의 문제점을 해결하기 위한 의사소통 전략으로 적절한 것은?

> • (부장님이 팀장님께) "어이, 김팀장 이번에 성과 오르면 내가 술 사줄게."
> • (팀장님이 거래처 과장에게) "그럼 그렇게 일정을 맞혀보도록 하죠."
> • (뉴스에서 아나운서가) "이번 부동산 정책은 이전과 비교해서 많이 틀려졌습니다."

① 청자의 배경지식을 고려해서 표현을 달리한다.

② 문화적 차이에서 비롯되는 갈등에 효과적으로 대처한다.

③ 상대방의 공감을 이끌어 낼 수 있는 전략을 효과적으로 활용한다.

④ 상황이나 어법에 맞는 적절한 언어표현을 사용한다.

⑤ 정확한 의사전달을 위해 비언어적 표현을 효과적으로 사용한다.

✔해설 제시된 글들은 모두 상황이나 어법에 맞지 않는 표현을 사용한 것이다. 상황에 따라 존대어, 겸양어를 적절히 사용하고 의미가 분명하게 드러나도록 어법에 맞는 적절한 언어표현이 필요하다.

3 아래의 글을 읽고 ⓐ의 내용을 뒷받침할 수 있는 경우로 보기 가장 어려운 것을 고르면?

범죄 사건을 다루는 언론 보도의 대부분은 수사기관으로부터 얻은 정보에 근거하고 있고, 공소제기 전인 수사 단계에 집중되어 있다. 따라서 언론의 범죄 관련 보도는 범죄사실이 인정되는지 여부를 백지상태에서 판단하여야 할 법관이나 배심원들에게 유죄의 예단을 심어줄 우려가 있다. 이는 헌법상 적법절차 보장에 근거하여 공정한 형사재판을 받을 피고인의 권리를 침해할 위험이 있어 이를 제한할 필요성이 제기된다. 실제로 피의자의 자백이나 전과, 거짓말탐지기 검사 결과 등에 관한 언론 보도는 유죄판단에 큰 영향을 미친다는 실증적 연구도 있다. 하지만 보도 제한은 헌법에 보장된 표현의 자유에 대한 침해가 된다는 반론도 만만치 않다. 미국 연방대법원은 어빈 사건 판결에서 지나치게 편향적이고 피의자를 유죄로 취급하는 언론 보도가 예단을 형성시켜 실제로 재판에 영향을 주었다는 사실이 입증되면, 법관이나 배심원이 피고인을 유죄라고 확신하더라도 그 유죄판결을 파기하여야 한다고 했다. 이 판결은 이른바 '현실적 예단'의 법리를 형성시켰다. 이후 리도 사건 판결에 와서는, 일반적으로 보도의 내용이나 행태 등에서 예단을 유발할 수 있다고 인정이 되면, 개개의 배심원이 실제로 예단을 가졌는지의 입증 여부를 따지지 않고, 적법 절차의 위반을 들어 유죄판결을 파기할 수 있다는 '일반적 예단'의 법리로 나아갔다.

셰퍼드 사건 판결에서는 유죄 판결을 파기하면서, '침해 예방'이라는 관점을 제시하였다. 즉, 배심원 선정 절차에서 상세한 질문을 통하여 예단을 가진 후보자를 배제하고, 배심원이나 증인을 격리하며, 재판을 연기하거나, 관할을 변경하는 등의 수단을 언급하였다. 그런데 법원이 보도기관에 내린 '공판 전 보도금지명령'에 대하여 기자협회가 연방대법원에 상고한 네브래스카 기자협회 사건 판결에서는 침해의 위험이 명백하지 않은데도 가장 강력한 사전 예방 수단을 쓰는 것은 위헌이라고 판단하였다.

이러한 판결들을 거치면서 미국에서는 언론의 자유와 공정한 형사절차를 조화시키면서 범죄 보도를 제한할 수 있는 방법을 모색하였다. 그리하여 셰퍼드 사건에서 제시된 수단과 함께 형사 재판의 비공개, 형사소송 관계인의 언론에 대한 정보제공금지 등이 시행되었다. 하지만 ⓐ 예단 방지 수단들의 실효성을 의심하는 견해가 있고, 여전히 표현의 자유와 알 권리에 대한 제한의 우려도 있어, 이 수단들은 매우 제한적으로 시행되고 있다. 그런데 언론 보도의 자유와 공정한 재판이 꼭 상충된다고만 볼 것은 아니며, 피고인 측의 표현의 자유를 존중하는 것이 공정한 재판에 도움이 된다는 입장에서 네브래스카 기자협회 사건 판결의 의미를 새기는 견해도 있다.

이 견해는 수사기관으로부터 얻은 정보에 근거한 범죄 보도로 인하여 피고인을 유죄로 추정하는 구조에 대항하기 위하여 변호인이 적극적으로 피고인 측의 주장을 보도기관에 전하여, 보도가 일방적으로 편향되는 것을 방지할 필요가 있다고 한다. 일반적으로 변호인이 피고인을 위하여 사건에 대해 발언하는 것은 범죄 보도의 경우보다 적법절차를 침해할 위험성이 크지 않은데도 제한을 받는 것은 적절하지 않다고 보며, 반면에 수사기관으로부터 얻은 정보를 기반으로 하는 언론 보도는 예단 형성의 위험성이 큰데도 헌법상 보호를 두텁게 받는다고 비판한다. 미국과 우리나라의 헌법상 변호인의 조력을 받을 권리는 변호인의 실질적 조력을 받을 권리를 의미한다. 실질적 조력에는 법정 밖의 적극적 변호 활동도 포함된다. 따라서 형사절차에서 피고인 측에게 유리한 정보를 언론에 제공할 기회나 반론권을 제약하지 말고, 언론이 검사 측 못지않게 피고인 측에게도 대등한 보도를 할 수 있도록 해야 한다.

① 법원이 재판을 장기간 연기했지만 재판 재개에 임박하여 다시 언론 보도가 이어진 경우

② 검사가 피의자의 진술거부권 행사 사실을 공개하려고 하였으나 법원이 검사에게 그 사실에 대한 공개 금지명령을 내린 경우

③ 변호사가 배심원 흐보자에게 해당 사건에 대한 보도를 접했는지에 대해 질문했으나 후보자가 정직하게 답변하지 않은 경우

④ 법원이 관할 변경 조치를 취하였으나 이미 전국적으로 보도가 된 경우

⑤ 법원이 배심원을 격리하였으나 격리 전에 보도가 있었던 경우

> ✔ **해설** ⓐ의 이전 문장을 보면 알 수 있는데, "언론의 자유와 공정한 형사절차를 조화시키면서 범죄 보도를 제한할 수 있는 방법을 모색하였다. 그리하여 셰퍼드 사건에서 제시된 수단과 함께 형사 재판의 비공개, 형사소송 관계인의 언론에 대한 정보제공금지 등이 시행되었다."에서 볼 수 있듯이 ②의 경우에는 예단 방지를 위한 것이다. 하지만, 예단 방지 수단들에 대한 실효성이 떨어진다는 것은 알 수가 없다.

Answer 3.②

4 다음 글은 합리적 의사결정을 위해 필요한 절차적 조건 중의 하나에 관한 설명이다. 다음 보기 중 이 조건을 위배한 것끼리 묶은 것은?

> 합리적 의사결정을 위해서는 정해진 절차를 충실히 따르는 것이 필요하다. 고도로 복잡하고 불확실하나 문제상황 속에서 결정의 절차가 합리적이기 위해서는 다음과 같은 조건이 충족되어야 한다.
>
> 〈조건〉
>
> 정책결정 절차에서 논의되었던 모든 내용이 결정절차에 참여하지 않은 다른 사람들에게 투명하게 공개되어야 한다. 그렇지 않으면 이성적 토론이 무력해지고 객관적 증거나 논리 대신 강압이나 회유 등의 방법으로 결론이 도출되기 쉽기 때문이다.

〈보기〉

㉠ 심의에 참여한 분들의 프라이버시 보호를 위해 오늘 회의의 결론만 간략히 알려드리겠습니다.

㉡ 시간이 촉박하니 회의 참석자 중에서 부장급 이상만 발언하도록 합시다.

㉢ 오늘 논의하는 안건은 매우 민감한 사안이니만큼 비참석자에게는 그 내용을 알리지 않을 것입니다. 그러니 회의자료 및 메모한 내용도 두고 가시기 바랍니다.

㉣ 우리가 외부에 자문을 구한 박사님은 이 분야의 최고 전문가이기 때문에 참석자 간의 별도 토론 없이 박사님의 의견을 그대로 채택하도록 합시다.

㉤ 오늘 안건은 매우 첨예한 이해관계가 걸려 있으니 상대방에 대한 반론은 자제해주시고 자신의 주장만 말씀해주시기 바랍니다.

① ㉠, ㉡

② ㉠, ㉢

③ ㉡, ㉣

④ ㉢, ㉤

⑤ ㉣, ㉤

✔️**해설** 합리적 의사결정의 조건으로 회의에서 논의된 내용이 투명하게 공개되어야 한다는 조건을 명시하고 있으나, ㉠과 ㉢에서는 비공개주의를 원칙으로 하고 있기 때문에 조건에 위배된다.

5 다음은 사내홍보물에 사용하기 위한 인터뷰 내용이다. ㉠~㉤에 대한 설명으로 적절하지 않은 것을 고르면?

> 甲 : 안녕하세요. 저번에 인사드렸던 홍보팀 대리 甲입니다. 바쁘신 데도 이렇게 인터뷰에 응해주셔서 감사합니다. ㉠이번 호 사내 홍보물 기사에 참고하려고 하는데 혹시 녹음을 해도 괜찮을까요?
>
> 乙 : 네, 그렇게 하세요.
>
> 甲 : 그럼 ㉡우선 사랑의 도시락 배달이란 무엇이고 어떤 목적을 갖고 있는지 간단히 말씀해 주시겠어요?
>
> 乙 : 사랑의 도시락 배달은 끼니를 챙겨 드시기 어려운 독거노인분들을 찾아가 사랑의 도시락을 전달하는 일이에요. 이 활동은 회사 이미지를 홍보하는 데 기여할 뿐만 아니라 개인적으로는 마음 따뜻해지는 보람을 느끼게 된답니다.
>
> 甲 : 그렇군요. ㉢한 번 봉사를 할 때에는 하루에 몇 십 가구를 방문하신다고 들었는데요, 어떻게 그렇게 많은 가구들을 다 방문할 수가 있나요?
>
> 乙 : 아, 비결이 있다면 역할을 분담한다는 거예요.
>
> 甲 : 어떻게 역할을 나누나요?
>
> 乙 : 도시락을 포장하는 일, 배달하는 일, 말동무 해드리는 일 등을 팀별로 분담해서 맡으니 효율적으로 운영할 수 있어요.
>
> 甲 : ㉣(고개를 끄덕이며) 그런 방법이 있었군요. 마지막으로 이런 봉사활동에 관심 있는 사원들에게 한 마디 해주세요.
>
> 乙 : ㉤주중 내내 일을 하고 주말에 또 봉사활동을 가려고 하면 몸은 굉장히 피곤합니다. 하지만 거기에서 오는 보람은 잠깐의 휴식과 비교할 수 없으니 꼭 한번 참석해 보시라고 말씀드리고 싶네요.
>
> 甲 : 네, 그렇군요. 오늘 귀중한 시간을 내어 주셔서 감사합니다.

① ㉠ : 기록을 위한 보조기구를 사용하기 위해서 사전에 허락을 구하고 있다.

② ㉡ : 면담의 목적을 분명히 밝히면서 동의를 구하고 있다.

③ ㉢ : 미리 알고 있던 정보를 바탕으로 질문을 하고 있다.

④ ㉣ : 적절한 비언어적 표현을 사용하며 상대방의 말에 반응하고 있다.

⑤ ㉤ : 자신의 경험을 바탕으로 봉사활동에 참석하기를 권유하고 있다.

> ✔해설 甲은 사랑의 도시락 배달에 대한 정보를 얻기 위해 乙과 면담을 하고 있다. 그러므로 ㉡은 면담의 목적에 대한 동의를 구하는 질문이 아니라 알고 싶은 정보를 얻기 위한 질문에 해당한다고 할 수 있다.

6 다음 글을 읽고 이에 관련한 내용으로 보기 가장 어려운 것을 고르면?

현대는 소비의 시대다. 소비가 하나의 이데올로기가 된 세상이다. 소비자들은 쏟아져 나오는 여러 상품들을 선택하는 행위를 통해 욕구 충족을 할 뿐 아니라 개인의 개성과 정체성을 형성한다. 소비가 인간을 만드는 것이다. 그뿐 아니다. 다른 사람의 소비를 보면서 그를 평가하기도 한다. 그 사람이 무엇을 소비하느냐에 따라 그 사람의 값을 매긴다.

거기서 자연스럽게 배태되는 게 바로 유행이다. 온통 소비에 신경을 쓰다 보니 유명인이나 트렌드 세터들이 만들어내는 소비패턴에 민감하다. 옷이든 장신구든 아니면 먹거리든 간에 이런 유행을 타지 않은 게 드물 정도다. 유행을 따르지 않으면 어딘지 시대에 뒤지고 소외되는 것 같은 강박관념이 사람들을 짓누르고 있다.

문제는 유행이 무척 짧은 수명을 갖는다는 것이다. 옷 같은 경우는 일 년이 멀다하고 새로운 패션이 밀려온다. 소비시장이 그만큼 다양화, 개성화, 전문화됐다는 뜻이다. 제대로 유행의 첨단에 서자면 정신이 달아날 지경일 것이다.

원래 제품 수명주기이론에서는 제품이 태어나 사라질 때까지를 보통 3~5년 정도로 본다. 즉 도입기와 성장기-성숙기-쇠퇴기를 거치는 데 몇 년 정도는 걸린다는 설명이다. 상품의 생명력이 이 정도 유지되는 게 정상이다. 그래야 생산자들도 어느 정도 이 속도에 맞춰 신상품을 개발하는 등 마케팅 전략을 세울 수 있다.

그런데 최근 풍조는 상품 수명이 1년을 넘기지 못하는 경우가 잦다고 한다. 소득이 늘면서 유행에 목을 매다보니 남보다 한 발짝이라도 빨리 가고 싶은 욕망이 생기고 그것이 유행의 주기를 앞당기는 것이다. 한때 온 나라를 떠들썩하게 했던 아웃도어 열풍이 급격히 식어가고 있다는 보도다. 업계에 따르면 국내 아웃도어 시장 규모는 2014년 7조 4000억 원을 정점으로 급격한 내림세에 접어들었다. 작년 백화점 등 유통업체들은 아웃도어에서 6~9% 마이너스 성장을 했다. 업체들은 일부 브랜드를 접고 감원에 들어가는가 하면 백화점에서도 퇴점하는 사례가 증가하고 있다.

과거에도 하얀국물 라면 등 음식이나 패션 등 일부 상품에서 빠른 트렌드 변화가 읽혔다. 소비자 요구는 갈수록 복잡다단해지고 기업이 이에 적응하는 데는 한계가 있는 것이다. 피곤한 것은 기업 쪽이다. 한편으로는 갈수록 부박해지는 소비문화가 걱정스럽기도 하다. 환경보호 등 여러 측면에서 소비가 미덕인 시대는 아닌 것 같기 때문이다.

① 사람들은 제품구매를 통해 니즈를 충족하고 그들의 개성을 형성하게 된다.

② 현대에 들어 분야를 막론하고 유행을 좇지 않는 게 거의 없다.

③ 제품수명주기는 도입기-성장기-성숙기-쇠퇴기의 4단계를 겪게 된다.

④ 소득이 증가하면서 제품의 유행주기가 점차적으로 느리게 된다.

⑤ 빠른 트렌드의 변화로 인해 소비자들의 욕구충족이 되는 반면에 기업의 경우에는 이에 맞추기 위해 상당히 피곤해진다.

> **✔ 해설** "소득이 늘면서 유행에 목을 매다보니 남보다 한 발짝이라도 빨리 가고 싶은 욕망이 생기고 그것이 유행의 주기를 앞당기는 것이다."에서 보듯이 유행과 소비자들의 복잡한 욕구가 서로 얽혀 유행 풍조를 앞당기고 있다고 할 수 있다.

7 다음은 SNS 회사에 함께 인턴으로 채용된 두 친구의 대화이다. 두 사람이 제출했을 토론 주제로 적합한 것은?

> 여 : 대리님께서 말씀하신 토론 주제는 정했어? 난 인터넷에서 저무는 육필의 시대라는 기사를 찾았는데 토론 주제로 괜찮을 것 같아서 그걸 정리해 가려고 하는데.
> 남 : 난 아직 마땅한 게 없어서 찾는 중이야. 그런데 육필이 뭐야?
> 여 : SNS 회사에 입사했다는 애가 그것도 모르는 거야? 컴퓨터로 글을 쓰는 게 디지털 글쓰기라면 손으로 글을 쓰는 걸 육필이라고 하잖아.
> 남 : 아! 그런 거야? 그럼 우리는 디지털 글쓰기 세대겠네?
> 여 : 그런 셈이지. 요즘 다들 컴퓨터로 글을 쓰니까. 그나저나 너는 디지털 글쓰기의 장점이 뭐라고 생각해?
> 남 : 음, 우선 떠오르는 대로 빨리 쓸 수 있다는 점 아닐까? 또 쉽게 고칠 수도 있고. 그래서 누구나 쉽게 글을 쓸 수 있다는 점이 디지털 글쓰기의 최대 장점이라고 생각하는데.
> 여 : 맞아. 기존의 글쓰기가 소수의 전유물이었다면, 디지털 글쓰기 덕분에 누구나 쉽게 글을 쓰고 의사소통을 할 수 있게 되었다는 게 내가 본 기사의 핵심이었어. 한마디로 글쓰기의 민주화가 이루어진 거지.
> 남 : 글쓰기의 민주화라······. 멋있어 보이기는 하는데, 디지털 글쓰기가 꼭 장점만 있는 것 같지는 않아. 누구나 쉽게 글을 쓸 수 있게 됐다는 건, 그만큼 글이 가벼워졌다는 거 아냐? 우리 주변에서도 그런 글들은 엄청나잖아.
> 여 : 하긴, 디지털 글쓰기 때문에 과거보다 진지하게 글을 쓰는 사람이 적어진 건 사실이야. 남의 글을 베끼거나 근거 없는 내용을 담은 글들도 많아지고.
> 남 : 우리 이 주제로 토론을 해 보는 게 어때?

① 세대 간 정보화 격차
② 디지털 글쓰기와 정보화
③ 디지털 글쓰기의 장단점
④ 디지털 글쓰기와 의사소통의 관계
⑤ 디지털 글쓰기와 인간과의 관계

> **해설** 대화 속의 남과 여는 디지털 글쓰기의 장점과 단점에 대해 이야기하고 있다. 따라서 두 사람이 제출했을 토론 주제로는 디지털 글쓰기의 장단점이 적합하다.

8 다음 중 글의 내용과 일치하지 않는 것은?

시간 예술이라고 지칭되는 음악에서 템포의 완급은 대단히 중요하다. 동일곡이지만 템포의 기준을 어떻게 잡아서 재현해 내느냐에 따라서 그 음악의 악상은 달라진다. 그런데 이처럼 중요한 템포의 인지 감각도 문화권에 따라, 혹은 민족에 따라서 상이할 수 있으니, 동일한 속도의 음악을 듣고도 누구는 빠르게 느끼는 데 비해서 누구는 느린 것으로 인지하는 것이다. 결국 문화권에 따라서 템포의 인지 감각이 다를 수도 있다는 사실은 바꿔 말해서 서로 문화적 배경이 다르면 사람에 따라 적절하다고 생각하는 모데라토의 템포도 큰 차이가 있을 수 있다는 말과 같다.

한국의 전통 음악은 서양 고전 음악에 비해서 비교적 속도가 느린 것이 분명하다. 대표적 정악곡(正樂曲)인 '수체천(壽齊天)'이나 '상령산(上靈山)' 등의 음악을 들어보면 수긍할 것이다. 또한 이 같은 구체적인 음악의 예가 아니더라도 국악의 첫인상을 일단 '느리다'고 간주해 버리는 일반의 통념을 보더라도 전래의 한국 음악이 보편적인 서구 음악에 비해서 느린 것은 틀림없다고 하겠다.

그런데 한국의 전통 음악이 서구 음악에 비해서 상대적으로 속도가 느린 이유는 무엇일까? 이에 대한 해답도 여러 가지 문화적 혹은 민족적인 특질과 연결해서 생각할 때 결코 간단한 문제가 아니겠지만, 여기서는 일단 템포의 계량적 단위인 박(beat)의 준거를 어디에 두느냐에 따라서 템포 관념의 차등이 생겼다는 가설 하에 설명을 하기로 한다. 한국의 전통 문화를 보면 그 저변의 잠재의식 속에는 호흡을 중시하는 징후가 역력함을 알 수 있는데, 이 점은 심장의 고동을 중시하는 서양과는 상당히 다른 특성이다. 우리의 문화 속에는 호흡에 얽힌 생활 용어가 한두 가지가 아니다. 숨을 한 번 내쉬고 들이마시는 동안을 하나의 시간 단위로 설정하여 일식간(一息間) 혹은 이식간(二息間)이니 하는 양식척(量息尺)을 써 왔다. 그리고 감정이 격앙되었을 때는 긴 호흡을 해서 감정을 누그러뜨리거나 건강을 위해 단전 호흡법을 수련한다. 이것은 모두 호흡을 중시하고 호흡에 뿌리를 둔 문화 양식의 예들이다. 더욱이 심장의 정지를 사망으로 단정하는 서양과는 달리 우리의 경우에는 '숨이 끊어졌다'는 말로 유명을 달리했음을 표현한다.

이와 같이 확실히 호흡의 문제는 모든 생리 현상에서부터 문화 현상에 이르기까지 우리의 의식 저변에 두루 퍼져있는 민족의 공통적 문화소가 아닐 수 없다. 이와 같은 동서양 간의 상호 이질적인 의식 성향을 염두에 두고 각자의 음악을 관찰해 보면, 서양의 템포 개념은 맥박, 곧 심장의 고동에 기준을 두고 있으며, 우리의 그것은 호흡의 주기, 즉 폐부의 운동에 뿌리를 두고 있음을 알 수 있다. 서양의 경우 박자의 단위인 박을 비트(beat), 혹은 펄스(pulse)라고 한다. 펄스라는 말이 곧 인체의 맥박을 의미하듯이 서양음악은 원초적으로 심장을 기준으로 출발한 것이다. 이에 비해 한국의 전통 음악은 모음 변화를 일으켜 가면서까지 길게 끌며 호흡의 리듬을 타고 있음을 볼 때, 근원적으로 호흡에 뿌리를 둔 음악임을 알 수 있다. 결국 한국 음악에서 안온한 마음을 느낄 수 있는 모데라토의 기준 속도는, 1분간의 심장의 박동수와 호흡의 주기와의 차이처럼, 서양 음악의 그것에 비하면 무려 3배쯤 느린 것임을 알 수 있다.

① 각 민족의 문화에는 민족의식이 반영되어 있다.

② 서양 음악은 심장 박동수를 박자의 준거로 삼았다.

③ 템포의 완급을 바꾸어도 악상은 변하지 않는다.

④ 우리 음악은 서양 음악에 비해 상대적으로 느리다.

⑤ 우리 음악의 박자는 호흡 주기에 뿌리를 두고 있다.

✔ 해설 첫 번째 문단에서 '동일곡이지만 템포의 기준을 어떻게 잡아서 재현해 내느냐에 따라서 그 음악의 악상은 달라진다.'고 언급하고 있다. 따라서 템포의 완급을 바꾸어도 악상은 변하지 않는다는 ③은 글의 내용과 일치하지 않는다.

9 아래의 글을 읽고 컨스터블의 풍경화에 대한 내용으로 가장 적절한 것을 고르면?

건초 더미를 가득 싣고 졸졸 흐르는 개울물을 건너는 마차, 수확을 앞둔 밀밭 사이로 양 떼를 몰고 가는 양치기 소년과 개, 이른 아침 농가의 이층 창밖으로 펼쳐진 청록의 들녘 등, 이런 평범한 시골 풍경을 그린 컨스터블(1776~1837)은 오늘날 영국인들에게 사랑을 받는 영국의 국민 화가이다. 현대인들은 그의 풍경화를 통해 영국의 전형적인 농촌 풍경을 떠올리지만, 사실 컨스터블이 활동하던 19세기 초반까지 이와 같은 소재는 풍경화의 묘사 대상이 아니었다. 그렇다면 평범한 농촌의 일상 정경을 그린 컨스터블은 왜 영국의 국민 화가가 되었을까?

컨스터블의 그림은 당시 풍경화의 주요 구매자였던 영국 귀족의 취향에서 어긋나 그다지 인기를 끌지 못했다. 당시 유행하던 픽처레스크 풍경화는 도식적이고 이상화된 풍경 묘사에 치중했지만, 컨스터블의 그림은 평범한 시골의 전원 풍경을 사실적으로 묘사한 것처럼 보인다. 이 때문에 그의 풍경화는 자연에 대한 과학적이고 객관적인 관찰을 바탕으로, 아무도 눈여겨보지 않았던 평범한 농촌의 아름다운 풍경을 포착하여 표현해 낸 결과물로 여겨져 왔다. 객관적 관찰과 사실적 묘사를 중시하는 관점에서 보면 컨스터블은 당대 유행하던 화풍과 타협하지 않고 독창적인 화풍을 추구한 화가이다.

그러나 1980년대에 들어서면서 이와 같은 관점에 대해 의문을 제기하는 비판적 해석이 등장한다. 새로운 해석은 작품이 제작 될 당시의 구체적인 사회적 상황을 중시하며 작품에서 지배 계급의 왜곡된 이데올로기를 읽어내는 데 중점을 둔다. 이 해석에 따르면 컨스터블의 풍경화는 당시 농촌의 모습을 있는 그대로 전달해 주지 않는다. 사실 컨스터블이 활동하던 19세기 전반 영국은 산업혁명과 더불어 도시화가 급속히 진행되어 전통적 농촌 사회 가 와해되면서 농민 봉기가 급증하였다. 그런데 그의 풍경화에 등장하는 인물들은 거의 예외 없이 원경으로 포착되어 얼굴이나 표정을 알아보기 어렵다. 시골에서 나고 자라 복잡한 농기구까지 세밀하게 그릴 줄 알았던 컨스터블이 있는 그대로의 자연을 포착 하려 했다면 왜 농민들의 모습은 구체적으로 표현하지 않았을까? 이는 풍경의 관찰자인 컨스터블과 풍경 속 인물들 간에는 항상 일정한 심리적 거리가 유지되고 있기 때문이다. 수정주의 미술 사학자들은 컨스터블의 풍경화에 나타나는 인물과 풍경의 불편한 동거는 바로 이러한 거리 두기에서 비롯한다고 주장하면서, 이 거리는 계급 간의 거리라고 해석한다. 지주의 아들이었던 그는 19세기 전반 영국 농촌 사회의 불안한 모습을 애써 외면했고, 그 결과 농민들은 적당히 화면에서 떨어져 있도록 배치하여 결코 그들의 일그러지고 힘든 얼굴을 볼 수 없게 하였다는 것이다.

여기서 우리는 위의 두 견해가 암암리에 공유하는 기본 전제에 주목할 필요가 있다. 두 견해는 모두 작품이 가진 의미의 생산자를 작가로 보고 있다. 유행을 거부하고 남들이 보지 못한 평범한 농촌의 아름다움을 발견한 '천재' 컨스터블이나 지주 계급 출신으로 불안한 농촌 현실을 직시하지 않으려 한 '반동적' 컨스터블은 결국 동일한 인물로서 작품의 제작자이자 의미의 궁극적 생산자로 간주된다. 그러나 생산자가 있으면 소비자가 있게 마련이다. 기존의 견해는 소비자의 역할에 주목하지 않았다. 하지만 소비자는 생산자가 만들어낸 작품을 수동적으로 수용하는 존재가 아니다. 미술 작품을 포함한 문화적 텍스트의 의미는 그 텍스트를 만들어 낸 생산자나 텍스트 자체에 내재하는 것이 아니라 텍스트를 수용하는 소비자와의 상호 작용에 의해 결정된다.

다시 말해 수용자는 이해와 수용의 과정을 통해 특정 작품의 의미를 끊임없이 재생산하는 능동적 존재인 것이다. 따라서 앞에서 언급한 해석들은 컨스터블 풍경화가 함축한 의미의 일부만 드러낸 것이고 나머지 의미는 그것을 바라보는 감상자의 경험과 기대가 투사되어 채워지는 것이라고 할 수 있다. 즉 컨스터블의 풍경화가 지니는 가치는 풍경화 그 자체가 아니라 감상자의 의미 부여에 의해 완성되는 것이다. 이런 관점에서 보면 컨스터블의 풍경화에 담긴 풍경이 실재와 얼마나 일치하는가는 크게 문제가 되지 않는다.

① 객관적인 관찰에 입각하여 19세기 전반 영국 농촌의 현실을 가감 없이 그려 냈다.

② 목가적 전원을 그려서 당대 그에게 커다란 명성을 안겨 주었다.

③ 세부적인 묘사가 결여되어 있어 그가 인물 표현에는 재능이 없었음을 보여준다.

④ 사실적인 화풍으로 제작되어 당시에 영국 귀족들로부터 선호되지 못했다.

⑤ 서정적 농촌 정경을 담고 있는 전형적인 픽처레스크 풍경화이다.

✔해설 윗글의 8번째 줄에서 보면 컨스터블의 그림은 당시 풍경화의 주요 구매자였던 영국 귀족의 취향에서 어긋나 그다지 인기를 끌지 못했다. 당시 유행하던 픽처레스크 풍경화는 도식적이고 이상화된 풍경 묘사에 치중했지만, 컨스터블의 그림은 평범한 시골의 전원 풍경을 사실적으로 묘사한 것처럼 보인다.

지난 세기 미국 경제는 확연히 다른 시기들로 나뉠 수 있다. 1930년대 이후 1970년대 말까지는 소득 불평등이 완화되었다. 특히 제2차 세계 대전 직후 30년 가까이는 성장과 분배 문제가 동시에 해결된 황금기로 기록되었다. 그러나 1980년 이후로는 소득 불평 등이 급속히 심화되었고, 경제 성장률도 하락했다. 이러한 변화와 관련해 많은 경제학자들은 기술 진보에 주목했다. 기술 진보는 성장과 분배의 두 마리 토끼를 한꺼번에 잡을 수 있는 만병통치약으로 칭송되기도 하지만, 소득 분배를 악화시키고 사회적 안정성을 저해하는 위협 요인으로 비난받기도 한다. 그러나 어느 쪽을 선택한 연구든 20세기 미국 경제의 역사적 현실을 통합적으로 해명하는 데는 한계가 있다.

기술 진보의 중요성을 놓치지 않으면서도 기존 연구의 한계를 뛰어넘는 대표적인 연구로는 골딘과 카츠가 제시한 '교육과 기술의 경주 이론'이 있다. 이들에 따르면, 기술이 중요한 것은 맞지만 교육은 더 중요하며, 불평등의 추이를 볼 때는 더욱 그렇다. 이들은 우선 신기술 도입이 생산성 상승과 경제 성장으로 이어지려면 노동자들에게 새로운 기계를 익숙하게 다룰 능력이 있어야 하는데, 이를 가능케 하는 것이 바로 정규 교육기관 곧 학교에서 보낸 수년간의 교육 시간들이라는 점을 강조한다. 이때 학교를 졸업한 노동자는 그렇지 않은 노동자에 비해 생산성이 더 높으며 그로 인해 상대적으로 더 높은 임금, 곧 숙련 프리미엄을 얻게 된다. 그런데 학교가 제공하는 숙련의 내용은 신기술의 종류에 따라 다르다. 20세기 초반에는 기본적인 계산을 할 줄 알고 기계 설명서와 도면을 읽어내는 능력이 요구되었고, 이를 위한 교육은 주로 중. 고등학교에서 제공되었다. 기계가 한층 복잡해지고 IT 기술의 응용이 중요해진 20세기 후반부터는 추상적으로 판단하고 분석할 수 있는 능력의 함양과 함께, 과학, 공학, 수학 등의 분야 에 대한 학위 취득이 요구되고 있다.

골딘과 카츠는 기술을 숙련 노동자에 대한 수요로, 교육을 숙련 노동자의 공급으로 규정하고, 기술의 진보에 따른 숙련 노동자에 대한 수요의 증가 속도와 교육의 대응에 따른 숙련 노동자 공급의 증가 속도를 '경주'라는 비유로 비교함으로써, 소득 불평등과 경제 성장의 역사적 추이를 해명한다. 이들에 따르면, 기술은 숙련 노동자들에 대한 상대적 수요를 늘리는 방향으로 변화했고, 숙련 노동자에 대한 수요의 증가율 곧 증가 속도는 20세기 내내 대체로 일정하게 유지된 반면, 숙련 노동자의 공급 측면은 부침을 보였다. 숙련 노동자의 공급은 전반부에는 크게 늘어나 그 증가율이 수요 증가율을 상회했지만, 1980년부터는 증가 속도가 크게 둔화됨으로써 대졸 노동자의 공급 증가율이 숙련 노동자에 대한 수요 증가율을 하회하게 되었다. 이들은 기술과 교육, 양 쪽의 증가 속도를 비교함으로써 1915년부터 1980년까지 진행되었던 숙련 프리미엄의 축소는 숙련 노동자들의 공급이 더 빠르게 늘어난 결과, 곧 교육이 기술을 앞선 결과임을 밝혔다. 이에 비해 1980년 이후에 나타난 숙련 프리미엄의 확대, 곧 교육에 따른 임 금 격차의 확대는 대졸 노동자의 공급 증가율 하락에 의한 것으로 보았다. 이러한 분석 결과에 소득 불평등의 많은 부분이 교육에 따른 임금 격차에 의해 설명되었다는 역사적 연구가 결합됨으로써, 미국의 경제 성장과 소득 불평등은 교육과 기술의 '경주'에 의해 설명될 수 있었다.

　　그렇다면 교육을 결정하는 힘은 어디에서 나왔을까? 특히 양질의 숙련 노동력이 생산 현장의 수요에 부응해 빠른 속도로 늘어나도록 한 힘은 어디에서 나왔을까? 골딘과 카츠는 이와 관련해 1910년대를 기점으로 본격화되었던 중. 고등학교 교육 대중화 운동에 주목한다. 19세기 말 경쟁의 사다리 하단에 머물러 있던 많은 사람들은 교육이 자식들에게 새로운 기회를 제공해 주기를 희망했다. 이러한 염원이 '풀뿌리 운동'으로 확산되고 마침내 정책으로 반영되면서 변화가 시작되었다. 지방 정부가 독자적으로 재산세를 거둬 공립 중등 교육기관을 신설하고 교사를 채용해 양질의 일자리를 얻는 데 필요한 교육을 무상으로 제공하게 된 것이다. 이들의 논의는 새로운 대중 교육 시스템의 확립에 힘입어 신생 국가인 미국이 부자 나라로 성장하고, 수많은 빈곤층 젊은이들이 경제 성장의 열매를 향유했던 과정을 잘 보여 준다.

　　교육과 기술의 경주 이론은 신기술의 출현과 노동 수요의 변화, 생산 현장의 필요에 부응하는 교육기관의 숙련 노동력 양성, 이를 뒷받침하는 제도와 정책의 대응, 더 새로운 신기술의 출현이라는 동태적 상호 작용 속에서 성장과 분배의 양상이 어떻게 달라질 수 있는가에 관한 중요한 이론적 준거를 제공해 준다. 그러나 이 이론은 한계도 적지 않아 성장과 분배에 대한 다양한 논쟁을 촉발하고 있다.

① 20세기 초에는 숙련에 대한 요구가 계산 및 독해 능력 등에 맞춰졌다.

② 20세기 초에는 강화된 공교육이 경제의 성장에 기여했다.

③ 20세기 말에는 소득 분배의 악화 및 경제 성장의 둔화 현상 등이 동시에 발생했다.

④ 20세기 말에는 숙련 노동자의 공급이 대학 이상의 고등교육에 의해 주도되었다.

⑤ 20세기 초에는 미숙련 노동자가, 말에 가서는 숙련 노동자가 선호되었다.

해설 26번째 줄 "숙련 노동자에 대한 수요의 증가율, 곧 증가 속도는 20세기 내내 일정하게 유지된 반면"에서 보면 알 수 있듯이 20세기 내내 숙련노동자가 선호되고 있었음을 알 수 있다.

11 다음 글의 밑줄 친 부분을 고쳐 쓰기 위한 방안으로 적절하지 않은 것은?

> 봉사는 자발적으로 이루어지는 것이므로 원칙적으로 아무런 보상이 주어지지 않는다. ㉠그리고 적절한 칭찬이 주어지면 자발적 봉사자들의 경우에도 더욱 적극적으로 활동하게 된다고 한다. ㉡그러나 이러한 칭찬 대신 일정액의 보상을 제공하면 어떻게 될까? ㉢오히려 봉사자들의 동기는 약화된다고 한다. ㉣나는 여름방학 동안에 봉사활동을 많이 해 왔다. 왜냐하면 봉사에 대해 주어지는 금전적 보상은 봉사자들에게 그릇된 메시지를 전달하기 때문이다. 봉사에 보수가 주어지면 봉사자들은 다른 봉사자들도 무보수로는 일하지 않는다고 생각할 것이고 언제나 보수를 기대하게 된다. 보수를 기대하게 되면 그것은 봉사라고 하기 어렵다. ㉤즉, 자발적 봉사가 사라진 자리를 이익이 남는 거래가 차지하고 만다.

① ㉠은 앞의 문장과는 상반된 내용이므로 '하지만'으로 고쳐 쓴다.

② ㉡에서 만일의 상황을 가정하므로 '그러나'는 '만일'로 고쳐 쓴다.

③ ㉢ '오히려'는 뒤 내용이 일반적 예상과는 다른 결과가 될 것임을 암시하는데, 이는 적절하므로 그대로 둔다.

④ ㉣은 글의 내용과는 관련 없는 부분이므로 삭제한다.

⑤ ㉤의 '즉'은 '예를 들면'으로 고쳐 쓴다.

✔해설 ⑤ '즉'은 옳게 쓰여진 것으로 고쳐 쓰면 안 된다.

12 다음은 야구선수들이 국어시간에 배운 아래의 작품에 대해 토론하고 있다. 이에 대한 설명을 바르게 하지 않은 사람을 고르면?

> ㉠ 공무도하(公無渡河) – 임이여 물을 건너지 마오
> ㉡ 공경도하(公竟渡河) – 임은 결국 물을 건너시네
> ㉢ 공무도하(墮河而死) – 물에 빠져 죽었으니
> ㉣ 장내공하(將奈公何) – 장차 임을 어이할꼬
> ㉤ 위 작품에 대한 평가 – 두 가지로 대표되는 종족 간의 대립, 갈등을 노래한 집단적인 서사시로써 가요의 형태상의 변화뿐만 아니라, 인간의 생활 감정이 복잡해져 감에 따른 예술의 분화 과정을 이해할 수 있다.

① A – ㉠은 '물' 다시 말해 저 임이 건너지 말아야 할 물은 임과 나를 영원히 이별하게 만들 수 있으므로, 여기서 시적 화자가 부르는 '公'은 간절한 사랑이 담겨 있는 절박한 호소라 할 수 있어

② B – ㉡의 '意'과 결합되는 '물'은 사랑의 종말을 의미함과 동시에 임의 부재를 불러일으킨다. 이 경우 물은 사랑을 뜻하기보다는 임과의 이별을 뜻하므로 죽음의 이미지가 강하다고 할 수 있어

③ C – ㉢ '물'은 임의 부재라는 소극적인 뜻이 아니라, 죽음의 의미로 확대되고 있고, 사랑하는 임의 죽음을 통해 깊은 단절감을 느끼게 됨을 알 수 있어

④ D – ㉣ 서정적 자아의 심정이 집약된 구절로 탄식과 원망의 애절한 울부짖음을 나타내며, 이 비극적 심리의 폭발은 결국 여인의 자살을 몰고 왔다고 할 수 있어.

⑤ E – ㉤ 화희와 치희로 대표되는 종족 간의 대립을 의미하고 있으며, 이 노래를 우리나라에 현존하는 최초의 개인적 서사시로 이해하는 것이 옳아

> ✔ 해설 위에 제시된 작품은 〈공무도하가(公無渡河歌)〉이다. 이 작품은 우리나라 문학사상 가장 오래된 작품으로써, 제작 연대는 알 수 없다. 어느 백수광부가 술병을 들고 강물을 건너려다 빠져 죽고, 그의 부인이 강물을 건너는 남편을 단류하며 노래를 부르다 함께 빠져 죽었다는 이야기이다. 곽리자고가 아내 여옥에게 이 이야기를 전해주자, 여옥이 이 광경에 대해 부른 노래가 바로 〈공무도하가〉이다. ⑤번에서 말하고 있는 ㉤이 의미하는 작품은 황조가(黃鳥歌)이다.

[아니리]
한참 이리 헐 적에, 해운공 방게란 놈이 열 발을 쩍 벌리고 엉금엉금 기어 들어오며,

[중중모리]
"신의 고향 세상이라, 신의 고향은 세상이라. 푸른 시냇물에 가만히 몸 숨기어 천봉만학(千峰萬壑)*을 바라봐, 산 중 토끼 달 속 토끼 안면 있사오니, 소신의 엄지발로 토끼 놈의 가는 허리를 바드드드드 집어다가 대왕전에 바치리다."

[아니리]
"아니, 그럼 너도 이놈, 그러면 신하란 말이냐?"
"아, 물고기 떼는 다 마찬가지요."
"어라, 저놈 보기 싫다! 두 엄지발만 똑 떼여 내쫓아라!"
공론이 미결(未決)헐 적에,

[진양조]
영덕전 뒤로 한 신하가 들어온다.
눈이 작고 다리가 짧고, 목이 길며 주둥이가 까마귀 부리처럼 뾰족하도다.
가슴과 배의 등에다 방패를 지고 앙금앙금 기어들어와 몸을 굽혀 공손히 두 번 절하며 상소를 올리거늘,

[아니리]
받아 보니 별주부 자라라.
"네 충성은 지극허나, 세상에를 나가며는 인간의 진미가 되어 자라탕으로 죽는다니, 그 아니 원통허냐?"
별주부 여짜오되,
"소신은 손발이 넷이오라, 물 위에 둥실 높이 떠 망보기를 잘 하와 인간에게 낭패를 당함은 없사오나, 바다 속에서 태어나 토끼 얼굴을 모르오니, 얼굴 하나만 그려 주시면 꼭 잡어다 바치겠나이다."
"아, 글랑 그리하여라."

[중중모리]
"화사자(畫師子) 불러라."
화공을 불러들여 토끼 얼굴을 그린다. 유리 같이 맑은 수면의 동정호처럼 청홍색의 벼루, 수놓은 고운 비단 같은 가을 물결무늬 거북 연적(硯滴), 오징어로 먹 갈아 양두 화필*을 덤벅 풀어 붉고 푸른 여러 빛깔을 두루 묻히어서 이리저리 그린다.

[A] 천하 명산 승지 강산 경개 보던 눈 그리고, 두견, 앵무, 지지 울 제 소리 듣던 귀 그리어, 봉래, 방장산 운무(雲霧) 중의 내 잘 맡던 코 그리고, 난초, 지초, 왼갖 향초, 꽃 따먹던 입 그리어, 대한(大寒) 엄동 설한풍(雪寒風)의 추위 막던 털 그려, 만화방창(萬花方暢)* 화림(花林) 중의 펄펄 뛰던 발 그려, 신농씨 상백초* 이슬 털던 꼬리라. 두 귀는 쫑긋, 두 눈 도리도리, 허리는 늘씬, 꽁지난 묘똑, 좌편 청산이요, 우편은 녹수라. 녹수 청산의 애굽은 장송(長松), 휘늘어진 양류(楊柳) 속, 들락날락 오락가락 앙그주춤 기난 듯이, 그림 속의 토끼 얼풋 그려, "아미산월의 반륜퇴*가 이에서 더할소냐. 아나, 엿다, 별주부야, 네가 가지고 나가라."

[아니리]
별주부, 토끼 화상 받아 목덜미 속에 집어 놓고 꽉 옴틀여 놓으니, 물 한 점 들어갈 배 만무하지. 사은숙배 하직한 후에 본댁으로 돌아올 적에, 그때에 주부 모친이 있는듸, 자라라도 수수천년이 되어서 삶아 놔도 먹지 못할 자라였다. 주부 세상에 간단 말을 듣고 울며불며 못 가게 만류를 허는듸,

[진양조]
"여봐라, 주부야, 여봐라, 별주부야. 네가 세상을 간다 허니 무얼 허로 갈라느냐? 장탄식, 병이 든들 어느 뉘가 날 구하며, 이 몸이 죽어져서 까마귀와 솔개의 밥이 된들, 뉘랴 손뼉을 뚜다려 주며 후여쳐 날려 줄 이가 뉘 있더란 말이냐? 여봐라, 별주부야, 위험한 곳에는 들어가지를 말어라."

[아니리]
별주부 여쫘오되,
"나라에 환후 계옵시여 약 구하러 가는 길이오니, 어머니, 너무 근심치 마옵소서."
"내 아들아, 기특허다. 충성이 지극허면 죽는 법이 없느니라. 그럼 수로 육로 이만 리를 무사히 다녀오너라."
절하고 작별하고 침실로 돌아올 적에, 그때에 주부 마누라가 있는듸, 이놈이 어디로 장가를 들었는고 허니 소상강으로 장가를 들었것다. 택호(宅號)*를 부르며 나오는듸,
"아이고 여보, 소상강 나리, 세상에를 가신다니, 당상(堂上)의 백발 모친 어찌 잊고 가랴시오?"
"오냐, 네가 아이고 지고 운다마는, 내가 너를 못 잊고 가는 일이 하나 있다."
"아, 무슨 일을 그렇게 못 잊그 가세요?"
"다른 게 아니라, 재 너머 남생이란 놈이 제 주제에 덧붙임 사촌간이라 하여 두고 생김생김이 꼭 나와 비슷하니, 가만가만 자주 돌아다니는 게 아마도 내 오래 바라보니 수상허단 말이여. 그놈 몸에서는 노랑내가 나고, 내 몸에는 꼬순내가 나니, 글로 조짐을 잘 알어내어 부디 조심 잘 자렸다."
단단히 단속 후에 수정문 밖을 썩 나서서, 세상 경개를 살피고 나오는듸,
꼭 이렇게 나오든가 부드라.

– 미상, 「수궁가」 –

* 천봉만학 : 수많은 산봉우리와 산골짜기
* 양두 화필 : 양쪽에 붓털이 달린 그림 붓
* 만화방창 : 봄이 되어 온갖 사물이 한창 피어남
* 신농씨 상백초 : 신농씨가 맛을 보던 백 가지 풀
* 아미산월의 반륜퇴 : 중국 4대 명산의 하나인 아미산 위에 뜬 반달 속에 보이는 토끼
* 택호 : 벼슬 이름이나 장가 든 지방의 이름을 붙여 그 사람의 집을 이르는 말

13 위의 작품을 읽고 분석한 결과 가장 옳지 않은 내용을 고르면?

① 주부 아내가 노모를 언급하면서 별주부를 만류하는 것으로 보아 '효'에 대한 당대인의 윤리 의식이 존재함을 알 수 있다.

② 용왕이 육지로 가겠다는 별주부의 의사를 수용하는 것으로 미루어 보아 지배층의 무능력한 면모를 알 수 있다.

③ 별주부가 세상에 간다는 말을 듣고 별주부 모친이 처음에는 만류하지만 용왕을 위해 약을 구하러 간다고 말하자 기특하다고 말한 것으로 보아 충을 중시하는 가치관이 드러난다고 볼 수 있다.

④ 별주부가 아내에게 남생이를 조심하라고 단단히 단속한 후에 집을 나서는 것으로 보아 이는 여성에게 정절을 요구하는 당대의 분위기임을 알 수 있다.

⑤ 방게를 무시하며 두 엄지발만 떼어 내쫓으라고 명령하는 것을 통해서 보았을 시에 이로 인해 지배층의 횡포를 엿볼 수 있다.

> ✔ **해설** 위 작품은 수궁가이다. 별주부가 자진해서 세상에 나가 토끼를 잡아 오겠다고 말하고 용왕은 별주부의 의사를 수용한다. "자진"해서라는 부분에서 보았을 시에 지배층의 무능력한 면모라고 단정 짓거나 또는 파악할 수 없다.

14 아래의 보기는 위의 작품을 읽은 A의 반응이라고 할 시에 괄호 안에 들어갈 말로 가장 적합한 것은?

> 별주부가 토끼의 간을 구하기 위해 세상에 나간다는 말이 주부 모친에게는 처음에 (   )와/과 같은 말로 들렸었겠구나

① 화룡점정(畫龍點睛) ② 언중유골(言中有骨)
③ 유구무언(有口無言) ④ 청천벽력(靑天霹靂)
⑤ 사면초가(四面楚歌)

> ✔ **해설** 별주부 모가 별주부가 바다 속에서 시작하여 세상 밖으로 나간다는 말을 전해 듣고 울며불며 못 가게 만류하며 자신의 앞날을 걱정하는 것으로 보아, 정황 상 맑은 하늘에 벼락이라는 뜻으로, 갑자기 일어난 큰 사건이나 이변을 비유하는 말인 '청천벽력'이 가장 적합하다.

15 〈보기〉를 참조할 때, ㉠과 유사한 예로 볼 수 없는 것은?

> 　　어머니가 세탁기 버튼을 눌러 놓고는 텔레비전 드라마를 보고 있다. 우리가 이러한 모습을 볼 수 있는 이
> 유는 바로 전자동 세탁기의 등장 때문이다. 전자동 세탁기는 세탁조 안에 탈수조가 있으며 탈수조 바닥에는
> 물과 빨랫감을 회전시키는 세탁판이 있다. 그리고 세탁조 밑에 클러치가 있는데, 클러치는 모터와 연결되어
> 있어서 모터의 힘을 세탁판이나 탈수조에 전달한다. 마이크로컴퓨터는 이 장치들을 제어하여 빨래를 하게
> 한다. 그렇다면 빨래로부터 주부들의 ㉠손을 놓게 한 전자동 세탁기는 어떻게 빨래를 하는가?

> 〈보기〉
> ㉠은 '손(을)'과 '놓다'가 결합하여, 각 단어가 지닌 원래 의미와는 다른 새로운 의미, 즉 '하던 일을 그만두거
> 나 잠시 멈추다.'의 뜻을 나타낸다. 이렇게 두 개 이상의 단어가 만나 새로운 의미를 가지는 경우가 있다.

① 어제부터 모두들 그 식당에 발을 끊었다.
② 모든 학생들이 선생님 말씀에 귀를 기울였다.
③ 결국은 결승전에서 우리 편이 무릎을 꿇었다.
④ 조용히 눈을 감고 미래의 자신의 모습을 생각했다.
⑤ 장에 가신 아버지가 오시기를 목을 빼고 기다렸다.

> ✔해설　④ '눈을 감고'는 눈꺼풀을 내려 눈동자를 덮는 것을 의미한다. 단어의 본래의 의미가 사용되었으므로 관용적
> 　　　　표현이 아니다.

사진은 자신의 주관대로 끌고 가야 한다. 일정한 규칙이 없는 사진 문법으로 의사소통을 하고자 할 때 필요한 것은 대상이 되는 사물의 객관적 배열이 아니라 주관적 조합이다. 어떤 사물을 어떻게 조합해서 어떤 생각이나 느낌을 나타내는가 하는 것은 작가의 주관적 판단에 의할 수밖에 없다. 다만 철저하게 주관적으로 엮어야 한다는 것만은 확실하다.

주관적으로 엮고, 사물을 조합한다고 해서 소위 '만드는 사진'처럼 합성을 하고 이중촬영을 하라는 뜻은 아니다. 특히 요즈음 디지털 사진이 보편화되면서 포토샵을 이용한 합성이 많이 보이지만, 그런 것을 권하려는 것이 아니다. 사물을 있는 그대로 찍되, 주위 환경과 어떻게 어울리게 하여 어떤 의미로 살려 낼지를 살펴서 그들끼리 연관을 지을 줄 아는 능력을 키우라는 뜻이다.

사람들 중에는 아직도 사진이 객관적인 매체라고 오해하는 사람들이 꽤 많다. 그러나 사진의 형태만 보면 객관적일 수 있지만, 내용으로 들어가 보면 객관성은 한 올도 없다. 어떤 대상을 찍을 것인가 하는 것부터가 주관적인 선택 행위이다. 아름다움을 표현하기 위해서 꽃을 찍는 사람이 있는가 하면 꽃 위를 나는 나비를 찍는 사람도 있을 것이고 그 곁의 여인을 찍는 사람도 있을 것이다. 이처럼 어떤 대상을 택하는가 하는 것부터가 주관적인 작업이며, 이것이 사진이라는 것을 머리에 새겨 두고 사진에 임해야 한다. 특히 그 대상을 어떻게 찍을 것인가로 들어가면 이제부터는 전적으로 주관적인 행위일 수밖에 없다. 렌즈의 선택, 셔터 스피드나 조리개 값의 결정, 대상과의 거리 정하기 등 객관적으로는 전혀 찍을 수 없는 것이 사진이다. 그림이나 조각만이 주관적 예술은 아니다.

때로 객관적이고자 하는 마음으로 접근할 수도 있기는 하다. 특히 다큐멘터리 사진의 경우 상황을 객관적으로 파악, 전달하고자 하는 마음은 이해가 되지만, 어떤 사람도 완전히 객관적으로 접근할 수는 없다. 그 객관이라는 것도 그 사람 입장에서의 객관이지 절대적 객관이란 이 세상에 있을 수가 없는 것이다. 더구나 예술로서의 사진으로 접근함에 있어서야 말할 것도 없는 문제이다. 객관적이고자 하는 시도도 과거의 예술에서 있기는 했지만, 그 역시 객관적이고자 실험을 해 본 것일 뿐 객관적 예술을 이루었다는 것은 아니다.

예술이 아닌 단순 매체로서의 사진이라 해도 객관적일 수는 없다. 그 이유는 간단하다. 사진기가 저 혼자 찍으면 모를까, 찍는 사람이 있는 한 그 사람의 생각과 느낌은 어떻게든지 그 사진에 작용을 한다. 하다못해 무엇을 찍을 것인가 하는 선택부터가 주관적인 행위이다. 더구나 예술로서, 창작으로서의 사진은 주관을 배제하고는 존재조차 할 수 없다는 사실을 깊이 새겨서, 언제나 '나는 이렇게 보았다. 이렇게 생각한다. 이렇게 느꼈다.'라는 점에 충실하도록 노력해야 할 것이다.

① 사진의 주관성을 염두에 두어야 하는 까닭은 무엇인가?

② 사진으로 의사소통을 하고자 할 때 필요한 것은 무엇인가?

③ 단순 매체로서의 사진도 객관적일 수 없는 까닭은 무엇인가?

④ 사진의 객관성을 살리기 위해서는 구체적으로 어떤 작업을 해야 하는가?

⑤ 사진을 찍을 때 사물을 주관적으로 엮고 조합하라는 것은 어떤 의미인가?

> **✔ 해설** ④ 이 글에서는 사진의 주관성에 대해 설명하면서 주관적으로 사진을 찍어야 함을 강조하고 있을 뿐, 사진을 객관적으로 찍으려면 어떻게 작업해야 한다는 구체적인 정보는 나와있지 않다.

  다음 글의 문맥상 빈 칸 ㈎에 들어갈 가장 적절한 말은 어느 것인가?

여름이 빨리 오고 오래 가다보니 의류업계에서 '쿨링'을 컨셉으로 하는 옷들을 앞다퉈 내놓고 있다. 그물망 형태의 옷감에서 냉감(冷感)을 주는 멘톨(박하의 주성분)을 포함한 섬유까지 접근방식도 제각각이다. 그런데 가까운 미래에는 미생물을 포함한 옷이 이 대열에 합류할지도 모르겠다. 박테리아 같은 미생물은 여름철 땀냄새의 원인이라는데 어떻게 옷에 쓰일 수 있을까.

생물계에서 흡습형태변형은 널리 관찰되는 현상이다. 솔방울이 대표적인 예로 습도가 높을 때는 비늘이 닫혀있어 표면이 매끈한 덩어리로 보이지만 습도가 떨어지면 비늘이 삐죽삐죽 튀어나온 형태로 바뀐다. 밀이나 보리의 열매(낱알) 끝에 달려 있는 까끄라기도 습도가 높을 때는 한 쌍이 거의 나란히 있지만 습도가 낮아지면 서로 벌어진다. 이런 현상은 한쪽 면에 있는 세포의 길이(크기)가 반대 쪽 면에 있는 세포에 비해 습도에 더 민감하게 변하기 때문이다. 즉 습도가 낮아져 세포 길이가 짧아지면 그쪽 면을 향해 휘어지는 것이다.

MIT의 연구자들은 미생물을 이용해서도 이런 흡습형태변형을 구현할 수 있는지 알아보기로 했다. 즉 습도에 영향을 받지 않는 재질인 천연라텍스 천에 농축된 대장균 배양액을 도포해 막을 형성했다. 대장균은 별도의 접착제 없이도 소수성 상호작용으로 라텍스에 잘 달라붙는다. 라텍스 천의 두께는 150~500μm(마이크로미터. 1μm는 100만분의 1m)이고 대장균 막의 두께는 1~5μm다. 이 천을 상대습도 15%인 건조한 곳에 두자 대장균 세포에서 수분이 빠져나가며 대장균 막이 도포된 쪽으로 휘어졌다. 이 상태에서 상대습도 95%인 곳으로 옮기자 천이 서서히 펴지며 다시 평평해졌다. 이 과정을 여러 차례 반복해도 같은 현상이 재현됐다.

연구자들은 원자힘현미경(AFM)으로 대장균 막을 들여다봤고 상대습도에 따라 크기(부피)가 변한다는 사실을 확인했다. 즉 건조한 곳에서는 대장균 세포부피가 30% 정도 줄어드는데 이 효과가 천에서 세포들이 나란히 배열된 쪽을 수축시키는 현상으로 나타나 그 방향으로 휘어지는 것이다. 연구자들은 이런 흡습형태변형이 대장균만의 특성인지 미생물의 일반 특성인지 알아보기 위해 몇 가지 박테리아와 단세포 진핵생물인 효모에 대해서도 같은 실험을 해봤다. 그 결과 정도의 차이는 있었지만 패턴은 동일했다.

다음으로 연구자들은 양쪽 면에 미생물이 코팅된 천이 쿨링 소재로 얼마나 효과적인지 알아보기로 했다. 연구팀은 흡습형태변형이 효과를 낼 수 있도록 독특한 형태로 옷을 디자인했다. 즉, (㈎   )

그 결과 공간이 생기면서 땀의 배출을 돕는다. 측정 결과 미생물이 코팅된 천으로 만든 옷을 입을 경우 같은 형태의 일반 천으로 만든 옷에 비해 피부 표면 공기의 온도가 2도 정도 낮아 쿨링 효과가 있는 것으로 나타났다.

① 체온이 높은 등 쪽으로 천이 휘어지게 되는 성질을 이용해 평상시에는 옷이 바깥쪽으로 더 튀어나오도록 디자인했다.

② 미생물이 코팅된 천이 땀으로 인한 습도의 영향을 잘 받을 수 있도록 옷의 안쪽 면에 부착하여 옷의 바깥쪽과는 완전히 다른 환경을 유지할 수 있도록 디자인했다.

③ 땀이 많이 나는 등 쪽에 칼집을 낸 형태로 만들어 땀이 안 날 때는 평평하다가 땀이 나면 피부 쪽 면의 습도가 높아져 미생물이 팽창해 천이 바깥쪽으로 휘어지도록 디자인했다.

④ 땀이 나서 습도가 올라가면 등 쪽의 세포 길이가 짧아질 것을 고려해 천이 안쪽으로 휘어져 공간이 생길 수 있도록 디자인했다.

⑤ 땀이 흐르는 등과 천 사이에 일정한 공간이 유지될 수 있도록 천에 미생물 코팅 면을 부착해 공간 사이로 땀이 흘러내리며 쿨링 효과를 일으킬 수 있도록 디자인했다.

✔ 해설　흡습형태변형은 한쪽 면에 있는 세포의 길이(크기)가 반대 쪽 면에 있는 세포에 비해 습도에 더 민감하게 변하여, 습도가 낮아져 세포 길이가 짧아지면 그쪽 면을 향해 휘어지는 것을 의미한다고 언급되어 있다. 따라서 등에 땀이 나면 세포 길이가 더 짧은 바깥쪽으로 옷이 휘어지게 되므로 등 쪽 면에 공간이 생기게 되는 원리를 이용한 것임을 알 수 있다.

Answer　17.③

18 다음 글의 핵심적인 논지를 바르게 정리한 것은?

주먹과 손바닥으로 상징되는 이항 대립 체계는 롤랑 바르트도 지적하고 있듯이 서구 문화의 뿌리를 이루고 있는 기본 체계이다. 천사와 악마, 영혼과 육신, 선과 악, 괴물을 죽여야 공주와 행복한 결혼을 한다는 이른바 세인트 조지 콤플렉스가 바로 서구 문화의 본질이었다고 할 수 있다. 그러니까 서양에는 이항 대립의 중간항인 가위가 결핍되어 있었던 것이다. 주먹과 보자기만 있는 대립항에서는 어떤 새로운 변화도 일어나지 않는다. 항상 이기는 보자기와 지는 주먹의 대립만이 존재한다.

서양에도 가위바위보와 같은 민속놀이가 있긴 하지만 그것은 동아시아에서 들어온 것이라고 한다. 그들은 이런 놀이를 들여옴으로써 서양 문화가 논리적 배중률이니 모순율이니 해서 극력 배제하려고 했던 가위의 힘, 말하자면 세 손가락은 닫혀 있고 두 손가락은 펴 있는 양쪽의 성질을 모두 갖춘 중간항을 발견하였다. 열려 있으면서도 닫혀 있는 가위의 존재, 그 때문에 이항 대립의 주먹과 보자기의 세계에 새로운 생기와 긴장감이 생겨난다. 주먹은 가위를 이기고 가위는 보자기를 이기며 보자기는 주먹을 이기는, 그 어느 것도 정상에 이를 수 없으며 그 어느 것도 밑바닥에 깔리지 않는 서열 없는 관계가 형성되는 것이다.

유교에서 말하는 중용(中庸)도 가위의 기호 체계로 보면 정태론이 아니라 강력한 동태적 생성력으로 해석될 수 있을 것이다. 그것은 단순한 균형이나 조화가 아니라 주먹과 보자기의 가치 시스템을 파괴하고 새로운 질서를 끌어내는 혁명의 원리라고도 볼 수 있다. 〈역경(易經)〉을 서양 사람들이 변화의 서(書)라고 부르듯이 중용 역시 변화를 전제로 한 균형이며 조화라는 것을 잊어서는 안 된다. 쥐구멍에도 볕들 날이 있다는 희망은 이와 같이 변화의 상황에서만 가능한 꿈이라고 할 수 있다.

요즘 서구에서 일고 있는 '제3의 길'이란 것은 평등과 자유가 이항 대립으로 치닫고 있는 것을 새로운 가위의 패러다임으로 바꾸려는 시도라고 풀이할 수 있다. 지난 냉전 체제는 바로 정치 원리인 평등을 극단적으로 추구하는 구소련의 체제와 경제 원리인 자유를 극대화한 미국 체제의 충돌이었다고 할 수 있다. 이 '바위-보'의 대립 구조에 새로운 가위가 끼어들면서 구소련은 붕괴하고 자본주의는 승리라기보다 새로운 패러다임의 전환점에 서 있게 된 것이다. 새 천년의 21세기는 새로운 게임, 즉 가위바위보의 게임으로 상징된다고도 볼 수 있다. 화식과 생식의 요리 모델밖에 모르는 서구 문화에 화식(火食)도 생식(生食)도 아닌 발효식의 한국 김치가 들어가게 되면 바로 그러한 가위 문화가 생겨나게 되는 것이다.

역사학자 홉스봄의 지적대로 20세기는 극단의 시대였다. 이런 대립적인 상황이 열전이나 냉전으로 나타나 1억 8천만 명의 전사자를 낳는 비극을 만들었다. 전쟁만이 아니라 정신과 물질의 양극화로 환경은 파괴되고 세대의 갈등과 양성의 대립은 가족의 붕괴, 윤리의 붕괴를 일으키고 있다. 원래 예술과 기술은 같은 것이었으나 그것이 양극화되어 이상과 현실의 간극처럼 되고 인간 생활의 균형을 깨뜨리고 말았다. 이런 위기에서 벗어나기 위해 우리는 주먹과 보자기의 대립을 조화시키고 융합하는 방법을 찾아야 할 것이다.

① 예술과 기술의 조화를 이룬 발전을 이루어야 한다.

② 미래의 사회는 자유와 평등을 함께 구현하여야 한다.

③ 동양 문화의 장점을 살려 새로운 문화를 창조해야 한다.

④ 이분법적인 사고에서 벗어나 새로운 발상을 하여야 한다.

⑤ 냉전 시대의 해체로 화합과 조화의 자세가 요구되고 있다.

✔ 해설 ④ 이분법적인 사고를 바탕으로 한 이항 대립의 한계(서구 문화)를 극복하고, 새로운 패러다임(중간항의 존재)으로 전환해야 한다는 논지를 전개하고 있다.

19 다음의 2가지 기사를 읽고 문맥 상 공통적으로 들어갈 말로 가장 적절한 것을 고르면?

1번째 기사

　　강릉 시의회는 18일 의회 대회의실에서 조례안·예산 심사 등 전문지식 (　　)을/를 위한 전문가 초청특강이 진행됐다. 이번 특강은 제11대 강릉시의회가 개원해 곧 있을 임시회에서 업무보고와 추경예산 등 본격적인 의정활동을 앞두고 열리는 것으로 조례안 심사와 예산심의 등 의정활동에 필요한 지식함양을 위해 마련됐다. 특강은 최민수 국회의정연수원 교수로부터 '지방의원, 4년간 의정활동을 어떻게 할 것인가?'를 주제로 특강을 펼쳤다. 최선근 강릉시의회 의장은 "제11대 개원이후 처음으로 갖는 특강으로 의원 스스로 열심히 공부하는 의회 상 정립을 해야 한다"며 "더불어 행정사무감사를 실시하게 되는 9월 정례회를 대비한 8월 의정연수에도 모두 참석해 초선의원은 물론 모든 의원의 전문성 향상과 창의적인 의정활동 역량을 배가시키는 장이 되길 바란다"고 밝혔다.

2번째 기사

　　우리는 신문, TV, 인터넷, 도서, 사회 관계망 서비스(SNS) 등 다양한 매체들을 통해 살고 있다. 그중 `건강 정보'는 인간의 기본 욕구(생존·안전)와 밀접한 만큼 소재로 많이 쓰인다. 이에 따라 오류도 무분별하게 전달돼 건강정보가 범람하기에 이르렀다. 사람들을 무력하고 혼란스럽게 만들며 나아가 잘못된 건강습관을 합리화하는 문제를 낳기도 한다.

　　예를 들어 우리 사회에서는 술이 암을 유발한다는 인식이 아직 낮은 편이다. `모든 것'이 암의 원인이 될 수 있다. 음주는 암의 원인 중 하나일 뿐이라고 생각한다. 음주와 암의 연관성을 알린다고 해도 비판적으로 받아들이거나 심각하게 받아들이지 않을 가능성이 높다. 질병을 일으킬 수 있는 생활습관이나 위험 물질이라고 알려진 것들이 너무 많다. 이를 모두 회피하는 것은 어쩌면 불가능하기 때문에 술 하나쯤 더 추가됐다고 해서 크게 달라질 것 없다고 생각할 수 있다. 왜 잘못된 건강정보가 확산되고 있는 것일까?

첫째, 건강 욕구는 높으나 선별할 수 있는 사전 지식이 부족해 잘못된 인식을 갖게 되고 이에 자신에게 필요하고 유리한 정보에 대해서만 (　　)한다.

둘째, 보건의료인을 통한 상담에 대해 심리적 부담을 가지고 있어 접근이 어렵다고 생각한다. 건강을 위한 치료나 관리 등의 지출 부담이 커지면서 건강과 관련된 사고 발생 시 이를 비난하는 사회 분위기로 인해 전문가에 대한 사회적 불신이 증가해 정확한 건강정보에 대한 의구심을 가지게 되는 것이다.

셋째, 문제의 증상이 심하지 않다는 이유, 대상자가 직접 건강 상담을 하지 않고 가족 또는 지인 등을 통해 간접적인 상담을 하는 등도 정확한 건강정보 전달의 장애가 된다.

그렇다면 어떻게 해야 건강정보를 올바르게, 정확하게 알 수 있을까?

첫째, 우리가 사는 지역마다 보건소·보건진료소, 의원, 건강증진센터 등이 있다. 이곳에는 보건의료 전문가가 상주하고 있다. 이들의 의무는 대상자의 질병 예방 및 치료, 재활, 그리고 정확한 건강정보 제공이다.

둘째, 매스컴, 도서 등에 나오는 민간요법, 건강에 좋다는 식재료, 음식, 운동법 등은 개인의 체질, 질병 이력 등에 따라 독이 될 수 있다. 정보가 풍부해져 사회의 상식 수준도 높아졌다. 하지만 과도한 정보는 오히려 합리적 사고의 체계에 혼란을 줄 수 있는 문제점이 있다. 복잡한 사회에서도 깨어있는 지혜를 가지고 올바른 정보를 받아 실천하는 우리가 되기를 기원해 본다.

① 허가(許可)　　　　　　　　　　② 습득(習得)

③ 채취(採取)　　　　　　　　　　④ 채집(採集)

⑤ 구걸(求乞)

 "습득"이라 함은 학문이나 기술 따위 등을 배워서 자신의 것으로 한다는 것을 의미한다. 첫 번째 기사에서 "외부 전문가 초빙을 통해 의정활동에 필요로 하는 지식함양을 위해 마련됐다"와 두 번째 기사에서 "사전 지식이 부족해 잘못된 인식을 갖게 되고 이에 자신에게 필요하고 유리한 정보에 대해서"에서 알 수 있듯이 "학문이나 기술 따위" 등을 배워서 자신의 것으로 한다는 것과 일맥상통한다.

Answer 19.②

여러 가지 호흡기 질환을 일으키는 비염은 미세먼지 속의 여러 유해 물질들이 코 점막을 자극하여 맑은 콧물이나 코막힘, 재채기 등의 증상을 유발하는 것을 말한다. 왜 코 점막의 문제인데, 비염 증상으로 재채기가 나타날까? 비염 환자들의 코 점막을 비내시경을 통해 관찰하게 되면 알레르기성 비염 환자에겐 코 점막 내의 돌기가 관찰된다. 이 돌기들이 외부에서 콧속으로 유입되는 먼지, 꽃가루, 유해물질 등에 민감하게 반응하면서 재채기 증상이 나타나는 것이다.

알레르기성 비염은 집먼지, 진드기 등이 매개가 되는 통연성 비염과 계절성 원인이 문제가 되는 계절성 비염으로 나뉜다. 최근 들어 미세먼지, 황사 등 대기 질을 떨어뜨리는 이슈가 자주 발생하면서 계절성 비염의 발생 빈도는 점차 늘어나고 있는 추세다.

아직도 비염을 단순히 코 점막 질환이라 생각한다면 큰 오산이다. 비염은 면역력의 문제, 체열 불균형의 문제, 장부의 문제, 독소의 문제가 복합적으로 얽혀서 코 점막의 비염 증상으로 표출되는 복합질환이다. 비염의 원인이 다양하고 복합적인만큼 환자마다 나타나는 비염 유형도 가지각색이다. 비염 유형에 따른 비염 증상에는 어떤 것이 있을까? 비염은 크게 열성 비염, 냉성 비염, 알레르기성 비염으로 나눌 수 있다.

가장 먼저, 열성 비염은 뇌 과열과 소화기의 열이 주된 원인으로 발생한다. 코 점막을 건조하게 만드는 열은 주로 뇌 과열과 소화기의 열 상승으로 발생하기 때문에 비염 증상으로는 코 점막의 건조, 출혈 및 부종 외에도 두통, 두중감, 학습장애, 얼굴열감, 급박한 변의 등이 동반되어 나타날 수 있다. 냉성 비염은 호흡기의 혈액순환 저하로 코 점막이 창백해지고 저온에 노출됐을 때 맑은 콧물 및 시큰한 자극감을 주 증상으로 하는 비염을 말한다. 또한, 호흡기 점막의 냉각은 소화기능의 저하와 신진대사 저하를 동반하기도 한다. 냉성 비염 증상은 맑은 콧물, 시큰거림 외에도 수족냉증, 체열 저하, 활력 감소, 만성 더부룩함, 변비가 동반되어 나타난다. 알레르기성 비염은 먼저, 꽃가루, 온도 등에 대한 면역 반응성이 과도하여 콧물, 코막힘, 재채기, 가려움증 등을 유발하는 비염 유형이다. 알레르기성 비염은 임상적으로 열성과 냉성으로 또 나뉠 수 있는데, 열성 비염의 동반증상으로는 코막힘, 건조함, 충혈, 부종 및 콧물이 있고, 냉성 비염의 동반증상은 맑은 콧물과 시큰한 자극감이 나타날 수 있다.

겨울철 환절기인 9~11월, 알레르기성 비염과 코감기 때문에 고생하는 이들이 많다. 코감기는 알레르기성 비염과 증상이 비슷해 많은 이들이 헷갈려 하지만, 치료법이 다르기 때문에 정확하게 구분하는 것이 중요하다. 알레르기성 비염은 여러 자극에 대해 코 점막이 과잉반응을 일으키는 염증성 질환으로 맑은 콧물, 코막힘, 재채기라는 3대 비염 증상과 함께 코 가려움증, 후비루 등이 나타날 수 있다. 또한 발열이나 오한 없이 오직 코의 증상이 나타나는데, 원인은 일교차, 꽃가루, 스트레스 등으로 다양하다. 반면 코감기는 몸 전체가 아픈 바이러스질환으로 누런 코, 심한 코막힘에 오한, 발열을 동반한 코 증상이 있으며, 코 점막이 새빨갛게 부어 오른 경우는 코감기로 볼 수 있다. 코감기는 충분한 휴식만으로도 치료가 가능할 수 있지만 알레르기성 비염은 꼭 약물치료가 필요하다.

> 　예를 들어 국가 간 비교를 행한 연구는 최근의 정당들이 구체적인 계급, 계층 집단을 조직하고 동원하지
> 는 않지만 일반 이념을 매개로 정치 영역에서 유권자들을 대표하는 기능을 강화했음을 보여주었다. 유권자
> 들은 좌우의 이념을 통해 정당의 정치적 입장을 인지하고 자신과 이념적으로 가까운 정당에 정치적 이해를
> 표출하며, 정당은 집권 후 이를 고려하여 책임정치를 일정하게 구현하고 있다는 것이다. 이때 정당은 포괄정
> 당에서 네트 워크정당까지 다양한 모습을 띨 수 있지만, 이념을 매개로 유권자의 이해와 정부의 책임성 간
> 의 선순환적 대의 관계를 잘 유지하고 있다는 것이다. 이와 같이 정당의 이념적 대표성을 긍정적으로 평가
> 하는 주장에 대해 몇몇 학자 및 정치인들은 대중정당론에 근거한 반론을 제기하기도 한다. 이들은 여전히
> 정당이 계급과 계층을 조직적으로 대표해야 하며, 따라서 정당의 전통적인 기능과 역할을 복원하여 책임정
> 당정치를 강화해야 한다는 주장을 제기하고 있다.

① 비염은 단순히 코 점막의 질환이다.

② 냉성 비염은 뇌 과열과 소화기의 열이 주된 원인으로 발생한다.

③ 열성 비염은 두통, 두중감, 학습장애, 얼굴열감, 급박한 변의 등이 동반되어 나타날 수 있다.

④ 코감기는 오한이나 발열없이 맑은 콧물, 코막힘, 재채기의 증상이 나타난다.

⑤ 3대 비염증상은 진한 콧물, 빨간 코점막, 재채기이다.

> **✔ 해설**　① 비염은 면역력의 문제, 체열 불균형의 문제, 장부의 문제, 독소의 문제가 복합적으로 얽혀서 코 점막의 비
> 　　　　염 증상으로 표출되는 복합질환이다.
> 　　　　② 열성 비염은 뇌 과열과 소화기의 열이 주된 원인으로 발생하고 냉성 비염은 호흡기의 혈액순환 저하로 발
> 　　　　생한다.
> 　　　　④ 코감기는 몸 전체가 아픈 바이러스질환으로 누런 코, 심한 코막힘에 오한, 발열을 동반한 코 증상이 있다.
> 　　　　⑤ 알레르기성 비염은 맑은 콧물, 코막힘, 재채기라는 3대 비염증상을 동반한다.

Answer　20.③

---

1 **직장생활과 수리능력**

(1) 기초직업능력으로서의 수리능력

① **개념** ··· 직장생활에서 요구되는 사칙연산과 기초적인 통계를 이해하고 도표의 의미를 파악하거나 도표를 이용해서 결과를 효과적으로 제시하는 능력을 말한다.

② 수리능력은 크게 기초연산능력, 기초통계능력, 도표분석능력, 도표작성능력으로 구성된다.
   ㉠ **기초연산능력** : 직장생활에서 필요한 기초적인 사칙연산과 계산방법을 이해하고 활용할 수 있는 능력
   ㉡ **기초통계능력** : 평균, 합계, 빈도 등 직장생활에서 자주 사용되는 기초적인 통계기법을 활용하여 자료의 특성과 경향성을 파악하는 능력
   ㉢ **도표분석능력** : 그래프, 그림 등 도표의 의미를 파악하고 필요한 정보를 해석하는 능력
   ㉣ **도표작성능력** : 도표를 이용하여 결과를 효과적으로 제시하는 능력

(2) 업무수행에서 수리능력이 활용되는 경우

① 업무상 계산을 수행하고 결과를 정리하는 경우

② 업무비용을 측정하는 경우

③ 고객과 소비자의 정보를 조사하고 결과를 종합하는 경우

④ 조직의 예산안을 작성하는 경우

⑤ 업무수행 경비를 제시해야 하는 경우

⑥ 다른 상품과 가격비교를 하는 경우

⑦ 연간 상품 판매실적을 제시하는 경우

⑧ 업무비용을 다른 조직과 비교해야 하는 경우

⑨ 상품판매를 위한 지역조사를 실시해야 하는 경우

⑩ 업무수행과정에서 도표로 주어진 자료를 해석하는 경우

⑪ 도표로 제시된 업무비용을 측정하는 경우

다음 자료를 보고 주어진 상황에 대한 물음에 답하시오.

<근로소득에 대한 간이 세액표>

월 급여액(천 원) [비과세 및 학자금 제외]		공제대상 가족 수				
이상	미만	1	2	3	4	5
2,500	2,520	38,960	29,280	16,940	13,570	10,190
2,520	2,540	40,670	29,960	17,360	13,990	10,610
2,540	2,560	42,380	30,640	17,790	14,410	11,040
2,560	2,580	44,090	31,330	18,210	14,840	11,460
2,580	2,600	45,800	32,680	18,640	15,260	11,890
2,600	2,620	47,520	34,390	19,240	15,680	12,310
2,620	2,640	49,230	36,100	19,900	16,110	12,730
2,640	2,660	50,940	37,810	20,560	16,530	13,160
2,660	2,680	52,650	39,530	21,220	16,960	13,580
2,680	2,700	54,360	41,240	21,880	17,380	14,010
2,700	2,720	56,070	42,950	22,540	17,800	14,430
2,720	2,740	57,780	44,660	23,200	18,230	14,850
2,740	2,760	59,500	46,370	23,860	18,650	15,280

※ 갑근세는 제시되어 있는 간이 세액표에 따름
※ 주민세＝갑근세의 10%
※ 국민연금＝급여액의 4.50%
※ 고용보험＝국민연금의 10%
※ 건강보험＝급여액의 2.90%
※ 교육지원금＝분기별 100,000원(매 분기별 첫 달에 지급)

박○○ 사원의 5월 급여내역이 다음과 같고 전월과 동일하게 근무하였으나, 특별수당은 없고 차량지원금으로 100,000원을 받게 된다면, 6월에 받게 되는 급여는 얼마인가? (단, 원 단위 절삭)

(주) 서원플랜테크 5월 급여내역			
성명	박○○	지급일	5월 12일
기본급여	2,240,000	갑근세	39,530
직무수당	400,000	주민세	3,950
명절 상여금		고용보험	11,970
특별수당	20,000	국민연금	119,700
차량지원금		건강보험	77,140
교육지원		기타	
급여계	2,660,000	공제합계	252,290
		지급총액	2,407,710

① 2,443,910
② 2,453,910
③ 2,463,910
④ 2,473,910

업무상 계산을 수행하거나 결과를 정리하고 업무비용을 측정하는 능력을 평가하기 위한 문제로서, 주어진 자료에서 문제를 해결하는 데에 필요한 부분을 빠르고 정확하게 찾아내는 것이 중요하다.

기본급여	2,240,000	갑근세	46,370
직무수당	400,000	주민세	4,630
명절상여금		고용보험	12,330
특별수당		국민연금	123,300
차량지원금	100,000	건강보험	79,460
교육지원		기타	
급여계	2,740,000	공제합계	266,090
		지급총액	2,473,910

답 ④

(3) 수리능력의 중요성

① 수학적 사고를 통한 문제해결

② 직업세계의 변화에의 적응

③ 실용적 가치의 구현

(4) 단위환산표

구분	단위환산
길이	$1cm = 10mm,\ 1m = 100cm,\ 1km = 1,000m$
넓이	$1cm^2 = 100mm^2,\ 1m^2 = 10,000cm^2,\ 1km^2 = 1,000,000m^2$
부피	$1cm^3 = 1,000mm^3,\ 1m^3 = 1,000,000cm^3,\ 1km^3 = 1,000,000,000m^3$
들이	$1m\ell = 1cm^3,\ 1d\ell = 100cm^3,\ 1L = 1,000cm^3 = 10d\ell$
무게	$1kg = 1,000g,\ 1t = 1,000kg = 1,000,000g$
시간	$1분 = 60초,\ 1시간 = 60분 = 3,600초$
할푼리	$1푼 = 0.1할,\ 1리 = 0.01할,\ 1모 = 0.001할$

예제 2

둘레의 길이가 4.4km인 정사각형 모양의 공원이 있다. 이 공원의 넓이는 몇 a인가?

① 12,100a

② 1,210a

③ 121a

④ 12.1a

출제의도

길이, 넓이, 부피, 들이, 무게, 시간, 속도 등 단위에 대한 기본적인 환산 능력을 평가하는 문제로서, 소수점 계산이 필요하며, 자릿수를 읽고 구분할 줄 알아야 한다.

해 설

공원의 한 변의 길이는

$4.4 \div 4 = 1.1(km)$ 이고

$1km^2 = 10,000a$ 이므로

공원의 넓이는

$$1.1km \times 1.1km = 1.21km^2$$
$$= 12,100a$$

답 ①

(1) 기초연산능력

① 사칙연산 … 수에 관한 덧셈, 뺄셈, 곱셈, 나눗셈의 네 종류의 계산법으로 업무를 원활하게 수행하기 위해서는 기본적인 사칙연산뿐만 아니라 다단계의 복잡한 사칙연산까지도 수행할 수 있어야 한다.

② 검산 … 연산의 결과를 확인하는 과정으로 대표적인 검산방법으로 역연산과 구거법이 있다.
  ㉠ 역연산 : 덧셈은 뺄셈으로, 뺄셈은 덧셈으로, 곱셈은 나눗셈으로, 나눗셈은 곱셈으로 확인하는 방법이다.
  ㉡ 구거법 : 원래의 수와 각 자리 수의 합이 9로 나눈 나머지가 같다는 원리를 이용한 것으로 9를 버리고 남은 수로 계산하는 것이다.

예제 3

다음 식을 바르게 계산한 것은?

$$1 + \frac{2}{3} + \frac{1}{2} - \frac{3}{4}$$

① $\dfrac{13}{12}$ 　　　② $\dfrac{15}{12}$

③ $\dfrac{17}{12}$ 　　　④ $\dfrac{19}{12}$

출제의도

직장생활에서 필요한 기초적인 사칙연산과 계산방법을 이해하고 활용할 수 있는 능력을 평가하는 문제로서, 분수의 계산과 통분에 대한 기본적인 이해가 필요하다.

해 설

$$\frac{12}{12} + \frac{8}{12} + \frac{6}{12} - \frac{9}{12} = \frac{17}{12}$$

답 ③

---

(2) 기초통계능력

① 업무수행과 통계
  ㉠ 통계의 의미 : 통계란 집단현상에 대한 구체적인 양적 기술을 반영하는 숫자이다.
  ㉡ 업무수행에 통계를 활용함으로써 얻을 수 있는 이점
  • 많은 수량적 자료를 처리가능하고 쉽게 이해할 수 있는 형태로 축소
  • 표본을 통해 연구대상 집단의 특성을 유추
  • 의사결정의 보조수단
  • 관찰 가능한 자료를 통해 논리적으로 결론을 추출 · 검증

ⓒ 기본적인 통계치
  - 빈도와 빈도분포 : 빈도란 어떤 사건이 일어나거나 증상이 나타나는 정도를 의미하며, 빈도분포란 빈도를 표나 그래프로 종합적으로 표시하는 것이다.
  - 평균 : 모든 사례의 수치를 합한 후 총 사례 수로 나눈 값이다.
  - 백분율 : 전체의 수량을 100으로 하여 생각하는 수량이 그중 몇이 되는가를 퍼센트로 나타낸 것이다.

② 통계기법
  ㉠ 범위와 평균
    - 범위 : 분포의 흩어진 정도를 가장 간단히 알아보는 방법으로 최곳값에서 최젓값을 뺀 값을 의미한다.
    - 평균 : 집단의 특성을 요약하기 위해 가장 자주 활용하는 값으로 모든 사례의 수치를 합한 후 총 사례 수로 나눈 값이다.
    - 관찰값이 1, 3, 5, 7, 9일 경우 범위는 $9 - 1 = 8$이 되고, 평균은 $\dfrac{1+3+5+7+9}{5} = 5$가 된다.
  ㉡ 분산과 표준편차
    - 분산 : 관찰값의 흩어진 정도로, 각 관찰값과 평균값의 차의 제곱의 평균이다.
    - 표준편차 : 평균으로부터 얼마나 떨어져 있는가를 나타내는 개념으로 분산값의 제곱근 값이다.
    - 관찰값이 1, 2, 3이고 평균이 2인 집단의 분산은 $\dfrac{(1-2)^2 + (2-2)^2 + (3-2)^2}{3} = \dfrac{2}{3}$이고 표준편차는 분산값의 제곱근 값인 $\sqrt{\dfrac{2}{3}}$이다.

③ 통계자료의 해석
  ㉠ 다섯숫자요약
    - 최솟값 : 원자료 중 값의 크기가 가장 작은 값
    - 최댓값 : 원자료 중 값의 크기가 가장 큰 값
    - 중앙값 : 최솟값부터 최댓값까지 크기에 의하여 배열했을 때 중앙에 위치하는 사례의 값
    - 하위 25%값 · 상위 25%값 : 원자료를 크기 순으로 배열하여 4등분한 값
  ㉡ **평균값과 중앙값** : 평균값과 중앙값은 그 개념이 다르기 때문에 명확하게 제시해야 한다.

인터넷 쇼핑몰에서 회원가입을 하고 디지털캠코더를 구매하려고 한다. 다음은 구입하고자 하는 모델에 대하여 인터넷 쇼핑몰 세 곳의 가격과 조건을 제시한 표이다. 표에 있는 모든 혜택을 적용하였을 때 디지털캠코더의 배송비를 포함한 실제 구매가격을 바르게 비교한 것은?

구분	A 쇼핑몰	B 쇼핑몰	C 쇼핑몰
정상가격	129,000원	131,000원	130,000원
회원혜택	7,000원 할인	3,500원 할인	7% 할인
할인쿠폰	5% 쿠폰	3% 쿠폰	5,000원
중복할인여부	불가	가능	불가
배송비	2,000원	무료	2,500원

① A<B<C

② B<C<A

③ C<A<B

④ C<B<A

출제의도

직장생활에서 자주 사용되는 기초적인 통계기법을 활용하여 자료의 특성과 경향성을 파악하는 능력이 요구되는 문제이다.

해 설

㉠ A 쇼핑몰
- 회원혜택을 선택한 경우 : $129,000 - 7,000 + 2,000 = 124,000(원)$
- 5% 할인쿠폰을 선택한 경우 : $129,000 \times 0.95 + 2,000 = 124,550$

㉡ B 쇼핑몰 : $131,000 \times 0.97 - 3,500 = 123,570$

㉢ C 쇼핑몰
- 회원혜택을 선택한 경우 : $130,000 \times 0.93 + 2,500 = 123,400$
- 5,000원 할인쿠폰을 선택한 경우 : $130,000 - 5,000 + 2,500 = 127,500$

$\therefore C < B < A$

답 ④

(3) 도표분석능력

① 도표의 종류

  ㉠ **목적별** : 관리(계획 및 통제), 해설(분석), 보고

  ㉡ **용도별** : 경과 그래프, 내역 그래프, 비교 그래프, 분포 그래프, 상관 그래프, 계산 그래프

  ㉢ **형상별** : 선 그래프, 막대 그래프, 원 그래프, 점 그래프, 층별 그래프, 레이더 차트

② 도표의 활용

　　㉠ 선 그래프

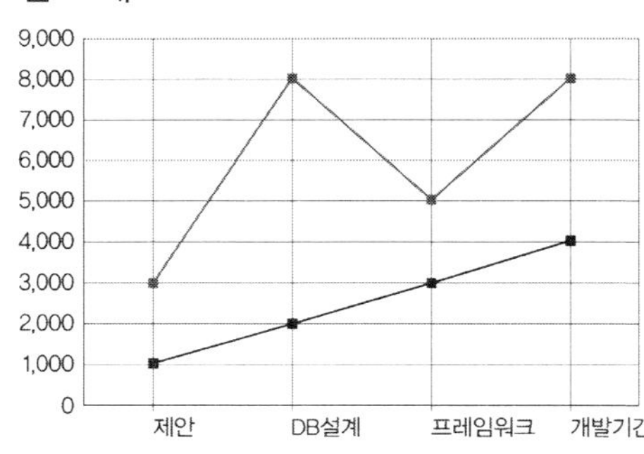

- 주로 시간의 경과에 따라 수량에 의한 변화 상황(시계열 변화)을 절선의 기울기로 나타내는 그래프이다.
- 경과, 비교, 분포를 비롯하여 상관관계 등을 나타낼 때 쓰인다.

　　㉡ 막대 그래프

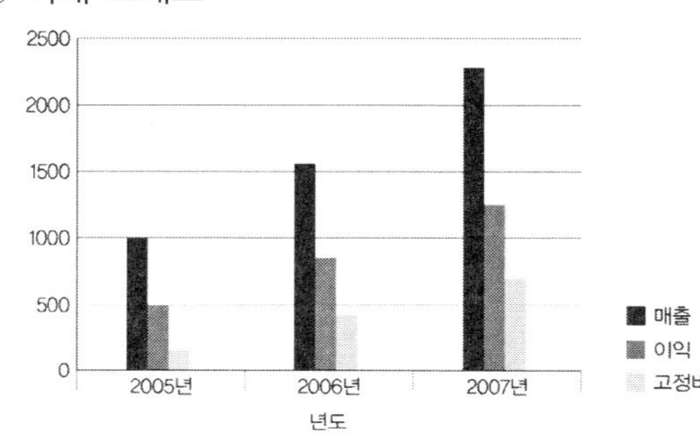

- 비교하고자 하는 수량을 막대 길이로 표시하고 그 길이를 통해 수량 간의 대소관계를 나타내는 그래프이다.
- 내역, 비교, 경과, 도수 등을 표시하는 용도로 쓰인다.

　　㉢ 원 그래프

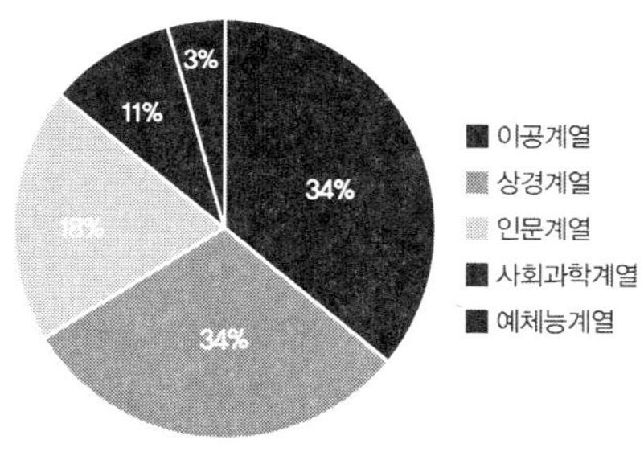

- 내역이나 내용의 구성비를 원을 분할하여 나타낸 그래프이다.
- 전체에 대해 부분이 차지하는 비율을 표시하는 용도로 쓰인다.

ⓔ 점 그래프

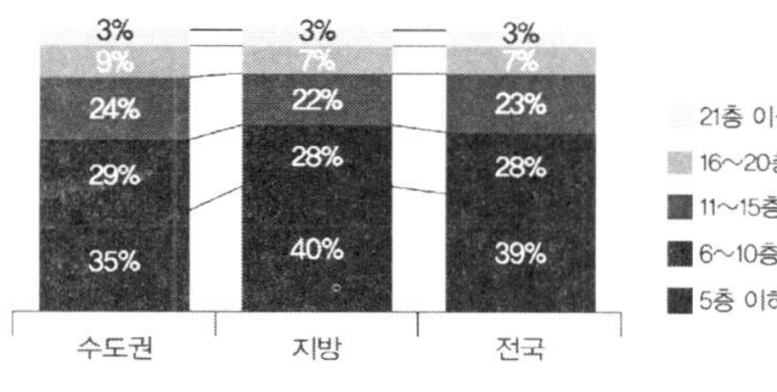

- 종축과 횡축에 2요소를 두고 보고자 하는 것이 어떤 위치에 있는가를 나타내는 그래프이다.
- 지역분포를 비롯하여 도시, 지방, 기업, 상품 등의 평가나 위치·성격을 표시하는데 쓰인다.

ⓜ 층별 그래프

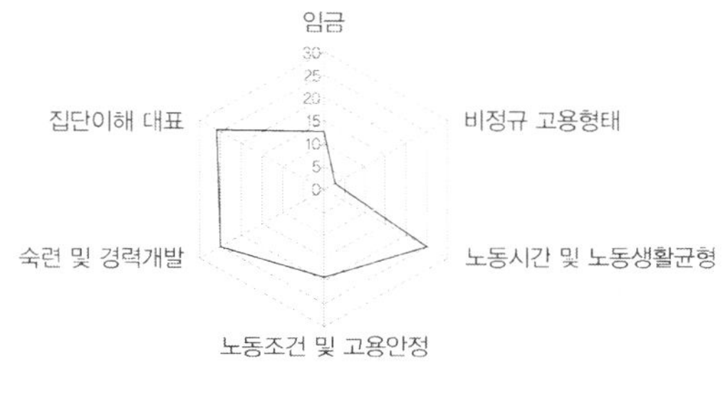

- 선 그래프의 변형으로 연속내역 봉 그래프라고 할 수 있다. 선과 선 사이의 크기로 데이터 변화를 나타낸다.
- 합계와 부분의 크기를 백분율로 나타내고 시간적 변화를 보고자 할 때나 합계와 각 부분의 크기를 실수로 나타내고 시간적 변화를 보고자 할 때 쓰인다.

ⓗ 레이더 차트(거미줄 그래프)

- 원 그래프의 일종으로 비교하는 수량을 직경, 또는 반경으로 나누어 원의 중심에서의 거리에 따라 각 수량의 관계를 나타내는 그래프이다.
- 비교하거나 경과를 나타내는 용도로 쓰인다.

③ 도표 해석상의 유의사항

   ㉠ 요구되는 지식의 수준을 넓힌다.

   ㉡ 도표에 제시된 자료의 의미를 정확히 숙지한다.

   ㉢ 도표로부터 알 수 있는 것과 없는 것을 구별한다.

   ㉣ 총량의 증가와 비율의 증가를 구분한다.

   ㉤ 백분위수와 사분위수를 정확히 이해하고 있어야 한다.

예제 5

다음 표는 2024 ~ 2025년 지역별 직장인들의 자기개발에 관해 조사한 내용을 정리한 것이다. 이에 대한 분석으로 옳은 것은?

(단위 : %)

연도 / 구분 / 지역	2024				2025			
	자기개발하고 있음	자기개발 비용 부담 주체			자기개발하고 있음	자기개발 비용 부담 주체		
		직장100%	본인100%	직장50%+본인50%		직장100%	본인100%	직장50%+본인50%
충청도	36.8	8.5	88.5	3.1	45.9	9.0	65.5	24.5
제주도	57.4	8.3	89.1	2.9	68.5	7.9	68.3	23.8
경기도	58.2	12	86.3	2.6	71.0	7.5	74.0	18.5
서울시	60.6	13.4	84.2	2.4	72.7	11.0	73.7	15.3
경상도	40.5	10.7	86.1	3.2	51.0	13.6	74.9	11.6

① 2024년과 2025년 모두 자기개발 비용을 본인이 100% 부담하는 사람의 수는 응답자의 절반 이상이다.

② 자기개발을 하고 있다고 응답한 사람의 수는 2024년과 2025년 모두 서울시가 가장 많다.

③ 자기개발 비용을 직장과 본인이 각각 절반씩 부담하는 사람의 비율은 2024년과 2025년 모두 서울시가 가장 높다.

④ 2024년과 2025년 모두 자기개발을 하고 있다고 응답한 비율이 가장 높은 지역에서 자기개발비용을 직장이 100% 부담한다고 응답한 사람의 비율이 가장 높다.

(4) 도표작성능력

① 도표작성 절차

    ㉠ 어떠한 도표로 작성할 것인지를 결정

    ㉡ 가로축과 세로축에 나타낼 것을 결정

    ㉢ 한 눈금의 크기를 결정

    ㉣ 자료의 내용을 가로축과 세로축이 만나는 곳에 표현

    ㉤ 표현한 점들을 선분으로 연결

    ㉥ 도표의 제목을 표기

② 도표작성 시 유의사항

    ㉠ 선 그래프 작성 시 유의점

- 세로축에 수량, 가로축에 명칭구분을 제시한다.
- 선의 높이에 따라 수치를 파악하는 경우가 많으므로 세로축의 눈금을 가로축보다 크게 하는 것이 효과적이다.
- 선이 두 종류 이상일 경우 반드시 그 명칭을 기입한다.

    ㉡ 막대 그래프 작성 시 유의점

- 막대 수가 많을 경우에는 눈금선을 기입하는 것이 알아보기 쉽다.
- 막대의 폭은 모두 같게 하여야 한다.

    ㉢ 원 그래프 작성 시 유의점

- 정각 12시의 선을 기점으로 오른쪽으로 그리는 것이 보통이다.
- 분할선은 구성비율이 큰 순서로 그린다.

    ㉣ 층별 그래프 작성 시 유의점

- 눈금은 선 그래프나 막대 그래프보다 적게 하고 눈금선은 넣지 않는다.
- 층별로 색이나 모양이 완전히 다른 것이어야 한다.
- 같은 항목은 옆에 있는 층과 선으로 연결하여 보기 쉽도록 한다.

출제예상문제

1 4%의 소금물과 10%의 소금물을 섞은 후 물을 더 부어 4.5%의 소금물 200g을 만들었다. 10%의 소금물의 양과 더 부은 물의 양이 같다고 할 때, 4% 소금물의 양은 몇 g인가?

① 70g

② 80g

③ 90g

④ 100g

⑤ 120g

> ✔ **해설** 4%의 소금물을 x, 10%의 소금물을 y라 하면
> $x + 2y = 200 \ \cdots \ ①$
> $\dfrac{4}{100}x + \dfrac{10}{100}y = \dfrac{45}{1000} \times 200 \ \cdots \ ②$
> 두 식을 연립하면 $x = 100$, $y = 50$이므로 4% 소금물의 양은 100g이다.

2 동현이 생일 날 동현이의 어머니는 동현이와 친구들에게 백설기를 간식으로 주셨다. 그런데 이 백설기를 한 사람에게 1개씩 주면 3개가 남고 2개씩 주면 5개가 모자란다. 이 때 백설기의 개수는?

① 11개

② 12개

③ 13개

④ 14개

⑤ 15개

> ✔ **해설** 동현이를 포함한 아이들의 수를 x명이라고 할 때
> $x + 3 = 2x - 5, x = 8(명)$
> ∴ (백설기의 개수)=8+3=11(개)
> 백설기의 개수는 11개이다.

3 어떤 일을 하는데 수빈이는 16일, 혜림이는 12일이 걸린다. 처음에는 수빈이 혼자서 3일 동안 일하고, 그 다음은 수빈이와 혜림이 가 같이 일을 하다가 마지막 하루는 혜림이만 일하여 일을 끝냈다. 수빈이와 혜림이 가 같이 일 한 기간은 며칠인가?

① 3일　　　　　　　　　　　　② 4일

③ 5일　　　　　　　　　　　　④ 6일

⑤ 7일

> **✔ 해설** 수빈이가 하루 일하는 양 : $\frac{1}{16}$
>
> 혜림이가 하루 일하는 양 : $\frac{1}{12}$
>
> 전체 일의 양을 1로 놓고 같이 일을 한 일을 x라 하면
>
> $$\frac{3}{16}+\left(\frac{1}{16}+\frac{1}{12}\right)x+\frac{1}{12}=1$$
>
> $$\frac{13+7x}{48}=1$$
>
> $$\therefore \ x=5 일$$

4 부피가 210㎤, 높이가 7㎝, 밑면의 가로의 길이가 세로의 길이보다 13㎝ 긴 직육면체가 있다. 이 직육면체의 밑면의 세로의 길이는?

① 2cm　　　　　　　　　　　　② 4cm

③ 6cm　　　　　　　　　　　　④ 8cm

⑤ 10cm

> **✔ 해설** 세로의 길이를 x라 하면
>
> $$(x+13)\times x\times 7=210$$
>
> $$x^2+13x=30$$
>
> $$(x+15)(x-2)=0$$
>
> $$\therefore \ x=2(cm)$$

5 은수는 집에서 30km 떨어진 한강까지 가기 위해 처음에는 시속 8km로 뛰어가다가 나중에는 시속 6km로 걸어갔다. 은수네 집에서 한강까지 가는 데 걸린 시간이 4시간 30분이었다면 은수가 뛰어간 거리는 얼마인가?

① 11km

② 12km

③ 13km

④ 14km

⑤ 15km

> **✔ 해설** 은수가 뛰어간 거리를 x 라 할 때, $(시간) = \dfrac{(거리)}{(속도)}$ 이므로
>
> $$\frac{x}{8} + \frac{30-x}{6} = 4.5, \ \frac{3x + 120 - 4x}{24} = 4.5$$
> $$-x + 120 = 108$$
> $$\therefore \ x = 12(km)$$

6 서울시설공단에서는 매년 3월에 정기 승진 시험이 있다. 시험을 치른 사람이 남자사원, 여자사원을 합하여 총 100명이고 시험의 평균이 남자사원은 72점, 여자사원은 76점이며 남녀 전체 평균은 73점일 때 시험을 치른 여자사원의 수는?

① 25명

② 30명

③ 35명

④ 40명

⑤ 45명

> **✔ 해설** 시험을 치른 여자사원의 수는 (여자사원의 총점)+(남자사원의 총점)=(전체 사원의 총점)이므로
> $76x + 72(100-x) = 73 \times 100$, 식을 간단히 하면 $4x = 100$, $x = 25$, 그러므로 여자 사원은 25명이다.

7 같은 지점에서 동시에 출발하여 정혜는 동쪽으로 매분 160m의 속력으로 명준이는 서쪽으로 매분 180m의 속력으로 이동하고 있다. 두 사람이 3.4km 이상 떨어지려면 최소 몇 분이 경과해야 하는가?

① 6분

② 7분

③ 8분

④ 9분

⑤ 10분

> **✔ 해설** x분 후에 3.4km 이상 떨어진다고 하면
> $$160x + 180x \geq 3,400$$
> $$\therefore \ x \geq 10$$

8 직선을 따라 1분에 2m씩 움직이는 물체 A와 1분에 3m씩 움직이는 물체 B가 있다. 물체 A가 원점 O를 출발한지 2분 후에 같은 장소인 원점에서 A가 움직인 방향으로 물체 B가 움직이기 시작했다. A와 B가 서로 만나는 것은 A가 출발한지 몇 분 후인가?

① 2분 　　　　　　　　　　　　　　② 3분
③ 4분 　　　　　　　　　　　　　　④ 5분
⑤ 6분

> ✔해설 A가 출발한 지 x분 후의 위치를 y라 하면 A는 $y=2x$, B는 $y=3(x-2)$를 만족한다.
> 서로 만나는 것은 위치가 같다는 뜻이므로 $2x=3(x-2)$
> $\therefore x=6(분)$

9 △△ 인터넷 사이트에 접속하기 위한 비밀번호의 앞 세 자리는 영문으로, 뒤 네 자리는 숫자로 구성되어 있다. △△ 인터넷 사이트에 접속하려 하는데 비밀번호 끝 두 자리가 생각나지 않아서 접속할 수가 없다. 기억하고 있는 사실이 다음과 같을 때, 사이트 접속 비밀번호를 구하면?

㉠ 비밀번호 :	a	b	c	4	2	?	?

㉡ 네 자리 숫자의 합은 15
㉢ 맨 끝자리의 숫자는 그 바로 앞자리 수의 2배

① abc4200 　　　　　　　　　　　② abc4212
③ abc4224 　　　　　　　　　　　④ abc4236
⑤ abc4248

> ✔해설 비밀번호의 끝 두 자리를 순서대로 x, y라 하면
>
> | a | b | c | 4 | 2 | x | y |
> |---|---|---|---|---|---|---|
>
> 문제에 따라 연립방정식으로 나타내어 풀면
> $$\begin{cases} y=2x \\ 4+2+x+y=15 \end{cases} \Rightarrow \begin{cases} y=2x \\ x+y=9 \end{cases}$$
> $x=3$, $y=6$
> 따라서 구하는 비밀번호는 [abc4236]이다.

10 다이어트 중인 수진이는 품목별 가격과 칼로리, 오늘의 행사 제품 여부에 따라 물건을 구입하려고 한다. 예산이 10,000원이라고 할 때, 칼로리의 합이 가장 높은 조합은?

〈품목별 가격과 칼로리〉

품목	피자	돈가스	도넛	콜라	아이스크림
가격(원/개)	2,500	4,000	1,000	500	2,000
칼로리(kcal/개)	600	650	250	150	350

〈오늘의 행사〉

행사 1 : 피자 두 개 한 묶음을 사면 콜라 한 캔이 덤으로!
행사 2 : 돈가스 두 개 한 묶음을 사면 돈가스 하나가 덤으로!
행사 3 : 아이스크림 두 개 한 묶음을 사면 아이스크림 하나가 덤으로!
단, 행사는 품목당 한 묶음까지만 적용됩니다.

① 피자 2개, 아이스크림 2개, 도넛 1개
② 돈가스 2개, 피자 1개, 콜라 1개
③ 아이스크림 2개, 도넛 6개
④ 돈가스 2개, 도넛 2개
⑤ 피자 2개, 돈가스 1개, 도넛 2개

✔해설 ① 피자 2개, 아이스크림 2개, 도넛 1개를 살 경우, 행사 적용에 의해 피자 2개, 아이스크림 3개, 도넛 1개, 콜라 1개를 사는 효과가 있다. 따라서 총 칼로리는 (600 × 2) + (350 × 3) + 250 + 150 = 2,650kcal이다.
② 돈가스 2개(8,000원), 피자 1개(2,500원), 콜라 1개(500원)의 조합은 예산 10,000원을 초과한다.
③ 아이스크림 2개, 도넛 6개를 살 경우, 행사 적용에 의해 아이스크림 3개, 도넛 6개를 구입하는 효과가 있다. 따라서 총 칼로리는 (350 × 3) + (250 × 6) = 2,550kcal이다.
④ 돈가스 2개, 도넛 2개를 살 경우, 행사 적용에 의해 돈가스 3개, 도넛 2개를 구입하는 효과가 있다. 따라서 총 칼로리는 (650 × 3) + (250 × 2) = 2,450kcal이다.
⑤ 피자 2개(5,000원), 돈가스 1개(4,000원), 도넛 2개(2,000원)의 조합은 예산 10,000원을 초과한다.

11 유리는 자신이 운영하는 커피숍에서 커피 1잔에 원가의 3할 정도의 이익을 덧붙여서 판매를 하고 있다. 오전의 경우에는 타임할인을 적용해 450원을 할인해 판매하는데 이 때 원가의 15% 정도의 이익이 발생한다고 한다. 만약 커피 70잔을 오전에 판매하였을 시에 이익금을 계산하면?

① 27,352원
② 28,435원
③ 30,091원
④ 31,500원
⑤ 32,650원

✔ 해설 커피 한 잔의 원가를 x라 하면,

$$1.3x - 450 = 1.15x$$
$$0.15x = 450$$
$$= 3,000$$

∴ 커피 70잔을 팔았을 때의 총 이익금은 $3,000 \times \dfrac{15}{100} \times 70 = 31,500$원이 된다.

12 어느 상점에서 갑 상품의 가격은 을 상품의 3배라고 한다. 갑 상품의 가격을 20%정도 할인을 하며, 을 상품의 가격을 갑 상품이 할인된 금액만큼 높여서 팔았더니 갑 상품의 가격이 을 상품보다 12,000원 정도 비싸게 되었다. 그렇다면 지금 소비자들에게 판매되고 있는 갑 상품의 가격은?

① 13,000원   ② 19,000원

③ 21,000원   ④ 28,000원

⑤ 36,000원

✔ 해설 문제에서의 조건을 기반으로 본래 을 상품의 가격을 x라 할 시에 갑 상품의 값은 $3x$가 되며, 할인율을 적용해 그 만큼의 가격을 가감한 두 상품의 값을 나타내면 $3x \times 0.8 = x + 3x \times 0.2 + 12,000$원이며, $x = 15,000$원 그러므로 갑 상품의 현재 판매 가격은 $3 \times 15,000 \times 0.8 = 36,000$원이다.

13 철수가 운동하는데 처음에는 초속 2m의 속도로 뛰다가 반환점을 돈 후에는 분속 80m의 속도로 걸어서 30분 동안 3km를 운동했다면 출발지에서 반환점까지의 거리는 얼마인가?

① 1,500m   ② 1,600m

③ 1,700m   ④ 1,800m

⑤ 2,000m

✔ 해설 처음의 초속을 분속으로 바꾸면 $2 \times 60 = 120$m/min 이고 출발지에서 반환점까지의 거리를 x라 하면

$$\dfrac{x}{120} + \dfrac{3,000-x}{80} = 30$$ 이므로 양변에 240을 곱하여 식을 간단히 하면,

$$2x + 3(3,000-x) = 30 \times 240$$

그러므로 $x = 1,800$(m)

14 아버지, 어머니, 철수의 나이를 다 합치면 97세이다. 아버지는 어머니보다 4살 많고, 4년 전에 어머니의 나이는 철수의 4배였다면 현재 아버지 나이에서 철수의 나이를 뺀 나이는 얼마인가?

① 33살 ② 32살

③ 31살 ④ 30살

⑤ 35살

✔해설 어머니의 나이를 x, 아버지의 나이를 $x+4$, 철수의 나이를 $97-x-(x+4)=93-2x$라 하면,

$x-4=4\times(93-2x-4)=4\times(89-2x)=356-8x$

$9x=360$

그러므로 $x=40$

어머니의 나이가 40살이므로 아버지의 나이는 44살, 철수의 나이는 13살이다. 여기서 아버지의 나이에서 철수의 나이를 빼면 44-13=31(살)이 된다.

❚15~16❚ 다음은 원양어업 주요 어종별 생산량에 관한 자료이다. 이를 보고 물음에 답하시오.

(단위 : 톤, 백만 원)

구분		2020년	2021년	2022년	2023년	2024년
가다랑어	생산량	216,720	173,334	211,891	200,866	229,588
	생산금액	321,838	334,770	563,027	427,513	329,163
황다랑어	생산량	67,138	45,736	60,436	44,013	63,971
	생산금액	201,596	168,034	170,733	133,170	163,068
명태	생산량	46,794	48,793	39,025	24,341	31,624
	생산금액	64,359	67,307	45,972	36,662	49,479
새꼬리 민태	생산량	10,852	12,447	10,100	8,261	8,681
	생산금액	19,030	25,922	21,540	14,960	18,209
민대구	생산량	4,139	4,763	4,007	3,819	3,162
	생산금액	10,072	13,136	11,090	10,912	8,689

※ 생산금액＝생산량×톤당 생산가격

15 위의 표에 대한 설명으로 옳지 않은 것은?

① 5개의 어종 가운데 매년 생산량이 가장 많은 어종은 가다랑어이다.

② 2022년 민대구의 생산량이 전년대비 감소한 이후로 2024년까지 계속 감소하고 있다.

③ 가다랑어와 황다랑어는 생산량의 전년대비 증감방향이 일치한다.

④ 2021년 새꼬리 민태 생산량의 전년대비 증가율은 10% 이하이다.

⑤ 2021년 가다랑어의 생산량은 전년대비 감소하였지만 생산금액은 증가하였다.

> **✔ 해설** ④ 2021년 새꼬리 민태 생산량의 전년대비 증가율 : $\dfrac{12,447-10,852}{10,852} \times 100 = 14.7\%$
>
> 따라서 10%를 초과한다.

16 2024년 톤당 생산가격이 가장 높은 어종은 무엇인가?

① 가다랑어   ② 황다랑어

③ 명태   ④ 새꼬리 민태

⑤ 민대구

> **✔ 해설** 톤당 생산가격 $= \dfrac{\text{생산금액}}{\text{생산량}}$ 으로 구한다(단위는 생략)
>
> ① 가다랑어 : $\dfrac{329,163}{229,588} = 1.43$
>
> ② 황다랑어 : $\dfrac{163,068}{63,971} = 2.55$
>
> ③ 명태 : $\dfrac{49,479}{31,624} = 1.56$
>
> ④ 새꼬리 민태 : $\dfrac{18,209}{8,681} = 2.10$
>
> ⑤ 민대구 : $\dfrac{8,689}{3,162} = 2.75$

17 다음은 일산 도로에 관한 자료이다. 산업용 도로 4km와 산업관광용 도로 5km의 건설비의 합은 얼마인가?

분류	도로 수	총길이	건설비
관광용 도로	5	30km	30억
산업용 도로	7	60km	300억
산업관광용 도로	9	100km	400억
합계	21	283km	730억

① 20억 원

② 30억 원

③ 40억 원

④ 50억 원

⑤ 60억 원

✔ **해설** ㉠ 산업용 도로 4km의 건설비=(300÷60)×4=20억 원
㉡ 산업관광용 도로 5km의 건설비=(400÷100)×5=20억 원
그러므로 20억 원+20억 원=40억 원

18 A씨는 30% 할인 행사 중인 백화점에 갔다. 매장에 도착하니 당일 구매물품의 정가 총액에 따라 아래의 〈혜택〉 중 하나를 택할 수 있다고 한다. 정가 10만 원짜리 상의와 15만 원짜리 하의를 구입하고자 한다. 옷을 하나 이상 구입하여 일정 혜택을 받고 교통비를 포함해 총비용을 계산할 때, 〈보기〉의 설명 중 옳은 것을 모두 고르면? (단, 1회 왕복교통비는 5천 원이고, 소요시간 등 기타사항은 금액으로 환산하지 않는다)

〈혜택〉

- 추가할인 : 정가 총액이 20만 원 이상이면, 할인된 가격의 5%를 추가로 할인
- 할인쿠폰 : 정가 총액이 10만 원 이상이면, 세일기간이 아닌 기간에 사용할 수 있는 40% 할인권 제공

〈보기〉

㉠ 오늘 상·하의를 모두 구입하는 것이 가장 싸게 구입하는 방법이다.

㉡ 상·하의를 가장 싸게 구입하면 17만 원 미만의 비용이 소요된다.

㉢ 상·하의를 가장 싸게 구입하는 경우와 가장 비싸게 구입하는 경우의 비용 차이는 1회 왕복 교통비 이상이다.

㉣ 오늘 하의를 구입하고, 세일기간이 아닌 기간에 상의를 구입하면 17만 5천 원이 든다.

① ㉠㉡
② ㉠㉢
③ ㉡㉢
④ ㉢㉣
⑤ ㉡㉢㉣

해설 갑씨가 선택할 수 있는 방법은 총 세 가지이다.

- 오늘 상·하의를 모두 구입하는 방법(추가할인적용)
$(250{,}000 \times 0.7) \times 0.95 + 5{,}000 = 171{,}250$(원)
- 오늘 상의를 구입하고, 세일기간이 아닌 기간에 하의를 구입하는 방법(할인쿠폰 사용)
$(100{,}000 \times 0.7) + (150{,}000 \times 0.6) + 10{,}000 = 170{,}000$(원)
- 오늘 하의를 구입하고 세일기간이 아닌 기간에 상의를 구입하는 방법(할인쿠폰 사용)
$(150{,}000 \times 0.7) + (100{,}000 \times 0.6) + 10{,}000 = 175{,}000$(원)

㉠ 가장 싸게 구입하는 방법은 오늘 상의를 구입하고, 세일기간이 아닌 기간에 하의를 구입하는 것이다.

㉡ 상·하의를 가장 싸게 구입하면 17만 원의 비용이 소요된다.

19 다음은 K사 직원들의 인사이동에 따른 4개의 지점별 직원 이동 현황을 나타낸 자료이다. 다음 자료를 참고할 때, 빈칸 □, □에 들어갈 수치로 알맞은 것은 어느 것인가?

〈인사이동에 따른 지점별 직원 이동 현황〉

(단위 : 명)

이동 전 \ 이동 후	A	B	C	D
A	–	32	44	28
B	16	–	34	23
C	22	18	–	32
D	31	22	17	–

〈지점별 직원 현황〉

(단위 : 명)

지점 \ 시기	인사이동 전	인사이동 후
A	425	(□)
B	390	389
C	328	351
D	375	(□)

① 380, 398

② 390, 388

③ 400, 398

④ 410, 408

⑤ 420, 450

해설 인사이동에 따라 A지점에서 근무지를 다른 곳으로 이동한 직원 수는 모두 32+44+28=104명이다. 또한 A지점으로 근무지를 이동해 온 직원 수는 모두 16+22+31=69명이 된다. 따라서 69-104=-35명이 이동한 것이므로 인사이동 후 A지점의 근무 직원 수는 425-35=390명이 된다. 같은 방식으로 D지점의 직원 이동에 따른 증감 수는 83-70=13명이 된다. 따라서 인사이동 후 D지점의 근무 직원 수는 375+13=388명이 된다.

20 다음 표는 (가), (나), (다) 세 기업의 사원 400명에 대해 현재의 노동 조건에 만족하는가에 관한 설문 조사를 실시한 결과이다. ㉠~㉣ 중에서 옳은 것은 어느 것인가?

구분	불만	어느 쪽도 아니다	만족	계
(가)회사	34	38	50	122
(나)회사	73	11	58	142
(다)회사	71	41	24	136
계	178	90	132	400

㉠ 이 설문 조사에서는 현재의 노동 조건에 대해 불만을 나타낸 사람은 과반수를 넘지 않는다.

㉡ 가장 불만 비율이 높은 기업은 (다)회사이다.

㉢ "어느 쪽도 아니다"라고 회답한 사람이 가장 적은 (나)회사는 가장 노동조건이 좋은 기업이다.

㉣ 만족이라고 답변한 사람이 가장 많은 (나)회사가 가장 노동조건이 좋은 회사이다.

① ㉠, ㉡

② ㉠, ㉢

③ ㉡, ㉢

④ ㉡, ㉣

⑤ ㉢, ㉣

✔해설 각사 조사 회답 지수를 100%로 하고 각각의 회답을 집계하면 다음과 같은 표가 된다.

구분	불만	어느 쪽도 아니다	만족	계
(가)회사	34(27.9)	38(31.1)	50(41.0)	122(100.0)
(나)회사	73(51.4)	11(7.7)	58(40.8)	142(100.0)
(다)회사	71(52.2)	41(30.1)	24(17.6)	136(100.0)
계	178(44.5)	90(22.5)	132(33.0)	400(100.0)

㉢ "어느 쪽도 아니다"라고 답한 사람이 가장 적다는 것은 만족이거나 불만으로 나뉘어져 있는 것만 나타내는 것이며 노동 조건의 좋고 나쁨과는 관계가 없다.

㉣ 만족을 나타낸 사람의 수가 (나)회사가 가장 많았으나 142명 중 58명으로 40.8%이므로 (가)회사의 42%보다 낮다.

03 문제해결능력

1 문제와 문제해결

(1) 문제의 정의와 분류

① 정의 … 문제란 업무를 수행함에 있어서 답을 요구하는 질문이나 의논하여 해결해야 되는 사항이다.

② 문제의 분류

구분	창의적 문제	분석적 문제
문제제시 방법	현재 문제가 없더라도 보다 나은 방법을 찾기 위한 문제 탐구→문제 자체가 명확하지 않음	현재의 문제점이나 미래의 문제로 예견될 것에 대한 문제 탐구→문제 자체가 명확함
해결방법	창의력에 의한 많은 아이디어의 작성을 통해 해결	분석, 논리, 귀납과 같은 논리적 방법을 통해 해결
해답 수	해답의 수가 많으며, 많은 답 가운데 보다 나은 것을 선택	답의 수가 적으며 한정되어 있음
주요특징	주관적, 직관적, 감각적, 정성적, 개별적, 특수성	객관적, 논리적, 정량적, 이성적, 일반적, 공통성

(2) 업무수행과정에서 발생하는 문제 유형

① **발생형 문제(보이는 문제)** … 현재 직면하여 해결하기 위해 고민하는 문제이다. 원인이 내재되어 있기 때문에 원인지향적인 문제라고도 한다.
  ㉠ 일탈문제 : 어떤 기준을 일탈함으로써 생기는 문제
  ㉡ 미달문제 : 어떤 기준에 미달하여 생기는 문제

② **탐색형 문제(찾는 문제)** … 현재의 상황을 개선하거나 효율을 높이기 위한 문제이다. 방치할 경우 큰 손실이 따르거나 해결할 수 없는 문제로 나타나게 된다.
  ㉠ 잠재문제 : 문제가 잠재되어 있어 인식하지 못하다가 확대되어 해결이 어려운 문제
  ㉡ 예측문제 : 현재로는 문제가 없으나 현 상태의 진행 상황을 예측하여 찾아야 앞으로 일어날 수 있는 문제가 보이는 문제
  ㉢ 발견문제 : 현재로서는 담당 업무에 문제가 없으나 선진기업의 업무 방법 등 보다 좋은 제도나 기법을 발견하여 개선시킬 수 있는 문제

③ **설정형 문제(미래 문제)** … 장래의 경영전략을 생각하는 것으로 앞으로 어떻게 할 것인가 하는 문제이다. 문제해결에 창조적인 노력이 요구되어 창조적 문제라고도 한다.

예제 1

D회사 신입사원으로 입사한 귀하는 신입사원 교육에서 업무수행과정에서 발생하는 문제 유형 중 설정형 문제를 하나씩 찾아오라는 지시를 받았다. 이에 대해 귀하는 교육받은 내용을 다시 복습하려고 한다. 설정형 문제에 해당하는 것은?

① 현재 직면하여 해결하기 위해 고민하는 문제
② 현재의 상황을 개선하거나 효율을 높이기 위한 문제
③ 앞으로 어떻게 할 것인가 하는 문제
④ 원인이 내재되어 있는 원인지향적인 문제

출제의도

업무수행 중 문제가 발생하였을 때 문제 유형을 구분하는 능력을 측정하는 문항이다.

해　설

업무수행과정에서 발생하는 문제 유형으로는 발생형 문제, 탐색형 문제, 설정형 문제가 있으며 ①④는 발생형 문제이며 ②는 탐색형 문제, ③이 설정형 문제이다.

답 ③

---

(3) 문제해결

① **정의** … 목표와 현상을 분석하고 이 결과를 토대로 과제를 도출하여 최적의 해결책을 찾아 실행·평가해 가는 활동이다.

② **문제해결에 필요한 기본적 사고**
　㉠ 전략적 사고 : 문제와 해결방안이 상위 시스템과 어떻게 연결되어 있는지를 생각한다.
　㉡ 분석적 사고 : 전체를 각각의 요소로 나누어 그 의미를 도출하고 우선순위를 부여하여 구체적인 문제해결 방법을 실행한다.
　㉢ 발상의 전환 : 인식의 틀을 전환하여 새로운 관점으로 바라보는 사고를 지향한다.
　㉣ 내·외부자원의 활용 : 기술, 재료, 사람 등 필요한 자원을 효과적으로 활용한다.

③ **문제해결의 장애요소**
　㉠ 문제를 철저하게 분석하지 않는 경우
　㉡ 고정관념에 얽매이는 경우
　㉢ 쉽게 떠오르는 단순한 정보에 의지하는 경우
　㉣ 너무 많은 자료를 수집하려고 노력하는 경우

④ 문제해결방법
  ㉠ 소프트 어프로치 : 문제해결을 위해서 직접적인 표현보다는 무언가를 시사하거나 암시를 통하여 의사를
    전달하여 문제해결을 도모하고자 한다.
  ㉡ 하드 어프로치 : 상이한 문화적 토양을 가지고 있는 구성원을 가정하고, 서로의 생각을 직설적으로 주장하
    고 논쟁이나 협상을 통해 서로의 의견을 조정해 가는 방법이다.
  ㉢ 퍼실리테이션(facilitation) : 촉진을 의미하며 어떤 그룹이나 집단이 의사결정을 잘 하도록 도와주는 일
    을 의미한다.

2 문제해결능력을 구성하는 하위능력

(1) 사고력

① 창의적 사고 … 개인이 가지고 있는 경험과 지식을 통해 새로운 가치 있는 아이디어를 산출하는 사고능력이
  다.
  ㉠ 창의적 사고의 특징
    • 정보와 정보의 조합
    • 사회나 개인에게 새로운 가치 창출
    • 창조적인 가능성

예제 2

M사 홍보팀에서 근무하고 있는 귀하는 입사 5년차로 창의적인 기획안을 제출하기로 유명하다. S부장은 이번 신입사원 교육 때 귀하에게 창의적인 사고란 무엇인지 교육을 맡아달라고 부탁하였다. 창의적인 사고에 대한 귀하의 설명으로 옳지 않은 것은?

① 창의적인 사고는 새롭고 유용한 아이디어를 생산해 내는 정신적인 과정이다.
② 창의적인 사고는 특별한 사람들만이 할 수 있는 대단한 능력이다.
③ 창의적인 사고는 기존의 정보들을 특정한 요구조건에 맞거나 유용하도록 새롭게 조합시킨 것이다.
④ 창의적인 사고는 통상적인 것이 아니라 기발하거나, 신기하며 독창적인 것이다.

출제의도

창의적 사고에 대한 개념을 정확히 파악하고 있는지를 묻는 문항이다.

해 설

흔히 사람들은 창의적인 사고에 대해 특별한 사람들만이 할 수 있는 대단한 능력이라고 생각하지만 그리 대단한 능력이 아니며 이미 알고 있는 경험과 지식을 해체하여 다시 새로운 정보로 결합하여 가치 있는 아이디어를 산출하는 사고라고 할 수 있다.

답 ②

ⓒ 발산적 사고 : 창의적 사고를 위해 필요한 것으로 자유연상법, 강제연상법, 비교발상법 등을 통해 개발할 수 있다.

구분	내용
자유연상법	생각나는 대로 자유롭게 발상 ex) 브레인스토밍
강제연상법	각종 힌트에 강제적으로 연결 지어 발상 ex) 체크리스트
비교발상법	주제의 본질과 닮은 것을 힌트로 발상 ex) NM법, Synectics

Point ≫ 브레인스토밍
　ㄱ 진행방법
　　• 주제를 구체적이고 명확하게 정한다.
　　• 구성원의 얼굴을 볼 수 있는 좌석 배치와 큰 용지를 준비한다.
　　• 구성원들의 다양한 의견을 도출할 수 있는 사람을 리더로 선출한다.
　　• 구성원은 다양한 분야의 사람들로 5~8명 정도로 구성한다.
　　• 발언은 누구나 자유롭게 할 수 있도록 하며, 모든 발언 내용을 기록한다.
　　• 아이디어에 대한 평가는 비판해서는 안 된다.
　　ㄴ 4대 원칙
　　• 비판엄금(Support) : 평가 단계 이전에 결코 비판이나 판단을 해서는 안 되며 평가는 나중까지 유보한다.
　　• 자유분방(Silly) : 무엇이든 자유롭게 말하고 이런 바보 같은 소리를 해서는 안 된다는 등의 생각은 하지 않아야 한다.
　　• 질보다 양(Speed) : 질에는 관계없이 가능한 많은 아이디어들을 생성해내도록 격려한다.
　　• 결합과 개선(Synergy) : 다른 사람의 아이디어에 자극되어 보다 좋은 생각이 떠오르고, 서로 조합하면 재미있는 아이디어가 될 것 같은 생각이 들면 즉시 조합시킨다.

② 논리적 사고 … 사고의 전개에 있어 전후의 관계가 일치하고 있는가를 살피고 아이디어를 평가하는 사고능력이다.

　ㄱ 논리적 사고를 위한 5가지 요소 : 생각하는 습관, 상대 논리의 구조화, 구체적인 생각, 타인에 대한 이해, 설득

　ㄴ 논리적 사고 개발 방법

　　• 피라미드 구조 : 하위의 사실이나 현상부터 사고하여 상위의 주장을 만들어가는 방법

　　• so what기법 : '그래서 무엇이지?'하고 자문자답하여 주어진 정보로부터 가치 있는 정보를 이끌어 내는 사고 기법

③ 비판적 사고 … 어떤 주제나 주장에 대해서 적극적으로 분석하고 종합하며 평가하는 능동적인 사고이다.

　ㄱ 비판적 사고 개발 태도 : 비판적 사고를 개발하기 위해서는 지적 호기심, 객관성, 개방성, 융통성, 지적 회의성, 지적 정직성, 체계성, 지속성, 결단성, 다른 관점에 대한 존중과 같은 태도가 요구된다.

ⓛ 비판적 사고를 위한 태도

- 문제의식 : 비판적인 사고를 위해서 가장 먼저 필요한 것은 바로 문제의식이다. 자신이 지니고 있는 문제와 목적을 확실하고 정확하게 파악하는 것이 비판적인 사고의 시작이다.
- 고정관념 타파 : 지각의 폭을 넓히는 일은 정보에 대한 개방성을 가지고 편견을 갖지 않는 것으로 고정관념을 타파하는 일이 중요하다.

(2) 문제처리능력과 문제해결절차

① 문제처리능력 … 목표와 현상을 분석하고 이를 토대로 문제를 도출하여 최적의 해결책을 찾아 실행 · 평가하는 능력이다.

② 문제해결절차 … 문제 인식 → 문제 도출 → 원인 분석 → 해결안 개발 → 실행 및 평가

　ㄱ 문제 인식 : 문제해결과정 중 'what'을 결정하는 단계로 환경 분석 → 주요 과제 도출 → 과제 선정의 절차를 통해 수행된다.

- 3C 분석 : 환경 분석 방법의 하나로 사업환경을 구성하고 있는 요소인 자사(Company), 경쟁사(Competitor), 고객(Customer)을 분석하는 것이다.

예제 3

L사에서 주력 상품으로 밀고 있는 TV의 판매 이익이 감소하고 있는 상황에서 귀하는 B부장으로부터 3C분석을 통해 해결방안을 강구해 오라는 지시를 받았다. 다음 중 3C에 해당하지 않는 것은?

① Customer
② Company
③ Competitor
④ Content

출제의도

3C의 개념과 구성요소를 정확히 숙지하고 있는지를 측정하는 문항이다.

해　설

3C 분석에서 사업 환경을 구성하고 있는 요소인 자사(Company), 경쟁사(Competitor), 고객을 3C (Customer)라고 한다. 3C 분석에서 고객 분석에서는 '고객은 자사의 상품 · 서비스에 만족하고 있는지를, 자사 분석에서는 '자사가 세운 달성 목표와 현상 간에 차이가 없는지를 경쟁사 분석에서는 '경쟁기업의 우수한 점과 자사의 현상과 차이가 없는지에 대한 질문을 통해서 환경을 분석하게 된다.

답 ④

- SWOT 분석 : 기업내부의 강점과 약점, 외부환경의 기회와 위협요인을 분석·평가하여 문제해결 방안을 개발하는 방법이다.

		내부환경요인	
		강점(Strengths)	약점(Weaknesses)
외부환경요인	기회 (Opportunities)	SO 내부강점과 외부기회 요인을 극대화	WO 외부기회를 이용하여 내부약점을 강점으로 전환
	위협 (Threat)	ST 외부위협을 최소화하기 위해 내부강점을 극대화	WT 내부약점과 외부위협을 최소화

ⓛ 문제 도출 : 선정된 문제를 분석하여 해결해야 할 것이 무엇인지를 명확히 하는 단계로, 문제 구조 파악 → 핵심 문제 선정 단계를 거쳐 수행된다.

- Logic Tree : 문제의 원인을 파고들거나 해결책을 구체화할 때 제한된 시간 안에서 넓이와 깊이를 추구하는데 도움이 되는 기술로 주요 과제를 나무모양으로 분해·정리하는 기술이다.

ⓒ 원인 분석 : 문제 도출 후 파악된 핵심 문제에 대한 분석을 통해 근본 원인을 찾는 단계로 Issue 분석 → Data 분석 → 원인 파악의 절차로 진행된다.

ⓔ 해결안 개발 : 원인이 밝혀지면 이를 효과적으로 해결할 수 있는 다양한 해결안을 개발하고 최선의 해결안을 선택하는 것이 필요하다.

ⓜ 실행 및 평가 : 해결안 개발을 통해 만들어진 실행계획을 실제 상황에 적용하는 활동으로 실행계획 수립 → 실행 → Follow-up의 절차로 진행된다.

예제 4

C사는 최근 국내 매출이 지속적으로 하락하고 있어 사내 분위기가 심상치 않다. 이에 대해 Y부장은 이 문제를 극복하고자 문제처리 팀을 구성하여 해결방안을 모색하도록 지시하였다. 문제처리 팀의 문제해결 절차를 올바른 순서로 나열한 것은?

① 문제 인식 → 원인 분석 → 해결안 개발 → 문제 도출 → 실행 및 평가
② 문제 도출 → 문제 인식 → 해결안 개발 → 원인 분석 → 실행 및 평가
③ 문제 인식 → 원인 분석 → 문제 도출 → 해결안 개발 → 실행 및 평가
④ 문제 인식 → 문제 도출 → 원인 분석 → 해결안 개발 → 실행 및 평가

출제의도

실제 업무 상황에서 문제가 일어났을 때 해결 절차를 알고 있는지를 측정하는 문항이다.

해 설

일반적인 문제해결절차는 '문제 인식 → 문제 도출 → 원인 분석 → 해결안 개발 → 실행 및 평가'로 이루어진다.

답 ④

CHAPTER 03

출제예상문제

1 다음 글의 내용이 참일 때, 반드시 참인 진술은?

> • 김 대리, 박 대리, 이 과장, 최 과장, 정 부장은 A 회사의 직원들이다.
> • A 회사의 모든 직원은 내근과 외근 중 한 가지만 한다.
> • A 회사의 직원 중 내근을 하면서 미혼인 사람에는 직책이 과장 이상인 사람은 없다.
> • A 회사의 직원 중 외근을 하면서 미혼이 아닌 사람은 모두 그 직책이 과장 이상이다.
> • A 회사의 직원 중 외근을 하면서 미혼인 사람은 모두 연금 저축에 가입해 있다.
> • A 회사의 직원 중 미혼이 아닌 사람은 모두 남성이다.

① 갑 : 김 대리가 내근을 한다면, 그는 미혼이다.

② 을 : 박 대리가 미혼이면서 연금 저축에 가입해 있지 않다면, 그는 외근을 한다.

③ 병 : 이 과장이 미혼이 아니라면, 그는 내근을 한다.

④ 정 : 최 과장이 여성이라면, 그는 연금 저축에 가입해 있다.

⑤ 무 : 정 부장이 외근을 한다면, 그는 연금 저축에 가입해 있지 않다.

✔ 해설 제시된 진술을 다음과 같이 정리할 수 있다.
㉮ : 내근 vs 외근(배타적 선언문)
㉯ : 내근+미혼→not 과장 이상
㉰ : 외근+ not 미혼→과장 이상
㉱ : 외근+미혼→연금 저축 가입
㉲ : not 미혼→남성
① '㉰'에 의해 과장 이상이 아닌 경우 외근을 하지 않거나 미혼이다. 김 대리가 내근을 한다면 그가 미혼이든 미혼이 아니든 지문의 내용은 참이 된다. 따라서 반드시 참은 아니다.
② '㉱'에 의해 박 대리가 연금 저축에 가입해 있지 않다면 그는 외근을 하지 않거나 미혼이 아니다. 박 대리는 미혼이므로 외근을 하지 않는다. 따라서 반드시 거짓이다.
③ 이 과장이 미혼이 아니라면 '㉯'에 의해 그가 내근을 하지 않는 경우도 성립한다. 따라서 반드시 참은 아니다.
⑤ 정 부장이 외근을 한다면 '㉱'에 의해 그는 미혼이거나 그렇지 않은 경우가 성립하며, 외근을 하면서 미혼이 아닌 경우라면 '㉱'에 의해 그가 연금 저축에 가입해 있는지는 파악할 수 없다.

2 다음은 5가지의 영향력을 행사하는 방법과 순정, 석일이의 발언이다. 순정이와 석일이의 발언은 각각 어떤 방법에 해당하는가?

〈영향력을 행사하는 방법〉

- 합리적 설득 : 논리와 사실을 이용하여 제안이나 요구가 실행 가능하고, 그 제안이나 요구가 과업 목표 달성을 위해 필요하다는 것을 보여주는 방법
- 연합 전술 : 영향을 받는 사람들이 제안을 지지하거나 어떤 행동을 하도록 만들기 위해 다른 사람의 지지를 이용하는 방법
- 영감에 호소 : 이상에 호소하거나 감정을 자극하여 어떤 제안이나 요구사항에 몰입하도록 만드는 방법
- 교환 전술 : 제안에 대한 지지에 상응하는 대가를 제공하는 방법
- 합법화 전술 : 규칙, 공식적 방침, 공식 문서 등을 제시하여 제안의 적법성을 인식시키는 방법

〈발언〉

- 순정 : 이 기획안에 대해서는 이미 개발부와 재정부가 동의했습니다. 여러분들만 지지해준다면 계획을 성공적으로 완수할 수 있을 것입니다.
- 석일 : 이 기획안은 우리 기업의 비전과 핵심가치들을 담고 있습니다. 이 계획이야말로 우리가 그동안 염원했던 가치를 실현함으로써 회사의 발전을 이룩할 수 있는 기획이라고 생각합니다. 여러분이 그동안 고생한 만큼 이 계획은 성공적으로 끝마쳐야 합니다.

① 순정 : 합리적 설득, 석일 : 영감에 호소
② 순정 : 연합 전술, 석일 : 영감에 호소
③ 순정 : 연합 전술, 석일 : 합법화 전술
④ 순정 : 영감에 호소, 석일 : 합법화 전술
⑤ 순정 : 영감에 호소, 석일 : 교환 전술

✔**해설**　㉠ 순정 : 다른 사람들의 지지를 이용하기 때문에 '연합 전술'에 해당한다.
　㉡ 석일 : 기업의 비전과 가치를 언급함으로써 이상에 호소하여 제안에 몰입하도록 하기 때문에 '영감에 호소'에 해당한다.

3 甲회사 인사부에 근무하고 있는 H부장은 각 과의 요구를 모두 충족시켜 신규직원을 배치하여야 한다. 각 과의 요구가 다음과 같을 때 홍보과에 배정되는 사람은 누구인가?

〈신규직원 배치에 대한 각 과의 요구〉
• 관리과 : 5급이 1명 배정되어야 한다.
• 홍보과 : 5급이 1명 배정되거나 6급이 2명 배정되어야 한다.
• 재무과 : B가 배정되거나 A와 E가 배정되어야 한다.
• 총무과 : C와 D가 배정되어야 한다.

〈신규직원〉
• 5급 2명(A, B)
• 6급 4명(C, D, E, F)

---

① A

② B

③ C와 D

④ D와 F

⑤ E와 F

✔ **해설** 주어진 조건을 보면 관리과와 재무과에는 반드시 각각 5급이 1명씩 배정되고, 총무과에는 6급 2명이 배정된다. 인원수를 따져보면 홍보과에는 5급을 배정할 수 없기 때문에 6급이 2명 배정된다. 6급 4명 중에 C와 D는 총무과에 배정되므로 홍보과에 배정되는 사람은 E와 F이다. 각 과별로 배정되는 사람을 정리하면 다음과 같다.

관리과	A
홍보과	E, F
재무과	B
총무과	C, D

4 다음은 어느 레스토랑의 3C분석 결과이다. 이 결과를 토대로 하여 향후 해결해야 할 전략과제를 선택하고자 할 때 적절하지 않은 것은?

3C	상황 분석
고객/시장(Customer)	• 식생활의 서구화 • 유명브랜드와 기술제휴 지향 • 신세대 및 뉴패밀리 층의 출현 • 포장기술의 발달
경쟁 회사(Competitor)	• 자유로운 분위기와 저렴한 가격 • 전문 패밀리 레스토랑으로 차별화 • 많은 점포수 • 외국인 고용으로 인한 외국인 손님 배려
자사(Company)	• 높은 가격대 • 안정적 자금 공급 • 업계 최고의 시장 점유율 • 고객증가에 따른 즉각적 응대의 한계

① 원가 절감을 통한 가격 조정
② 유명브랜드와의 장기적인 기술제휴
③ 즉각적인 응대를 위한 인력 증대
④ 안정적인 자금 확보를 위한 자본구조 개선
⑤ 포장기술 발달을 통한 레스토랑 TO GO 점포 확대

> ✔ **해설** '안정적 자금 공급'이 자사의 강점이기 때문에 '안정적인 자금 확보를 위한 자본구조 개선'은 향후 해결해야 할 과제에 속하지 않는다.

5 다음으로부터 바르게 추론한 것으로 옳은 것을 보기에서 고르면?

- 5개의 갑, 을, 병, 정, 무 팀이 있다.
- 현재 '갑'팀은 0개, '을'팀은 1개, '병'팀은 2개, '정'팀은 2개, '무'팀은 3개의 프로젝트를 수행하고 있다.
- 8개의 새로운 프로젝트 a, b, c, d, e, f, g, h를 5개의 팀에게 분배하려고 한다.
- 5개의 팀은 새로운 프로젝트 1개 이상을 맡아야 한다.
- 기존에 수행하던 프로젝트를 포함하여 한 팀이 맡을 수 있는 프로젝트 수는 최대 4개이다.
- 기존의 프로젝트를 포함하여 4개의 프로젝트를 맡은 팀은 2팀이다.
- 프로젝트 a, b는 한 팀이 맡아야 한다.
- 프로젝트 c, d, e는 한 팀이 맡아야 한다.

―――――――――――― 〈보기〉 ――――――――――――

㉠ a를 '을'팀이 맡을 수 없다.
㉡ f를 '갑'팀이 맡을 수 있다.
㉢ 기존에 수행하던 프로젝트를 포함해서 2개의 프로젝트를 맡는 팀이 있다.

① ㉠   ② ㉡
③ ㉢   ④ ㉠㉢
⑤ ㉡㉢

✔ **해설** ㉠ a를 '을'팀이 맡는 경우 : 4개의 프로젝트를 맡은 팀이 2팀이라는 조건에 어긋난다. 따라서 a를 '을'팀이 맡을 수 없다.

갑	c, d, e	0→3개
을	a, b	1→3개
병		2→3개
정		2→3개
무		3→4개

㉡ f를 '갑'팀이 맡는 경우 : a, b를 '병'팀 혹은 '정'팀이 맡게 되는데 4개의 프로젝트를 맡은 팀이 2팀이라는 조건에 어긋난다. 따라서 f를 '갑'팀이 맡을 수 없다.

갑	f	0→1개
을	c, d, e	1→4개
병	a, b	2→4개
정		2→3개
무		3→4개

ⓒ a, b를 '갑'팀이 맡는 경우 기존에 수행하던 프로젝트를 포함해서 2개의 프로젝트를 맡게 된다.

갑	a, b	0→2개
을	c, d, e	1→4개
병		2→3개
정		2→3개
무		3→4개

6 ○○회사에서는 신입사원이 입사하면 서울 지역 내 5개 지점을 선정하여 순환근무를 하며 업무 환경과 분위기를 익히도록 하고 있다. 입사동기인 A, B, C, D, E의 순환근무 상황에 대해 알려진 사실이 다음과 같을 때, 반드시 참인 것은?

> • 각 지점에는 한 번에 한 명의 신입사원만 근무할 수 있다.
> • 5개의 지점은 강남, 구로, 마포, 잠실, 종로이며 모든 지점에 한 번씩 배치된다.
> • 지금은 세 번째 순환근무 기간이고 현재 근무하는 지점은 다음과 같다.
>   [A – 잠실, B – 종로, C – 강남, D – 구로, E – 마포]
> • C와 B는 구로에서 근무한 적이 있다.
> • D의 다음 근무지는 강남이고 종로에서 가장 마지막에 근무한다.
> • E와 D는 잠실에서 근무한 적이 있다.
> • 마포에서 아직 근무하지 않은 사람은 A와 B이다.
> • B가 현재 근무하는 지점은 E의 첫 순환근무지이고 E가 현재 근무하는 지점은 A의 다음 순환근무지이다.

① E는 아직 구로에서 근무하지 않았다.

② C는 마포에서 아직 근무하지 않았다.

③ 다음 순환근무 기간에 잠실에서 근무하는 사람은 C이다.

④ 지금까지 강남에서 근무한 사람은 A, E, B이다.

⑤ 강남에서 가장 먼저 근무한 사람은 D이다.

✔ **해설** 주어진 조건에 따라 신입사원별로 이미 근무한 곳과 그렇지 않은 곳을 정리하면 다음과 같다.

구분	A	B	C	D	E
현재 근무 중(세 번째)	잠실	종로	강남	구로	마포
이미 근무		구로	구로, 마포	잠실, 마포	잠실, 종로
앞으로 근무	마포	마포	잠실, 종로	강남, 종로	강남, 구로

① E는 현재 마포에서 근무 중이고 잠실과 종로에서 이미 근무했으므로 구로에서는 근무하지 않았다가 반드시 참이 된다.

 다음 글에서 언급된 밑줄 친 '합리적 기대이론'에 대한 설명으로 적절하지 않은 것은 무엇인가?

> 과거에 중앙은행들은 자신이 가진 정보와 향후의 정책방향을 외부에 알리지 않는 이른바 비밀주의를 오랜 기간 지켜왔다. 통화정책 커뮤니케이션이 활발하지 않았던 이유는 여러 가지가 있었지만 무엇보다도 통화정책 결정의 영향이 파급되는 경로가 비교적 단순하고 분명하여 커뮤니케이션의 필요성이 크지 않았기 때문이었다. 게다가 중앙은행에게는 권한의 행사와 그로 인해 나타난 결과에 대해 국민에게 설명할 어떠한 의무도 부과되지 않았다.
>
> 중앙은행의 소극적인 의사소통을 옹호하는 주장 가운데는 비밀주의가 오히려 금융시장의 발전을 가져올 수 있다는 견해가 있었다. 중앙은행이 모호한 표현을 이용하여 자신의 정책의도를 이해하기 어렵게 설명하면 금리의 변화 방향에 대한 불확실성이 커지고 그 결과 미래 금리에 대한 시장의 기대가 다양하게 형성된다. 이처럼 미래의 적정금리에 대한 기대의 폭이 넓어지면 금융거래가 더욱 역동적으로 이루어짐으로써 시장의 규모가 커지는 등 금융시장이 발전하게 된다는 것이다. 또한 통화정책의 효과를 극대화하기 위해 커뮤니케이션을 자제해야 한다는 생각이 통화정책 비밀주의를 오래도록 유지하게 한 요인이었다. <u>합리적 기대이론</u>에 따르면 사전에 예견된 통화정책은 경제주체의 기대 변화를 통해 가격조정이 정책의 변화 이전에 이루어지기 때문에 실질생산량, 고용 등의 변수에 변화를 가져올 수 없다. 따라서 단기간 동안이라도 실질변수에 변화를 가져오기 위해서는 통화정책이 예상치 못한 상황에서 수행되어야 한다는 것이다.
>
> 이 외에 통화정책결정에 있어 중앙은행의 독립성이 확립되지 않은 경우 비밀주의를 유지하는 것이 외부의 압력으로부터 중앙은행을 지키는 데 유리하다는 견해가 있다. 중앙은행의 통화정책이 공개되면 이해관계가 서로 다른 집단이나 정부 등이 정책결정에 간섭할 가능성이 커지고 이들의 간섭이 중앙은행의 독립적인 정책수행을 어렵게 할 수 있다는 것이다.

① 사람들은 현상을 충분히 합리적으로 판단할 수 있으므로 어떠한 정책 변화도 미리 합리적으로 예상하여 행동한다.

② 경제주체들이 자신의 기대형성 방식이 잘못되었다는 것을 알면서도 그런 방식으로 계속 기대를 형성한다고 가정하는 것이다.

③ 예상하지 못한 정책 충격만이 단기적으로 실질변수에 영향을 미친다.

④ 1년 후의 물가가 10% 오를 것으로 예상될 때 10% 이하의 금리로 돈을 빌려 주면 손실을 보게 되기 때문에, 대출 금리를 10% 이상으로 인상시켜 놓게 된다.

⑤ 임금이나 실업 수준 등에 실질적인 영향을 미치고자 할 때에는 사람들이 예상하지 못하는 방법으로 통화 공급을 변화시켜야 한다.

 제시 글을 통해 알 수 있는 합리적 기대이론의 의미는, 가계나 기업 등 경제주체들은 활용가능한 모든 정보를 활용해 경제상황의 변화를 합리적으로 예측한다는 것으로, 이에 따르면 공개된 금융, 재정 정책은 합리적 기대이론에 의한 경제주체들의 선제적 반응으로 무력화되고 만다. 보기 ②에서 언급된 내용은 이와 정반대로 움직이는 경제주체의 모습을 설명한 것으로, 경제주체들이 드러난 정보를 무시하고 과거의 실적치만으로 기대를 형성하는 기대오류를 범한다고 보는 견해이다.

8 사내 냉방 효율을 위하여 층별 에어컨 수와 종류를 조정하려고 한다. 버리는 구형 에어컨과 구입하는 신형 에어컨을 최소화할 때, A상사는 신형 에어컨을 몇 대 구입해야 하는가?

사내 냉방 효율 조정 방안		
적용순서	조건	미충족 시 조정 방안
1	층별 월 전기료 60만 원 이하	구형 에어컨을 버려 조건 충족
2	구형 에어컨 대비 신형 에어컨 비율 1/2 이상 유지	신형 에어컨을 구입해 조건 충족

※ 구형 에어컨 1대의 월 전기료는 4만원이고, 신형 에어컨 1대의 월 전기료는 3만원이다.

사내 냉방시설 현황						
	1층	2층	3층	4층	5층	6층
구형	9	15	12	8	13	10
신형	5	7	6	3	4	5

① 1대

② 2대

③ 3대

④ 4대

⑤ 5대

 먼저 층별 월 전기료 60만 원 이하 조건을 적용해 보면 2층, 3층, 5층에서 각각 6대, 2대, 1대의 구형 에어컨을 버려야 한다. 다음으로 구형 에어컨 대비 신형 에어컨 비율 1/2이상 유지 조건을 적용하면 4층, 5층에서 각각 1대, 2대의 신형 에어컨을 구입해야 한다.
따라서 A상사가 구입해야 하는 신형 에어컨은 총 3대이다.

Answer 7.② 8.③

9 서울 출신 두 명과 강원도 출신 두 명, 충청도, 전라도, 경상도 출신 각 1명이 다음의 조건대로 줄을 선다. 앞에서 네 번째에 서는 사람의 출신지역은 어디인가?

> • 충청도 사람은 맨 앞 또는 맨 뒤에 선다.
> • 서울 사람은 서로 붙어 서있어야 한다.
> • 강원도 사람 사이에는 다른 지역 사람 1명이 서있다.
> • 경상도 사람은 앞에서 세 번째에 선다.

① 서울　　　　　　　　　　② 강원도

③ 충청도　　　　　　　　　④ 전라도

⑤ 경상도

 경상도 사람은 앞에서 세 번째에 서고 강원도 사람 사이에는 다른 지역 사람이 서 있어야 하므로 강원도사람은 경상도 사람의 뒤쪽으로 서게 된다. 서울 사람은 서로 붙어있어야 하므로 첫 번째, 두 번째에 선다. 충청도 사람은 맨 앞 또는 맨 뒤에 서야하므로 맨 뒤에 서게 된다. 강원도 사람 사이에는 자리가 정해지지 않은 전라도 사람이 서게 된다.

∴ 서울－서울－경상도－강원도－전라도－강원도－충청도

10 K지점으로부터 은행, 목욕탕, 편의점, 미용실, 교회 건물이 각각 다음과 같은 조건에 맞게 위치해 있다. 모두 K지점으로부터 일직선상에 위치해 있다고 할 때, 다음 설명 중 올바른 것은 어느 것인가? (언급되지 않은 다른 건물은 없다고 가정한다)

> • K지점으로부터 50m 이상 떨어져 있는 건물은 목욕탕, 미용실, 은행이다.
> • 목욕탕과 교회 건물 사이에는 편의점을 포함한 2개의 건물이 있다.
> • 5개의 건물은 각각 K지점에서 15m, 40m, 60m, 70m, 100m 떨어진 거리에 있다.

① 목욕탕과 편의점과의 거리는 40m이다.

② 연이은 두 건물 간의 거리가 가장 먼 것은 은행과 편의점이다.

③ 미용실과 편의점의 사이에는 1개의 건물이 있다.

④ K지점에서 미용실이 가장 멀리 있다면 은행과 교회는 45m 거리에 있다.

⑤ K지점에서 미용실이 가장 멀리 있다면 교회와 목욕탕과의 거리는 편의점과 미용실과의 거리보다 멀다.

 5개의 건물이 위치한 곳을 그림과 기호로 표시하면 다음과 같다.

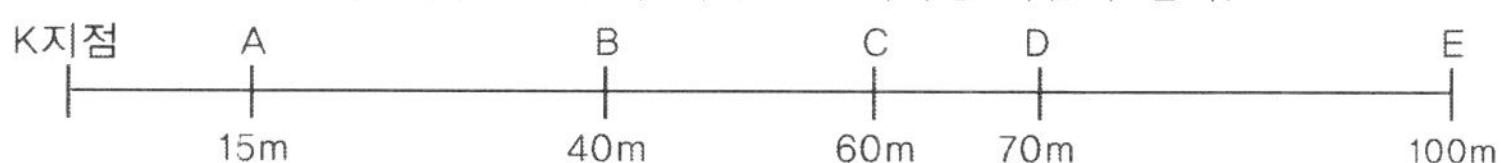

첫 번째 조건을 통해 목욕탕, 미용실, 은행은 C, D, E 중 한 곳, 교회와 편의점은 A, B 중 한 곳임을 알 수 있다.

두 번째 조건에 의하면 목욕탕과 교회 사이에 편의점과 또 하나의 건물이 있어야 한다. 이 조건을 충족하려면 A가 교회, B가 편의점이어야 하며 또한 D가 목욕탕이어야 한다. C와 E는 어느 곳이 미용실과 은행의 위치인지 주어진 조건만으로 알 수 없다.

따라서 보기 ④에서 언급된 바와 같이 미용실이 E가 된다면 은행은 C가 되어 교회인 A와 45m 거리에 있게 된다.

11 다음의 진술을 참고할 때, 1층~5층 중 각기 다른 층에 살고 있는 사람들의 거주 위치에 관한 설명이 참인 것은 어느 것인가?

> • 을은 갑과 연이은 층에 거주하지 않는다.
> • 병은 무와 연이은 층에 거주하지 않는다.
> • 정은 무와 연이은 층에 거주하지 않는다.
> • 정은 1층에 위치하며 병은 2층에 위치하지 않는다.

① 갑은 5층에 거주한다.

② 을은 5층에 거주한다.

③ 병은 4층에 거주한다.

④ 무는 4층에 거주한다.

⑤ 무가 3층에 거주한다면 병은 5층에 거주한다.

 정이 1층에 거주하므로 네 번째 조건에 의해 2층에 무가 거주할 수 없다. 또한 네 번째 조건에서 병도 2층에 거주하지 않는다 하였으므로 2층에 거주할 수 있는 사람은 갑 또는 을이다. 이것은 곧, 3, 4, 5층에 병, 무, 갑 또는 을이 거주한다는 것이 된다. 두 번째 조건에 의해 병과 무가 연이은 층에 거주하지 않으므로 3, 5층에는 병과 무 중 한 사람이 거주하며 2, 4층에 갑과 을 중 한 사람이 거주하는 것이 된다. 따라서 보기 ①~④의 내용은 모두 모순되는 것이 되며, 보기 ⑤에서와 같이 무가 3층에 거주한다면 병이 5층에 거주하게 된다.

12 △△부서에서 다음 년도 예산을 편성하기 위해 전년도 시행되었던 정책들을 평가하여 다음과 같은 결과를 얻었다. △△부서의 예산 편성에 대한 설명으로 옳지 않은 것은?

〈정책 평가 결과〉

정책	계획의 충실성	계획 대비 실적	성과지표 달성도
A	96	95	76
B	93	83	81
C	94	96	82
D	98	82	75
E	95	92	79
F	95	90	85

- 정책 평가 영역과 각 영역별 기준 점수는 다음과 같다
- 계획의 충실성 : 기준 점수 90점
- 계획 대비 실적 : 기준 점수 85점
- 성과지표 달성도 : 기준 점수 80점
- 평가 점수가 해당 영역의 기준 점수 이상인 경우 '통과'로 판단하고 기준 점수 미만인 경우 '미통과'로 판단한다.
- 모든 영역이 통과로 판단된 정책에는 전년과 동일한 금액을 편성하며, 2개 영역이 통과로 판단된 정책에는 10% 감액, 1개 영역이 통과로 판단된 정책에는 15% 감액하여 편성한다. 다만 '계획 대비 실적' 영역이 미통과인 경우 위 기준과 상관없이 15% 감액하여 편성한다.
- 전년도 甲부서의 A~F 정책 예산은 각각 20억 원으로 총 120억 원이었다.

① 전년도와 비교하여 예산의 삭감 없이 예산이 편성될 정책은 2개 이상이다.

② '성과지표 달성도' 평가에서 '통과'를 받았음에도 예산을 감액해야하는 정책이 있다.

③ 전년 대비 10% 감액하게 될 정책은 총 3개이다.

④ 전년 대비 15% 감액하여 편성될 정책은 모두 '계획 대비 실적'에서 '미통과' 되었을 것이다.

⑤ 甲부서의 올해 예산은 총 110억 원이 될 것이다.

✔해설 ③ 전년 대비 10% 감액하게 될 정책은 '성과지표 달성도'에서만 '통과'를 받지 못한 A와 E정책이다.
　① 전년도와 비교하여 동일한 금액이 편성될 정책은 C, F이다.
　② B정책은 '성과지표 달성도' 평가에서 '통과'를 받았음에도 예산을 감액해야하는 정책이다.
　④ 전년 대비 15% 감액하여 편성하게 될 정책은 B, D정책으로 두 정책 모두 '계획 대비 실적'에서 '미통과' 되었다.
　⑤ 전년 대비 10% 감액하여 편성하게 될 정책은 2개(A, E정책), 전년 대비 15% 감액하여 편성하게 될 정책은 2개(B, D정책)으로 총 10억이 감액되어 올해 예산은 총 110억 원이 될 것이다.

13 ○○기관의 김 대리는 甲, 乙, 丙, 丁, 戊 인턴 5명의 자리를 배치하고자 한다. 다음의 조건에 따를 때 옳지 않은 것은?

> • 최상의 업무 효과를 내기 위해서는 성격이 서로 잘 맞는 사람은 바로 옆자리에 앉혀야 하고, 서로 잘 맞지 않는 사람은 바로 옆자리에 앉혀서는 안 된다.
> • 丙과 乙의 성격은 서로 잘 맞지 않는다.
> • 甲과 乙의 성격은 서로 잘 맞는다.
> • 甲과 丙의 성격은 서로 잘 맞는다.
> • 戊와 丙의 성격은 서로 잘 맞지 않는다.
> • 丁의 성격과 서로 잘 맞지 않는 사람은 없다.
> • 丁은 햇빛 알레르기가 있어 창문 옆(1번) 자리에는 앉을 수 없다.
>
> ■ 자리 배치도
>
> | 창문 | 1 | 2 | 3 | 4 | 5 |
> |------|---|---|---|---|---|
> | | | | | | |

① 甲은 3번 자리에 앉을 수 있다.

② 乙은 5번 자리에 앉을 수 있다.

③ 丙은 2번 자리에 앉을 수 있다.

④ 丁은 3번 자리에 앉을 수 없다.

⑤ 戊는 2번 자리에 앉을 수 없다.

✔해설 ③ 丙이 2번 자리에 앉을 경우, 丁은 햇빛 알레르기가 있어 1번 자리에 앉을 수 없으므로 3, 4, 5번 중 한 자리에 앉아야 하며, 丙과 성격이 서로 잘 맞지 않는 戊는 4, 5번 중 한 자리에 앉아야 한다. 이 경우 성격이 서로 잘 맞은 甲과 乙이 떨어지게 되므로 최상의 업무 효과를 낼 수 있는 배치가 되기 위해서는 丙은 2번 자리에 앉을 수 없다.

① 창문 - 戊 - 乙 - 甲 - 丙 - 丁 순으로 배치할 경우 甲은 3번 자리에 앉을 수 있다.

② 창문 - 戊 - 丁 - 丙 - 甲 - 乙 순으로 배치할 경우 乙은 5번 자리에 앉을 수 있다.

④ 丁이 3번 자리에 앉을 경우, 甲과 성격이 서로 잘 맞는 乙, 丙 중 한 명은 甲과 떨어지게 되므로 최상의 업무 효과를 낼 수 있는 배치가 되기 위해서는 丁은 3번 자리에 앉을 수 없다.

⑤ 戊가 2번 자리에 앉을 경우, 丁은 햇빛 알레르기가 있어 1번 자리에 앉을 수 없으므로 3, 4, 5번 중 한 자리에 앉아야 하는데, 그러면 甲과 성격이 서로 잘 맞는 乙, 丙 중 한 명은 甲과 떨어지게 되므로 최상의 업무 효과를 낼 수 있는 배치가 되기 위해서는 戊는 2번 자리에 앉을 수 없다.

14 아래의 글을 참조하였을 때에 A의 추리가 전제로 하고 있는 것으로 모두 고르면?

낭포성 섬유증은 치명적 유전 질병으로 현대 의학이 발달하기 전에는 이 질병을 가진 사람은 어린 나이에 죽었다. 지금도 낭포성 섬유증을 가진 사람은 대개 청년기에 이르기 전에 사망한다. 낭포성 섬유증은 백인에게서 3000명에 1명 정도의 비율로 나타나며 인구의 약 5% 정도가 이 유전자를 가지고 있다. 진화생물학 이론에 의하면 유전자는 자신이 속하는 종에 어떤 이점을 줄 때에만 남아 있다. 만일 어떤 유전자가 치명적 질병과 같이 생물에 약점으로 작용한다면 이 유전자를 가지고 있는 생물은 그렇지 않은 생물보다 생식할 수 있는 기회가 줄어들기 때문에, 이 유전자는 궁극적으로 유전자 풀(pool)에서 사라질 것이다. 낭포성 섬유증 유전자는 이 이론으로 설명할 수 없는 것으로 보인다.

1994년 미국의 과학자 A는 흥미로운 실험 결과를 발표하였다. 정상 유전자를 가진 쥐에게 콜레라 독소를 주입하자 쥐는 심한 설사로 죽었다. 그러나 낭포성 섬유증 유전자를 1개 가지고 있는 쥐는 독소를 주입한 다음 설사 증상을 보였지만 그 정도는 낭포성 섬유증 유전자가 없는 쥐에 비해 반 정도였다. 낭포성 섬유증 유전자를 2개 가진 쥐는 독소를 주입한 후에도 전혀 증상을 보이지 않았다. 낭포성 섬유증 증세를 보이는 사람은 장과 폐로부터 염소이온을 밖으로 퍼내는 작용을 정상적으로 하지 못한다. 반면 콜레라 독소는 장으로부터 염소이온을 비롯한 염분을 과다하게 분비하게 하고 이로 인해 물을 과다하게 배출시켜 설사를 일으킨다. 이 결과로부터 A는 낭포성 섬유증 유전자의 작용이 콜레라 독소가 과도한 설사를 일으키는 메커니즘을 막기 때문에, 낭포성 섬유증 유전자를 가진 사람이 콜레라로부터 보호될 수 있을 것이라고 추측하였다. 그러므로 1800년대에 유럽을 강타했던 콜레라 대유행에서 낭포성 섬유증 유전자를 가진 사람이 살아남기에 유리했다고 주장하였다.

───────── 〈보기〉 ─────────

㉠ 낭포성 섬유증은 백인 외의 인종에서는 드문 유전 질병이다.
㉡ 쥐에서 나타나는 질병 양상은 사람에게도 유사하게 적용된다.
㉢ 콜레라 독소는 콜레라균에 감염되었을 때와 동일한 증상을 유발한다.
㉣ 낭포성 섬유증 유전자를 가진 모든 사람이 낭포성 섬유증으로 인하여 청년기 전에 사망하는 것은 아니다.

① ㉠, ㉡

② ㉠, ㉢

③ ㉠, ㉡, ㉢

④ ㉡, ㉢, ㉣

⑤ ㉠, ㉡, ㉢, ㉣

✔ **해설** A의 추리가 타당하기 위해서는 아래와 같은 내용이 전제되어 있어야 한다.

㉡ A는 낭포성 유전자를 지니고 있는 '쥐'를 이용한 실험을 통해서 낭포성 유전자를 가진 '사람' 또한 콜레라로부터 보호받을 것이라는 결론을 내렸다. 그러므로 쥐에서 나타나는 질병의 양상은 사람에게도 유사하게 적용된다는 것을 전제하고 있음을 알 수 있다.

㉢ A는 실험에서 '콜레라 균'에 감염을 시키는 대신에 '콜레라 독소'를 주입하였다. 이는 결국에 콜레라 독소의 주입이 콜레라 균에 의한 감염과 동일한 증상을 유발한다는 것을 전제로 하고 있음을 알 수 있다.

㉣ 만약에 낭포성 섬유증 유전자를 가진 모든 사람들이 낭포섬 섬유증으로 인해 청년기 전에 사망하게 될 경우 '살아남았다'고 할 수 없을 것이다. 그러므로 '낭포성 섬유증 유전자를 가진 모든 사람이 이로 인해 청년기 전에 사망하는 것은 아니다'라는 전제가 필요하다.

15 A, B, C, D, E 5명의 입사성적을 비교하여 높은 순서로 순번을 매겼더니 다음과 같은 사항을 알게 되었다. 입사성적이 두 번째로 높은 사람은?

- 순번 상 E의 앞에는 2명 이상의 사람이 있고 C보다는 앞이었다.
- D의 순번 바로 앞에는 B가 있다.
- A의 순번 뒤에는 2명이 있다.

---

① A ② B

③ C ④ D

⑤ E

✔**해설** 조건에 따라 순번을 매겨 높은 순으로 정리하면 B-D-A-E-C가 된다.

16 A, B, C, D는 영업, 사무, 전산, 관리의 일을 각각 맡아서 하기로 하였다. A는 영업과사무 분야의 업무를 싫어하고, B는 관리 업무를 싫어하며, C는 영업 분야 일을 하고 싶어하고, D는 전산 분야 일을 하고 싶어한다. 인사부에서 각자의 선호에 따라 일을 시킬 때 옳게 짝지은 것은?

① A−관리 ② B−영업

③ C−전산 ④ D−사무

⑤ 정답 없음

✔**해설** 조건에 따르면 영업과 사무 분야의 일은 A가 하는 것이 아니고, 관리는 B가 하는 것이 아니므로 'A−관리, B−사무, C−영업, D−전산'의 일을 하게 된다.

17 진영, 은수, 홍희, 영수, 민서, 진숙, 진현, 희연이가 3개의 택시에 나누어 타려고 한다. 각 택시에는 3자리가 있으며 택시의 색은 각각 빨간색, 노란색, 검은색이다. 빨간색 택시에는 두 사람만이 탈 수 있고, 민서가 노란색 택시를 타고 있다면 검은색 택시에 타고 있지 않은 사람은?

> • 진영이는 반드시 빨간색 택시에 타야 한다.
> • 은수와 홍희는 반드시 같은 택시에 타야 한다.
> • 영수는 민서와 같은 택시에 탈 수 없다.
> • 진숙이는 진영이와 같은 택시에 타야 한다.
> • 진현이가 탄 택시에는 민서 또는 진영이가 타고 있어야 한다.

① 영수   ② 은수
③ 홍희   ④ 희연
⑤ 정답 없음

✔ 해설 문제에서 빨간색 택시에는 두 사람만이 탈 수 있다고 했고, 조건에서 진영이는 반드시 빨간색 택시를 타야 하며, 진숙이는 진영이와 같은 택시에 타야 한다고 했으므로 빨간색 택시에는 진영이와 진숙이가 타게 된다. 문제에서 민서가 노란색 택시를 타고 있고, 조건에서영수는 민서와 같은 택시에 탈 수 없으므로 영수는 검은색 택시에 타야한다. 진현이가 탄 택시에는 민서 또는 진영이가 타고 있어야 하는데, 빨간 택시에는 탈 수 없으므로 민서가 타고 있는 노란색 택시에 타야 한다. 노란색 택시에 민서와 진현이가 타고 있으므로 은수와 홍희는 검은색 택시에 타야한다. 따라서 검은색 택시에는 영수, 은수, 홍희가 타게 된다.
빨간색 : 진영, 진숙
노란색 : 민서, 진현, 희연
검은색 : 영수, 은수, 홍희

18 올해 대학교 졸업반인 승혜는 목포에 있는 고향 친구들을 만나기 위해 버스를 이용하기로 마음먹었다. 하지만 전날 졸업 작품 제출로 인해 잠을 못 잤던 승혜는 장시간 잠을 잘 수 있는 교통편을 알아보던 중 고속버스를 떠올렸고 곧 바로 고속버스 터미널에 도착하였다. 승혜는 버스 선택에 있어 아래와 같은 4가지 선택기준을 보면서 고민하고 있다. 이 때 제시된 선택기준을 가지고 보완적 평가방식을 적용했을 시에 승혜에게 가장 효과적인 운송수단이 될 수 있는 것은 무엇인가? (보완적 평가방식 : 각 상표에 있어 어떤 속성의 약점을 다른 속성의 강점에 의해 보완하여 전반적인 평가를 내리는 방식을 말함)

평가의 기준	중요도	교통운송수단에 관한 평가			
		프리미엄 버스	우등고속버스	일반 고속버스	시외버스
경제성	20	5	6	7	9
디자인	30	7	3	5	2
승차감	40	6	7	7	3
속도	50	4	3	6	1

① 프리미엄 버스

② 우등고속 버스

③ 일반고속 버스

④ 시외버스

⑤ 정답 없음

> **✔ 해설** 보완적 평가방식은 각 상표에 있어 어떤 속성의 약점을 다른 속성의 강점에 의해 보완하여 전반적인 평가를 내리는 방식을 의미한다. 이러한 가중치를 각 속성별 평가점수에 곱한 후에 이를 모두 더하는 방식으로 계산하면 그 결과는 아래와 같다.
> - 프리미엄 버스 : $(20 \times 5) + (30 \times 7) + (40 \times 6) + (50 \times 4) = 750$
> - 우등고속 버스 : $(20 \times 6) + (30 \times 3) + (40 \times 7) + (50 \times 3) = 640$
> - 일반고속 버스 : $(20 \times 7) + (30 \times 5) + (40 \times 7) + (50 \times 6) = 870$
> - 시외 버스 : $(20 \times 9) + (30 \times 2) + (40 \times 3) + (50 \times 1) = 410$
>
> 그러므로 승혜는 가장 높은 값이 나온 일반 고속버스를 자신의 교통운송 수단으로 선택하게 된다.

19 아래의 내용은 직장만족 및 직무몰입에 대한 A, B, C, D의 견해를 나타낸 것이다. A~D까지 각각의 견해에 관한 진술로써 가장 옳은 내용을 고르면?

> 어느 회사의 임직원을 대상으로 조사한 결과에 대해 상이한 견해가 있다. A는 직무 몰입도가 높으면 직장 만족도가 높고 직무 몰입도가 낮으면 직장 만족도도 낮다고 해석하여, 직무 몰입도가 직장 만족도를 결정한다고 결론지었다. B는 일찍 출근하는 사람의 직무 몰입도와 직장 만족도가 높고, 그렇지 않은 경우 직무 몰입도와 직장 만족도가 낮다고 결론지었다. C는 B의 견해에 동의하면서, 근속 기간이 길수록 빨리 출근 한다고 보고, 전자가 후자에 영향을 준다고 해석하였다. D는 직장 만족도가 높으면 직무 몰입도가 높고 직장 만족도가 낮으면 직무 몰입도도 낮다고 해석하여, 직장 만족도가 직무 몰입도를 결정한다고 결론지었다.

① 일찍 출근하며 직무 몰입도가 높고 직장에도 만족하는 임직원이 많을수록 A의 결론이 B의 결론보다 강화된다.

② 직장에는 만족하지만 직무에 몰입하지 않는 임직원이 많을수록 A의 결론은 강화되고 D의 결론은 약화된다.

③ 직무에 몰입하지만 직장에는 만족하지 않는 임직원이 많을수록 A의 결론은 약화되고 D의 결론은 강화된다.

④ 일찍 출근하지만 직무에 몰입하지 않는 임직원이 많을수록 B와 C의 결론이 약화된다.

⑤ 근속 기간이 길지만 직장 만족도가 낮은 임직원이 많을수록 B와 C의 결론이 약화된다.

> ✔ **해설** 일찍 출근하는 것과 직무 몰입도의 관계에 대해서 언급한 사람은 B과 C이다. 그러므로 일찍 출근을 하지만 직무에 몰입하지 않는 임직원이 많을수록 B과 C의 결론이 약화된다.

20 다음은 연도별·연령별 산전진찰 초진시기 및 의료기관 방문 횟수에 대한 자료이다. 주어진 〈보기〉의 내용을 바탕으로, 빈칸 ㉠~㉣에 들어갈 적절한 연령대를 순서대로 올바르게 나열한 것은 어느 것인가?

(단위 : 주, 번)

모(母) 연령	2013년		2016년		2019년		2022년		2025년	
	초진 시기	방문 횟수	초진 시기	방문 횟수	초진 시기	방문 횟수	초진 시기	방문 횟수	초진 시기	방문 횟수
㉠	5.64	12.80	5.13	13.47	5.45	13.62	5.01	13.41	5.23	13.67
㉡	5.86	12.57	5.51	12.87	5.42	14.25	6.24	13.68	5.42	13.27
㉢	6.02	12.70	5.34	13.32	5.40	13.16	5.01	13.22	5.23	13.17
㉣	6.68	12.11	5.92	12.56	6.78	13.28	7.36	13.52	5.97	13.11

〈보기〉

a. 25~29세와 30~34세 연령대 임신부 초진 시기의 연도별 변동 패턴(빨라지거나 늦어짐)은 동일하다.

b. 15~24세 임신부의 임신 기간 중 의료기관 방문 횟수가 연령별로 가장 적었던 해는 5개 비교년도 중 3번이다.

c. 35세 이상 연령대의 임신부와 30~34세 연령대의 임신부와의 2013년 대비 2016년의 의료기관 방문횟수 증감률의 차이는 약 2.5%p이다.

	㉠	㉡	㉢	㉣
①	35세 이상	25~29세	30~34세	15~24세
②	25~29세	35세 이상	15~24세	30~34세
③	25~29세	35세 이상	30~34세	15~24세
④	25~29세	30~34세	35세 이상	15~24세
⑤	15~24세	35세 이상	30~34세	25~29세

✔해설

a. 연령대별 임신부 초진 시기가 연도별로 빨라지거나 늦어지는 변동 패턴이 동일한 것은 ㉠과 ㉢이므로 둘 중 하나가 25~29세이며, 나머지 하나가 30~34세가 된다.

b. 의료기관 방문 횟수가 연령별로 가장 적었던 해가 3번인 것은 ㉣의 2013, 2016, 2025년 밖에 없다. 따라서 ㉣이 15~24세가 된다.

c. a와 b를 근거로 ㉡이 35세 이상 연령대가 됨을 알 수 있으며, ㉡과의 증감률 비교를 통해 ㉠과 ㉢을 구분할 수 있다. ㉠, ㉡, ㉢의 방문 횟수 증감률을 차례로 계산해 보면 다음과 같다.

㉠ (13.47 − 12.8) ÷ 12.8 × 100 = 약 5.2%

㉡ (12.87 − 12.57) ÷ 12.57 × 100 = 약 2.4%

㉢ (13.32 − 12.7) ÷ 12.7 × 100 = 약 4.9%

따라서 ㉡과 ㉢이 2.5%p의 차이를 보이고 있으므로 ㉢이 30~34세 연령대의 임신부임을 알 수 있다.

Answer　19.④　20.③

1 조직과 개인

(1) 조직

① 조직과 기업
- ㉠ 조직 : 두 사람 이상이 공동의 목표를 달성하기 위해 의식적으로 구성된 상호작용과 조정을 행하는 행동의 집합체
- ㉡ 기업 : 노동, 자본, 물자, 기술 등을 투입하여 제품이나 서비스를 산출하는 기관

② 조직의 유형

기준	구분	예
공식성	공식조직	조직의 규모, 기능, 규정이 조직화된 조직
	비공식조직	인간관계에 따라 형성된 자발적 조직
영리성	영리조직	사기업
	비영리조직	정부조직, 병원, 대학, 시민단체
조직규모	소규모 조직	가족 소유의 상점
	대규모 조직	대기업

(2) 경영

① 경영의 의미 … 경영은 조직의 목적을 달성하기 위한 전략, 관리, 운영활동이다.

② 경영의 구성요소
- ㉠ 경영목적 : 조직의 목적을 달성하기 위한 방법이나 과정
- ㉡ 인적자원 : 조직의 구성원·인적자원의 배치와 활용
- ㉢ 자금 : 경영활동에 요구되는 돈·경영의 방향과 범위 한정
- ㉣ 경영전략 : 변화하는 환경에 적응하기 위한 경영활동 체계화

③ 경영자의 역할

대인적 역할	정보적 역할	의사결정적 역할
• 조직의 대표자	• 외부환경 모니터	• 문제 조정
• 조직의 리더	• 변화전달	• 대외적 협상 주도
• 상징자, 지도자	• 정보전달자	• 분쟁조정자, 자원배분자, 협상가

(3) 조직체제 구성요소

① **조직목표** … 전체 조직의 성과, 자원, 시장, 인력개발, 혁신과 변화, 생산성에 대한 목표

② **조직구조** … 조직 내의 부문 사이에 형성된 관계

③ **조직문화** … 조직구성원들 간에 공유하는 생활양식이나 가치

④ **규칙 및 규정** … 조직의 목표나 전략에 따라 수립되어 조직구성원들이 활동범위를 제약하고 일관성을 부여하는 기능

예제 1

주어진 글의 빈칸에 들어갈 말로 가장 적절한 것은?

> 조직이 지속되게 되면 조직구성원들 간 생활양식이나 가치를 공유하게 되는데 이를 조직의 (㉠)라고 한다. 이는 조직구성원들의 사고와 행동에 영향을 미치며 일체감과 정체성을 부여하고 조직이 (㉡)으로 유지되게 한다. 최근 이에 대한 중요성이 부각되면서 긍정적인 방향으로 조성하기 위한 경영층의 노력이 이루어지고 있다.

① ㉠ : 목표, ㉡ : 혁신적　　② ㉠ : 구조, ㉡ : 단계적

③ ㉠ : 문화, ㉡ : 안정적　　④ ㉠ : 규칙, ㉡ : 체계적

출제의도

본 문항은 조직체계의 구성요소들의 개념을 묻는 문제이다.

해 설

조직문화란 조직구성원들 간에 공유하게 되는 생활양식이나 가치를 말한다. 이는 조직구성원들의 사고와 행동에 영향을 미치며 일체감과 정체성을 부여하고 조직이 안정적으로 유지되게 한다.

답 ③

(4) 조직변화의 과정

환경변화 인지 → 조직변화 방향 수립 → 조직변화 실행 → 변화결과 평가

(5) 조직과 개인

개인	지식, 기술, 경험 →	조직
	← 연봉, 성과급, 인정, 칭찬, 만족감	

2 **조직이해능력을 구성하는 하위능력**

(1) 경영이해능력

① 경영 … 경영은 조직의 목적을 달성하기 위한 전략, 관리, 운영활동이다.

   ㉠ 경영의 구성요소 : 경영목적, 인적자원, 자금, 전략

   ㉡ 경영의 과정

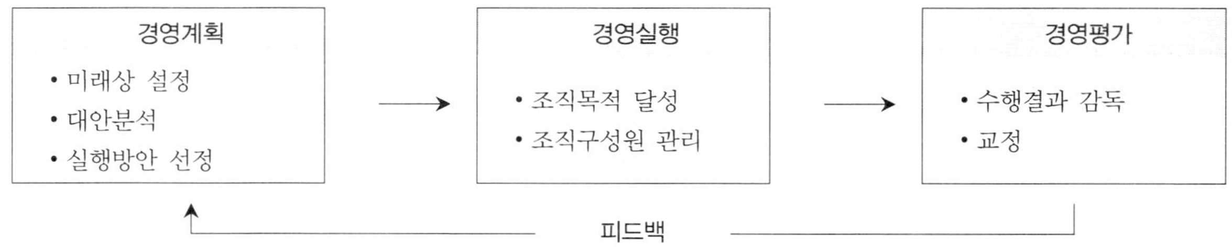

   ㉢ 경영활동 유형

     • 외부경영활동 : 조직외부에서 조직의 효과성을 높이기 위해 이루어지는 활동이다.

     • 내부경영활동 : 조직내부에서 인적, 물적 자원 및 생산기술을 관리하는 것이다.

② 의사결정과정

   ㉠ 의사결정의 과정

     • 확인 단계 : 의사결정이 필요한 문제를 인식한다.

     • 개발 단계 : 확인된 문제에 대하여 해결방안을 모색하는 단계이다.

     • 선택 단계 : 해결방안을 마련하며 실행가능한 해결안을 선택한다.

   ㉡ 집단의사결정의 특징

     • 지식과 정보가 더 많아 효과적인 결정을 할 수 있다.

     • 다양한 견해를 가지고 접근할 수 있다.

     • 결정된 사항에 대하여 의사결정에 참여한 사람들이 해결책을 수월하게 수용하고, 의사소통의 기회도 향상된다.

     • 의견이 불일치하는 경우 의사결정을 내리는데 시간이 많이 소요된다.

     • 특정 구성원에 의해 의사결정이 독점될 가능성이 있다.

③ 경영전략

  ㉠ 경영전략 추진과정

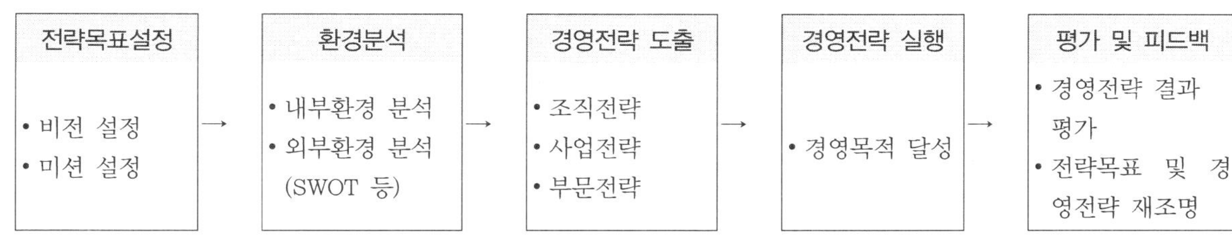

  ㉡ 마이클 포터의 본원적 경쟁전략

전략 적 목표		고객들이 인식하는 제품의 특성	원가우위
	산업전체	차별화	원가우위
	산업의 특정부문	집중화	
		(차별화 + 집중화)	(원가우위 + 집중화)

위 표의 상단에는 **전략적 우위 요소** 라는 제목이 있다.

예제 2

다음은 경영전략을 세우는 방법 중 하나인 SWOT에 따른 어느 기업의 분석결과이다. 다음 중 주어진 기업 분석 결과에 대응하는 전략은?

강점(Strength)	• 차별화된 맛과 메뉴 • 폭넓은 네트워크
약점(Weakness)	• 매출의 계절적 변동폭이 큼 • 딱딱한 기업 이미지
기회(Opportunity)	• 소비자의 수요 트랜드 변화 • 가계의 외식 횟수 증가 • 경기회복 가능성
위협(Threat)	• 새로운 경쟁자의 진입 가능성 • 과도한 가계부채

내부환경 외부환경	강점(Strength)	약점(Weakness)
기회 (Opportunity)	① 계절 메뉴 개발을 통한 분기 매출 확보	② 고객의 소비패턴을 반영한 광고를 통한 이미지 쇄신
위협 (Threat)	③ 소비 트렌드 변화를 반영한 시장 세분화 정책	④ 고급화 전략을 통한 매출 확대

답 ②

④ 경영참가제도

　㉠ 목적

- 경영의 민주성을 제고할 수 있다.
- 공동으로 문제를 해결하고 노사 간의 세력 균형을 이룰 수 있다.
- 경영의 효율성을 제고할 수 있다.
- 노사 간 상호 신뢰를 증진시킬 수 있다.

　㉡ 유형

- 경영참가 : 경영자의 권한인 의사결정과정에 근로자 또는 노동조합이 참여하는 것
- 이윤참가 : 조직의 경영성과에 대하여 근로자에게 배분하는 것
- 자본참가 : 근로자가 조직 재산의 소유에 참여하는 것

예제 3

다음은 중국의 H사에서 시행하는 경영참가제도에 대한 기사이다. 밑줄 친 이 제도는 무엇인가?

> 　H사는 '사람' 중심의 수평적 기업문화가 발달했다. H사는 이 제도의 시행을 통해 직원들이 경영에 간접적으로 참여할 수 있게 하였는데 이에 따라 자연스레 기업에 대한 직원들의 책임 의식도 강화됐다. 참여주주는 8만2471명이다. 모두 H사의 임직원이며, 이 중 창립자인 CEO R은 개인 주주로 총 주식의 1.18%의 지분과 퇴직연금으로 주식총액의 0.21%만을 보유하고 있다.

① 노사협의회제도　　　　　　② 이윤분배제도
③ 종업원지주제도　　　　　　④ 노동주제도

출제의도

경영참가제도는 조직원이 자신이 속한 조직에서 주인의식을 갖고 조직의 의사결정과정에 참여할 수 있도록 하는 제도이다. 본 문항은 경영참가제도의 유형을 구분해낼 수 있는가를 묻는 질문이다.

해　설

종업원지주제도 … 기업이 자사 종업원에게 특별한 조건과 방법으로 자사 주식을 분양·소유하게 하는 제도이다. 이 제도의 목적은 종업원에 대한 근검저축의 장려, 공로에 대한 보수, 자사에의 귀속의식 고취, 자사에의 일체감 조성 등이 있다.

답 ③

---

(2) 체제이해능력

① 조직목표 : 조직이 달성하려는 장래의 상태

　㉠ 조직목표의 기능

- 조직이 존재하는 정당성과 합법성 제공
- 조직이 나아갈 방향 제시
- 조직구성원 의사결정의 기준
- 조직구성원 행동수행의 동기유발
- 수행평가 기준
- 조직설계의 기준

ⓛ 조직목표의 특징
- 공식적 목표와 실제적 목표가 다를 수 있음
- 다수의 조직목표 추구 가능
- 조직목표 간 위계적 상호관계가 있음
- 가변적 속성
- 조직의 구성요소와 상호관계를 가짐

② 조직구조

㉠ 조직구조의 결정요인 : 전략, 규모, 기술, 환경

ⓛ 조직구조의 유형과 특징

유형	특징
기계적 조직	• 구성원들의 업무가 분명하게 규정 • 엄격한 상하 간 위계질서 • 다수의 규칙과 규정 존재
유기적 조직	• 비공식적인 상호의사소통 • 급변하는 환경에 적합한 조직

③ 조직문화

㉠ 조직문화 기능
- 조직구성원들에게 일체감, 정체성 부여
- 조직몰입 향상
- 조직구성원들의 행동지침 : 사회화 및 일탈행동 통제
- 조직의 안정성 유지

ⓛ 조직문화 구성요소(7S) : 공유가치(Shared Value), 리더십 스타일(Style), 구성원(Staff), 제도·절차(System), 구조(Structure), 전략(Strategy), 스킬(Skill)

④ 조직 내 집단

㉠ 공식적 집단 : 조직에서 의식적으로 만든 집단으로 집단의 목표, 임무가 명확하게 규정되어 있다.

예 임시위원회, 작업팀 등

ⓛ 비공식적 집단 : 조직구성원들의 요구에 따라 자발적으로 형성된 집단이다.

예 스터디모임, 봉사활동 동아리, 각종 친목회 등

(3) 업무이해능력

① 업무 : 업무는 상품이나 서비스를 창출하기 위한 생산적인 활동이다.

    ㉠ 업무의 종류

부서	업무(예)
총무부	주주총회 및 이사회개최 관련 업무, 의전 및 비서업무, 집기비품 및 소모품의 구입과 관리, 사무실 임차 및 관리, 차량 및 통신시설의 운영, 국내외 출장 업무 협조, 복리후생 업무, 법률자문과 소송관리, 사내외 홍보 광고업무
인사부	조직기구의 개편 및 조정, 업무분장 및 조정, 인력수급계획 및 관리, 직무 및 정원의 조정 종합, 노사관리, 평가관리, 상벌관리, 인사발령, 교육체계 수립 및 관리, 임금제도, 복리후생제도 및 지원업무, 복무관리, 퇴직관리
기획부	경영계획 및 전략 수립, 전사기획업무 종합 및 조정, 중장기 사업계획의 종합 및 조정, 경영정보 조사 및 기획보고, 경영진단업무, 종합예산수립 및 실적관리, 단기사업계획 종합 및 조정, 사업계획, 손익추정, 실적관리 및 분석
회계부	회계제도의 유지 및 관리, 재무상태 및 경영실적 보고, 결산 관련 업무, 재무제표분석 및 보고, 법인세, 부가가치세, 국세 지방세 업무자문 및 지원, 보험가입 및 보상업무, 고정자산 관련 업무
영업부	판매 계획, 판매예산의 편성, 시장조사, 광고 선전, 견적 및 계약, 제조지시서의 발행, 외상매출금의 청구 및 회수, 제품의 재고 조절, 거래처로부터의 불만처리, 제품의 애프터서비스, 판매원가 및 판매가격의 조사 검토

다음은 I기업의 조직도와 팀장님의 지시사항이다. H씨가 팀장님의 심부름을 수행하기 위해 연락해야 할 부서로 옳은 것은?

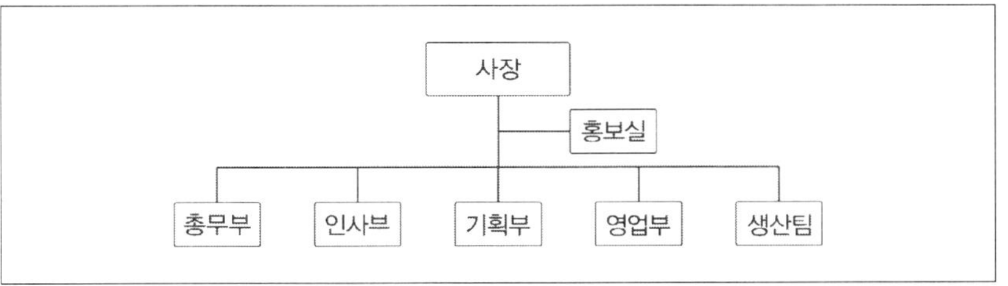

> H씨! 내가 지금 너무 바빠서 그러는데 부탁 좀 들어줄래요? 다음 주 중에 사장님 모시고 클라이언트와 만나야 할 일이 있으니까 사장님 일정을 확인해주시구요. 이번 달에 신입사원 교육·훈련계획이 있었던 것 같은데 정확한 시간이랑 날짜를 확인해주세요.

① 총무부, 인사부 ② 총무부, 홍보실
③ 기획부, 총무부 ④ 영업부, 기획부

조직도와 부서의 명칭을 보고 개략적인 부서의 소관 업무를 분별할 수 있는지를 묻는 문항이다.

사장의 일정에 관한 사항은 비서실에서 관리하나 비서실이 없는 회사의 경우 총무부(또는 팀)에서 비서업무를 담당하기도 한다. 또한 신입사원 관리 및 교육은 인사부에서 관리한다.

답 ①

   ⓛ 업무의 특성
- 공통된 조직의 목적 지향
- 요구되는 지식, 기술, 도구의 다양성
- 다른 업무와의 관계, 독립성
- 업무수행의 자율성, 재량권

② 업무수행 계획
   ㉠ **업무지침 확인** : 조직의 업무지침과 나의 업무지침을 확인한다.
   ⓛ **활용 자원 확인** : 시간, 예산, 기술, 인간관계
   ㉢ **업무수행 시트 작성**
- 간트 차트 : 단계별로 업무의 시작과 끝 시간을 바 형식으로 표현
- 워크 플로 시트 : 일의 흐름을 동적으로 보여줌
- 체크리스트 : 수행수준 달성을 자가점검

Point 》 간트 차트와 플로 차트

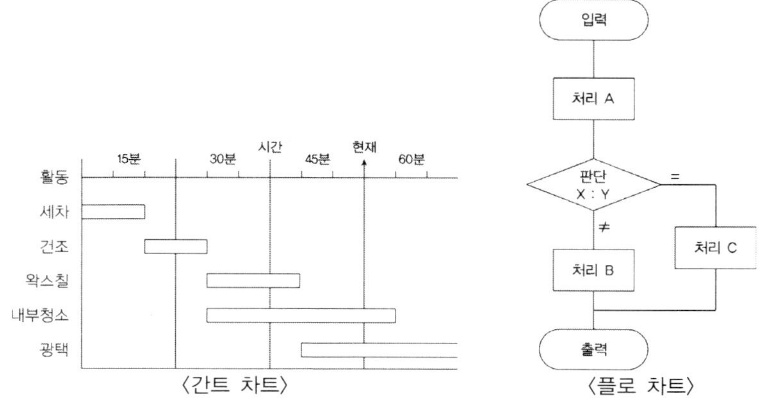

다음 중 업무수행 시 단계별로 업무를 시작해서 끝나는 데까지 걸리는 시간을 바 형식으로 표시하여 전체 일정 및 단계별로 소요되는 시간과 각 업무활동 사이의 관계를 볼 수 있는 업무수행 시트는?

① 간트 차트
② 워크 플로 차트
③ 체크리스트
④ 퍼트 차트

출제의도

업무수행 계획을 수립할 때 간트 차트, 워크 플로 시트, 체크리스트 등의 수단을 이용하면 효과적으로 계획하고 마지막에 급하게 일을 처리하지 않고 주어진 시간 내에 끝마칠 수 있다. 본 문항은 그러한 수단이 되는 차트들의 이해도를 묻는 문항이다.

해 설

② 일의 절차 처리의 흐름을 표현하기 위해 기호를 써서 도식화한 것
③ 업무를 세부적으로 나누고 각 활동별로 수행 수준을 달성했는지를 확인하는 데 효과적
④ 하나의 사업을 수행하는 데 필요한 다수의 세부사업을 단계와 활동으로 세분하여 관련된 계획 공정으로 묶고, 각 활동의 소요시간을 낙관시간, 최가능시간, 비관시간 등 세 가지로 추정하고 이를 평균하여 기대시간을 추정

탑 ①

③ 업무 방해요소

　㉠ 다른 사람의 방문, 인터넷, 전화, 메신저 등

　㉡ 갈등관리

　㉢ 스트레스

(4) 국제감각

① 세계화와 국제경영

    ㉠ 세계화 : 3Bs(국경 ; Border, 경계 ; Boundary, 장벽 ; Barrier)가 완화되면서 활동범위가 세계로 확대되는 현상이다.

    ㉡ 국제경영 : 다국적 내지 초국적 기업이 등장하여 범지구적 시스템과 네트워크 안에서 기업 활동이 이루어지는 것이다.

② 이문화 커뮤니케이션 … 서로 상이한 문화 간 커뮤니케이션으로 직업인이 자신의 일을 수행하는 가운데 문화 배경을 달리하는 사람과 커뮤니케이션을 하는 것이 이에 해당한다. 이문화 커뮤니케이션은 언어적 커뮤니케이션과 비언어적 커뮤니케이션으로 구분된다.

③ 국제 동향 파악 방법

    ㉠ 관련 분야 해외사이트를 방문해 최신 이슈를 확인한다.

    ㉡ 매일 신문의 국제면을 읽는다.

    ㉢ 업무와 관련된 국제잡지를 정기구독 한다.

    ㉣ 고용노동부, 한국산업인력공단, 산업통상자원부, 중소벤처기업부, 대한상공회의소, 산업별인적자원개발협의체 등의 사이트를 방문해 국제동향을 확인한다.

    ㉤ 국제학술대회에 참석한다.

    ㉥ 업무와 관련된 주요 용어의 외국어를 알아둔다.

    ㉦ 해외서점 사이트를 방문해 최신 서적 목록과 주요 내용을 파악한다.

    ㉧ 외국인 친구를 사귀고 대화를 자주 나눈다.

④ 대표적인 국제매너

    ㉠ 미국인과 인사할 때에는 눈이나 얼굴을 보는 것이 좋으며 오른손으로 상대방의 오른손을 힘주어 잡았다가 놓아야 한다.

    ㉡ 러시아와 라틴아메리카 사람들은 인사할 때에 포옹을 하는 경우가 있는데 이는 친밀함의 표현이므로 자연스럽게 받아주는 것이 좋다.

    ㉢ 명함은 받으면 꾸기거나 계속 만지지 않고 한 번 보고나서 탁자 위에 보이는 채로 대화하거나 명함집에 넣는다.

    ㉣ 미국인들은 시간 엄수를 중요하게 생각하므로 약속시간에 늦지 않도록 주의한다.

    ㉤ 스프를 먹을 때에는 몸쪽에서 바깥쪽으로 숟가락을 사용한다.

    ㉥ 생선요리는 뒤집어 먹지 않는다.

    ㉦ 빵은 스프를 먹고 난 후부터 디저트를 먹을 때까지 먹는다.

출제예상문제

1 조직구조의 유형과 그 특징에 대한 설명으로 옳은 것은?

㉠ 조직구조는 의사결정 권한의 집중 정도, 명령 계통, 최고경영자의 통제, 규칙과 규제의 정도 등에 따라 기계적 조직과 유기적 조직으로 구분할 수 있다.

㉡ 기계적 조직은 구성원들의 업무가 분명하게 정의되고 많은 규칙과 규제들이 있으며, 상하간 의사소통이 공식적인 경로를 통해 이루어진다.

㉢ 유기적 조직은 의사결정권한이 조직의 하부구성원들에게 많이 위임되어 있으며, 업무 또한 고정되지 않고 공유 가능한 조직이다.

㉣ 유기적 조직은 비공식적인 상호의사소통이 원활히 이루어지며, 규제나 통제의 정도가 높아 엄격한 위계질서가 존재한다.

---

① ㉠㉡

② ㉢㉣

③ ㉠㉡㉢

④ ㉡㉢㉣

⑤ ㉠㉡㉢㉣

> ✔ **해설** ㉣ 유기적 조직은 비공식적 상호의사소통이 원활히 이루어지며, 규제나 통제의 정도가 낮아 변화에 따라 쉽게 변할 수 있다.
> 규제나 통제의 정도가 높아 엄격한 위계질서 존재 → 기계적 조직

2 '경영전략'은 많은 기업들이 경영활동에 참고하는 지침이 되고 있다. 마이클 포터의 경영전략을 설명하는 다음 글에서 빈 칸 (A), (B), (C)에 들어갈 적절한 말을 찾아 순서대로 나열한 것은 어느 것인가?

> 조직의 경영전략은 경영자의 경영이념이나 조직의 특성에 따라 다양하다. 이 중 대표적인 경영전략으로 마이클 포터(Michael E. Porter)의 본원적 경쟁전략이 있다. 본원적 경쟁전략은 해당 사업에서 경쟁우위를 확보하기 위한 전략이며 다음과 같다.
>
> (A) 전략은 조직의 생산품이나 서비스를 고객에게 가치가 있고 독특한 것으로 인식되도록 하는 전략이다. 이러한 전략을 활용하기 위해서는 연구개발이나 광고를 통하여 기술, 품질, 서비스, 브랜드 이미지를 개선할 필요가 있다. (B) 전략을 위해서는 대량생산을 하거나 새로운 생산기술을 개발할 필요가 있다. 여기에는 70년대 우리나라의 섬유업체나 신발업체, 가발업체 등이 미국시장에 진출할 때 취한 전략이 해당한다.
>
> (C) 전략은 특정 시장이나 고객에게 한정된 전략으로, 다른 전략이 산업 전체를 대상으로 하는 것에 비해 특정 산업을 대상으로 한다는 특징이 있다. 즉, 경쟁조직들이 소홀히 하고 있는 한정된 시장을 차별화된 전략을 써서 집중적으로 공략하는 방법이다.

① 차별화, 집중화, 원가우위
② 집중화, 차별화, 원가우위
③ 집중화, 원가우위, 차별화
④ 차별화, 원가우위, 집중화
⑤ 원가우위, 차별화, 집중화

✔ 해설 차별화 전략, 원가우위 전략, 집중화 전략은 다음과 같은 특징이 있다.
- 차별화 전략 : 소비자들이 널리 인정해주는 독특한 기업 특성을 내세워 경쟁하는 경쟁전략을 말하며, 고품질, 탁월한 서비스, 혁신적 디자인, 기술력, 브랜드 이미지 등 무엇으로든 해당 산업에서 다른 경쟁기업들과 차별화할 수 있는 특성을 위주로 전략을 펴게 된다.
- 원가우위 전략 : 낮은 비용은 경쟁우위의 중요한 원천의 하나이며 비용우위 전략에서는 비용 면에서 '경쟁회사보다도 낮은 비용을 실현한다.'는 것이 기본 테마가 된다. 물론 낮은 비용이라고 해서 품질이나 서비스와는 상관이 없다는 것이 아니지만 기본적으로 비용을 중심으로 경쟁우위를 확립한다.
- 집중화 전략 : 기업이 사업을 전개하는 과정에서 산업 전반에 걸쳐 경쟁하지 않고 고객이나 제품, 서비스 등의 측면에서 독자적 특성이 있는 특정 세분시장만을 상대로 원가우위나 차별화를 꾀하는 사업 수준의 경쟁전략이다. 비록 전체 시장에서 차별화나 원가우위를 누릴 능력을 갖지 못한 기업일지라도 세분시장을 집중 공략한다면 수익을 낼 수 있다고 판단하고 구사하는 경쟁전략의 하나다.

3 D그룹 홍보실에서 근무하는 사원 민경씨는 20××년부터 적용되는 새로운 조직 개편 기준에 따라 홈페이지에 올릴 조직도를 만들려고 한다. 다음 조직도의 빈칸에 들어갈 것으로 옳지 않은 것은?

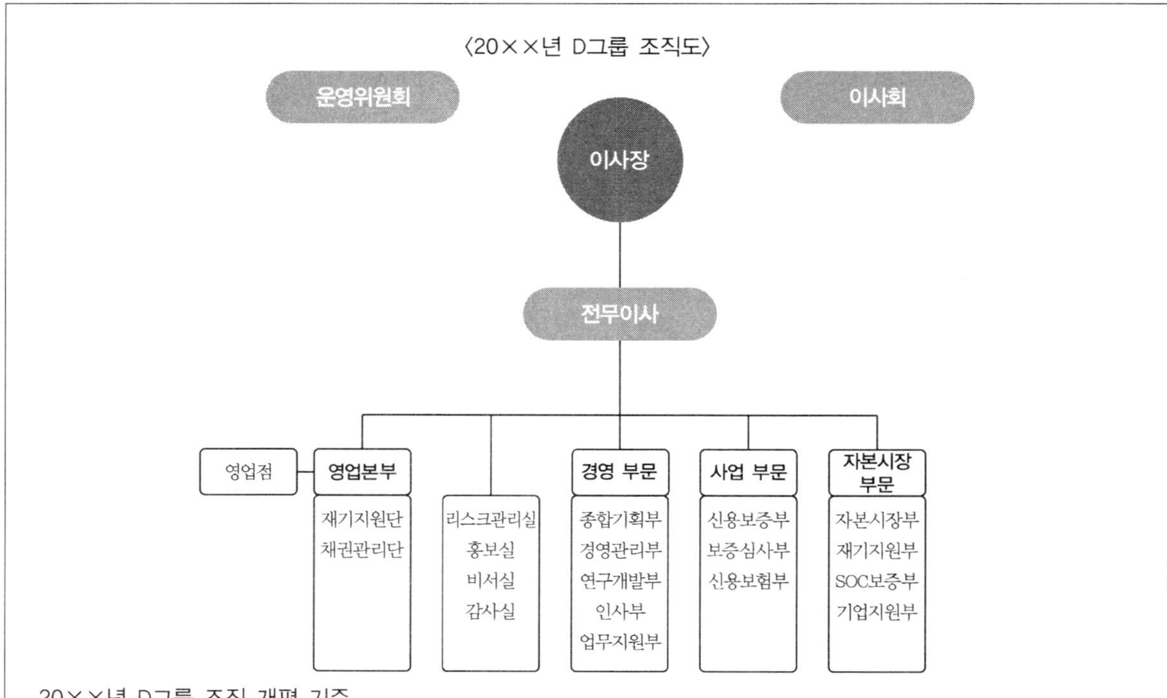

20××년 D그룹 조직 개편 기준

- 명칭변경 : 사업부문 → 신용사업부문
- 감사위원회를 신설하고 감사실을 감사위원회 소속으로 이동한다.
- 경영부문을 경영기획부문과 경영지원부문으로 분리한다.
- 경영부문의 종합기획부, 경영관리부, 연구개발부는 경영기획부문으로 인사부, 업무지원부는 경영지원부문 으로 각각 소속된다.
- 업무지원부의 IT 관련 팀을 분리하여 IT전략부를 신설한다.

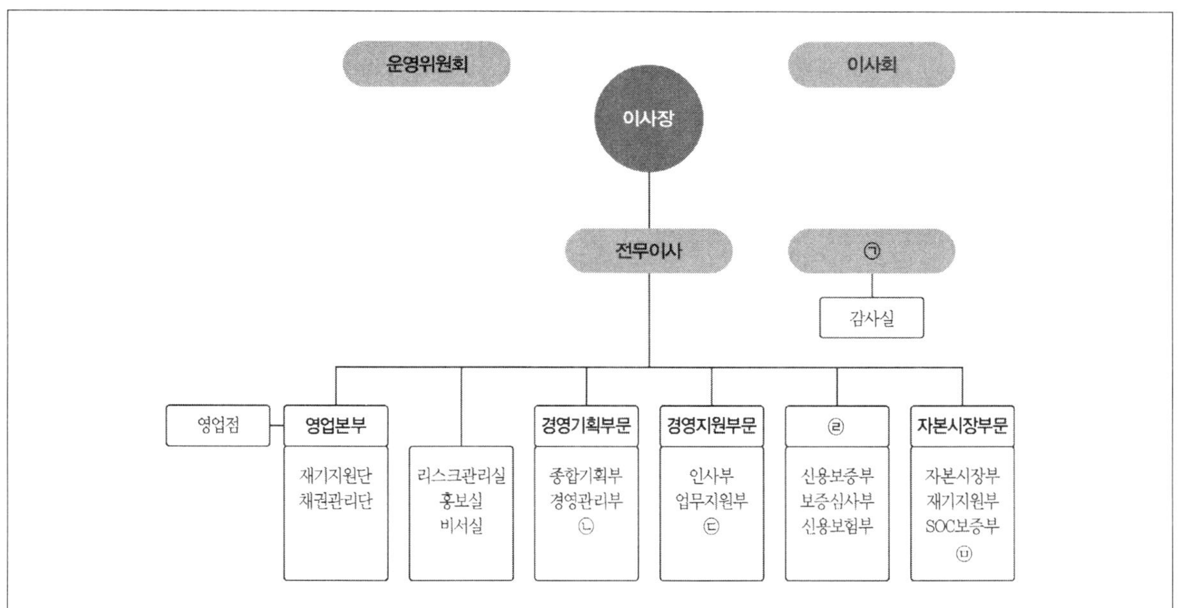

① ㉠ : 감사위원회

② ㉡ : 연구개발부

③ ㉢ : IT전략부

④ ㉣ : 사업부문

⑤ ㉤ : 기업지원부

✔해설 ④ 사업부문은 신용사업부문으로 명칭이 변경되어야 한다.

4 다음의 빈칸에 들어갈 말을 순서대로 나열한 것은?

> 조직의 (㉠)은/는 조직 내의 부문 사이에 형성된 관계로 조직목표를 달성하기 위한 조직구성원들의 상호작용을 보여준다. 이는 결정권의 집중정도, 명령계통, 최고경영자의 통제, 규칙과 규제의 정도에 따라 달라지며 구성원들의 업무나 권한이 분명하게 정의된 기계적 조직과 의사결정권이 하부구성원들에게 많이 위임되고 업무가 고정적이지 않은 유기적 조직으로 구분될 수 있다. (㉡)은/는 이를 쉽게 파악할 수 있고 구성원들의 임무, 수행하는 과업, 일하는 장소 등을 파악하는데 용이하다.
>
> 한편 조직이 지속되게 되면 조직구성원들 간 생활양식이나 가치를 공유하게 되는데 이를 조직의 (㉢)라고 한다. 이는 조직구성원들의 사고와 행동에 영향을 미치며 일체감과 정체성을 부여하고 조직이 (㉣)으로 유지되게 한다. 최근 이에 대한 중요성이 부각되면서 긍정적인 방향으로 조성하기 위한 경영층의 노력이 이루어지고 있다.

	㉠	㉡	㉢	㉣
①	구조	조직도	문화	안정적
②	목표	비전	규정	체계적
③	미션	핵심가치	구조	혁신적
④	직급	규정	비전	단계적
⑤	문화	회사내규	핵심가치	협력적

✔ **해설** 조직체제 구성요소

㉠ 조직목표 : 조직이 달성하려는 장래의 상태로 조직이 존재하는 정당성과 합법성을 제공한다. 전체 조직의 성과, 자원, 시장, 인력개발, 혁신과 변화, 생산성에 대한 목표가 포함된다.

㉡ 조직구조 : 조직 내의 부문 사이에 형성된 관계로 조직목표를 달성하기 위한 조직구성원들의 상호작용을 보여준다. 조직구조는 결정권의 집중정도, 명령계통, 최고경영자의 통제, 규칙과 규제의 정도에 따라 달라지며 구성원들의 업무나 권한이 분명하게 정의된 기계적 조직과 의사결정권이 하부구성원들에게 많이 위임되고 업무가 고정적이지 않은 유기적 조직으로 구분될 수 있다. 조직의 구성은 조직도를 통해 쉽게 파악할 수 있는데, 이는 구성원들의 임무, 수행하는 과업, 일하는 장소 등을 파악하는데 용이하다.

㉢ 조직문화 : 조직이 지속되게 되면서 조직구성원들 간에 공유되는 생활양식이나 가치로 조직구성원들의 사고와 행동에 영향을 미치며 일체감과 정체성을 부여하고 조직이 안정적으로 유지되게 한다. 최근 조직문화에 대한 중요성이 부각되면서 긍정적인 방향으로 조성하기 위한 경영층의 노력이 이루어지고 있다.

㉣ 조직의 규칙과 규정 : 조직의 목표나 전략에 따라 수립되어 조직구성원들의 활동범위를 제약하고 일관성을 부여하는 기능을 하는 것으로 인사규정, 총무규정, 회계규정 등이 있다. 특히 조직이 구성원들의 행동을 관리하기 위하여 규칙이나 절차에 의존하고 있는 공식화 정도에 따라 조직의 구조가 결정되기도 한다.

5 21세기의 많은 기업 조직들은 불투명한 경영환경을 이겨내기 위해 많은 방법들을 활용하곤 한다. 이 중 브레인스토밍은 일정한 테마에 관하여 회의형식을 채택하고, 구성원의 자유발언을 통한 아이디어의 제시를 요구해 발상의 전환을 이루고 해법을 찾아내려는 방법인데 아래의 글을 참고하여 브레인스토밍에 관련한 것으로 보기 가장 어려운 것을 고르면?

> 전라남도는 지역 중소·벤처기업, 소상공인들이 튼튼한 지역경제의 버팀목으로 성장하도록 지원하는 정책 아이디어를 발굴하기 위해 27일 전문가 브레인스토밍 회의를 개최했다. 이날 회의는 정부의 경제성장 패러다임이 대기업 중심에서 중소·벤처기업 중심으로 전환됨에 따라 지역 차원에서 기업 지원 관련 기관, 교수, 상공인연합회, 중소기업 대표 등 관련 전문가들을 초청해 이뤄졌다. 회의에서는 중소·벤처기업, 소상공인 육성·지원과 청년창업 활성화를 위한 70여 건의 다양한 제안이 쏟아졌으며, 제안된 내용에 대해 구체적 실행 방안도 토론했다. 회의에 참석한 전문가들은 "중소·벤처기업이 변화를 주도하고, 혁신적 아이디어로 창업해 튼튼한 기업으로 성장하도록 정부와 지자체가 충분한 환경을 구축해주는 시스템의 변화가 필요하다."라고 입을 모았다.

① 쉽게 실행할 수 있고, 다양한 주제를 가지고 실행할 수 있다.

② 이러한 기법의 경우 아이디어의 양보다 질에 초점을 맞춘 것으로 볼 수 있다.

③ 집단의 작은 의사결정부터 큰 의사결정까지 복잡하지 않은 절차를 통해 팀의 구성원들과 아이디어를 공유가 가능하다.

④ 비판 및 비난을 자제하는 것을 원칙으로 한다.

⑤ 집단의 구성원들이 비교적 부담 없이 의견을 표출할 수 있다는 이점이 있다.

> **✔해설** 브레인스토밍 기법은 아이디어의 질보다 양에 초점을 맞춘 것으로서 집단 구성원들은 즉각적으로 생각나는 아이디어를 제시할 수 있으며, 그로 인해 브레인스토밍은 다량의 아이디어를 도출해낼 수 있다. 또한, 구성원들은 자신이 가지고 있던 기존 아이디어를 개선해 더욱 더 발전된 형태의 아이디어를 창출할 수 있는데, 이는 다른 사람의 의견을 참고해서 창의적으로 조합할 수 있기 때문이다.

Answer 4.① 5.②

6 다음 중 ㉠에 들어갈 경영전략 추진과정은?

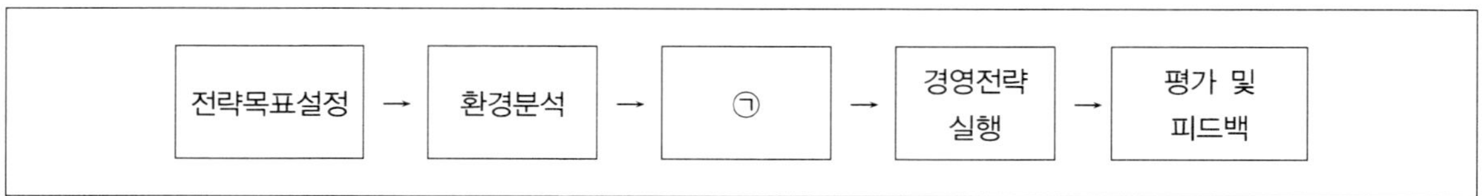

① 경영전략 구성

② 경영전략 분석

③ 경영전략 도출

④ 경영전략 제고

⑤ 경영전략 수정

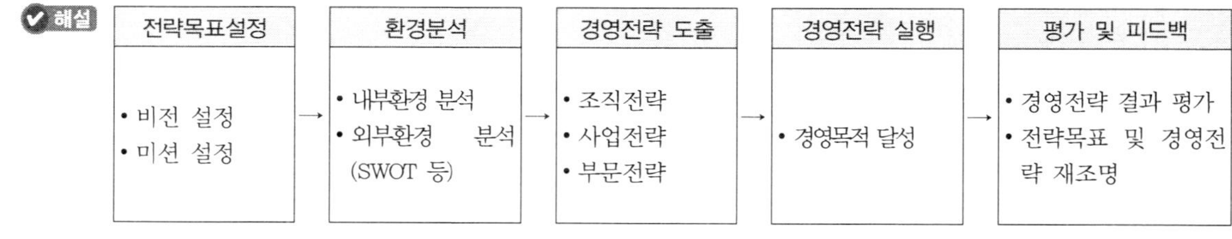

7 다음의 내용은 집중화 전략에 관한 기사의 일부분이다. 아래의 내용을 읽고 이에 대한 내용을 기술한 것으로써 가장 옳지 않은 것을 고르면?

> 이제는 택배회사들도 자기의 색깔을 낼 필요가 있다. 현재는 Big 4중에서 로젠 택배만이 C2C에 집중하는 모습을 보이고 있다. 로젠 택배는 이를 반영하듯 택배단가가 2,800원대로, 다른 택배회사보다 600원 이상 높다. 중견택배회사인 고려택배와 용마 로지스가 의약품택배에 집중하여 높은 영업이익을 실현하고 있다. 의류, cold chain 대상 식품 등 집중하여야 할 택배품목들이 있다. 집·배송 관련하여 재래시장 배송서비스 개선에 집중하거나 아파트 배송에 집중하여 서비스를 차별화하고 높은 수입단위를 실현할 수 있을 것이다.

① 해당 시장의 소비자 욕구를 보다 정확히 이해하여 그에 걸 맞는 제품과 서비스를 제공함으로서 전문화의 명성을 얻을 수 있다.

② 생산·판매 및 촉진활동을 전문화함으로서 비용을 절감시킬 수 있다.

③ 자원이 풍부한 대기업 등에서 활용하면 상당한 효과를 거둘 수 있는 전략이다.

④ 위 내용을 토대로 보아 이러한 전략의 경우 특정 시장에 대해서 집중하는 전략임을 알 수 있다.

⑤ 대상으로 하는 세분시장의 규모가 축소되거나 또는 자사가 진행하고 있는 시장에 경쟁사가 뛰어들 경우에 위험이 크다.

✔ **해설** "중견택배회사인 고려택배와 용마 로지스가 의약품택배에 집중하여 높은 영업이익을 실현하고 있다."에서 집중화 전략의 개념을 유추해 낼 수 있다. 특히 집중화 전략은 자원(인적자원 및 물적자원)이 제한된 중소기업에 사용하는 것이 적절한 전략이다.

8 다음은 국제적 매너 중 하나인 악수에 대한 내용이다. 악수의 사례를 읽고 이를 분석한 내용으로 바르지 않은 것을 고르면?

국내에서도 번역 출간된 초오신타의 '세계의 인사법'이란 책에는 여러 나라 여러 민족의 다양한 인사법이 나온다. 포옹, 가벼운 키스, 서로 코를 맞대는 뉴질랜드 마오리족의 인사에서부터 반가움의 표시로 상대방의 발에 침을 뱉는 아프리카 키유크족의 인사까지 우리 관점에서 보면 기상천외한 인사법이 참으로 많다. 인사는 반가움을 표시하는 형식화되고 관습화된 행위다.

나라마다 문화마다 독특한 형식의 인사가 많지만 전 세계적으로 통용되는 가장 보편적인 인사법을 꼽으라면 역시 악수일 것이다. 악수는 원래 신(神)이 지상의 통치자에게 권력을 넘겨주는 의식에서 유래했다고 한다. 이것은 이집트어의 '주다'라는 동사에 잘 나타나 있는데, 상형문자로 쓰면 손을 내민 모양이 된다고 한다.

먼저 악수할 때는 반갑게 인사말을 건네며 적극적인 자세로 서로 손을 잡고 흔든다. 이 악수는 신체적 접촉으로 이루어지는 적극적이고 활달한 인사이므로 만약 지나치게 손을 흔든다거나, 힘없이 손끝만 살짝 쥐고 흔드는 시늉만 한다면 상대방은 몹시 불쾌해질 수 있다. 서양에서는 이런 행동을 "죽은 물고기 꼬리를 잡고 흔든다"고 말하며 모욕적인 행동으로 간주한다. 군대 내에서는 상관과 악수할 때 손에 힘을 빼라는 예법이 있다. 그것은 군대 내에서만 적용되는 악수법이니 외부인과 악수할 때에는 연하자라도 약간의 에너지를 주고 흔들면 된다. 다만, 연장자보다 힘을 덜 주면 되는 것이다.

원래 악수는 허리를 펴고 한 손으로 당당하게 나누는 인사다. 서양에서는 대통령이나 왕족을 대하는 경우에만 머리를 살짝 숙여 충성을 표시하는 데 반해, 우리나라에서는 지나치게 허리를 굽혀 악수를 하는 장면이 많이 보이는데 이는 세계적으로 통용되는 정통 악수법의 관점에서는 옳지 않다. 우리나라의 악수는 서양과 달리 절과 악수의 혼합형처럼 쓰이고 있으므로 웃어른이나 상사와 악수를 나눌 때는 왼손으로 오른쪽 팔을 받치고 고개를 약간 숙인 채 악수를 하는 것이 좋다. 그렇더라도 지나치게 허리까지 굽힌다면, 보기에도 좋지 않을뿐더러 마치 아부하는 것처럼 보일 수도 있으므로 이런 모습은 보이지 않도록 한다.

악수는 여성이 남성에게 먼저 청하는 것이 에티켓이며, 같은 맥락으로 연장자가 연소자에게, 상급자가 하급자에게 청하는 것이 옳은 방법이다. 때론 장난기 많은 사람들 중에 악수를 나누며 손가락으로 장난을 치는 사람들도 있는데, 세계화의 시대에 이런 모습은 사라져야겠다.

① 악수할 때에는 허리를 꼿꼿이 세워 대등하게 악수를 해야 한다.
② 웃어른의 뜻에 의해 악수, 또는 황송하다고 생각해서 허리를 많이 굽히거나 또는 두 손으로 감싸는 것은 상당히 매너 있는 행위이다.
③ 악수 시에는 손윗사람 (연장자)이 손아랫사람에게 손을 내민다.
④ 여성이 남성에게 손을 내민다.
⑤ 악수를 하면서 상대의 눈을 바라보아야 한다.

> **✔해설** 웃어른의 뜻에 의해 악수, 또는 황송하다고 생각해서 두 손으로 감싸는 것은 좋지 않다. 악수는 대등하게 서로를 존중하는 것인데, 이는 오히려 상대에 대해서 비굴해 보일 수 있기 때문이다.

9 조직문화는 흔히 관계지향 문화, 혁신지향 문화, 위계지향 문화, 과업지향 문화의 네 가지로 분류된다. 다음 글에서 제시된 ㈎~㈒와 같은 특징 중 과업지향 문화에 해당하는 것은 어느 것인가?

> ㈎ A팀은 무엇보다 엄격한 통제를 통한 결속과 안정성을 추구하는 분위기이다. 분명한 명령계통으로 조직의 통합을 이루는 일을 제일의 가치로 삼는다.
>
> ㈏ B팀은 업무 수행의 효율성을 강조하며 목표 달성과 생산성 향상을 위해 전 조직원이 산출물 극대화를 위해 노력하는 문화가 조성되어 있다.
>
> ㈐ C팀은 자율성과 개인의 책임을 강조한다. 고유 업무 뿐 아니라 근태, 잔업, 퇴근 후 시간활용 등에 있어서도 정해진 흐름을 배제하고 개인의 자율과 그에 따른 책임을 강조한다.
>
> ㈑ D팀은 직원들 간의 응집력과 사기 진작을 위한 방안을 모색 중이다. 인적자원의 가치를 개발하기 위해 직원들 간의 관계에 초점을 둔 조직문화가 D팀의 특징이다.
>
> ㈒ E팀은 직원들에게 창의성과 기업가 정신을 강조한다. 또한, 조직의 유연성을 통해 외부 환경에의 적응력에 비중을 둔 조직문화를 가지고 있다.

① ㈎
② ㈏
③ ㈐
④ ㈑
⑤ ㈒

✔ **해설** ㈐와 같이 거인의 자율성을 추구하는 경우는 조직문화의 고유 기능과 거리가 멀다고 보아야 한다.

 아래 제시된 두 개의 조직도에 해당하는 조직의 특성을 올바르게 설명하지 못한 것은 어느 것인가?

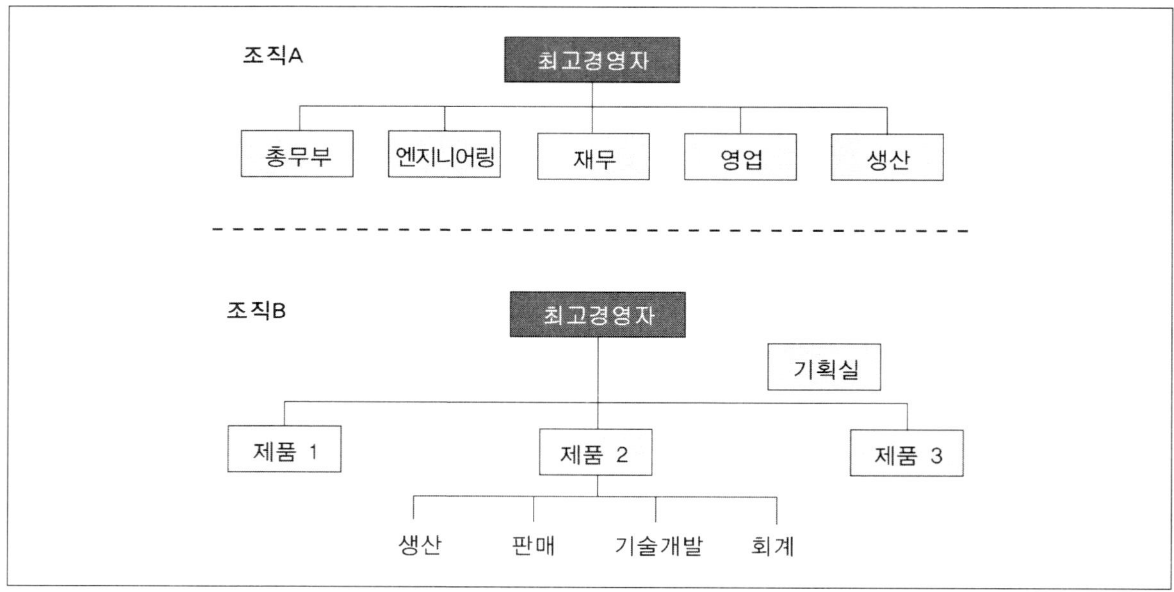

① 조직의 내부 효율성을 중요시하는 작은 규모 조직에서는 조직 A와 같은 조직도가 적합하다.

② 조직 A와 같은 조직도를 가진 조직은 결재 라인이 짧아 보다 신속한 의사결정이 가능하다.

③ 주요 프로젝트나 생산 제품 등에 의하여 구분되는 업무가 많은 조직에서는 조직 B와 같은 조직도가 적합하다.

④ 조직 B와 같은 조직도를 가진 조직은 내부 경쟁보다는 유사 조직 간의 협력과 단결된 업무 능력을 발휘하기에 더 적합하다.

⑤ 조직 A는 기능적 조직구조를 가진 조직이며, 조직 B는 사업별 조직구조를 가진 조직이다.

✔ 해설 조직 B와 같은 조직도를 가진 조직은 사업이나 제품별로 단위 조직화되는 경우가 많아 사업조직별 내부 경쟁을 통해 긍정적인 발전을 도모할 수 있다. 환경이 안정적이거나 일상적인 기술, 조직의 내부 효율성을 중요시하며 기업의 규모가 작을 때에는 업무의 내용이 유사하고 관련성이 있는 것들을 결합해서 조직 A와 같은 조직도를 갖게 된다. 반대로, 급변하는 환경변화에 효과적으로 대응하고 제품, 지역, 고객별 차이에 신속하게 적응하기 위해서는 분권화된 의사결정이 가능한 사업별 조직구조 형태를 이룰 필요가 있다. 사업별 조직구조는 개별 제품, 서비스, 제품그룹, 주요 프로젝트나 프로그램 등에 따라 조직화된다. 즉, 조직 B와 같이 제품에 따라 조직이 구성되고 각 사업별 구조 아래 생산, 판매, 회계 등의 역할이 이루어진다.

> 경북 포항시에 본사를 둔 대기환경관리 전문업체 (주)에어릭스는 직원들의 업무능력을 배양하고 유기적인 조직운영을 위해 '직무순환제'를 실시하고 있다. 에어릭스의 직무순환제는 대기환경설비의 생산, 정비, 설계, 영업 파트에 속한 직원들이 일정 기간 해당 업무를 익힌 후 다른 부서로 이동해 또 다른 업무를 직접 경험해볼 수 있도록 하는 제도이다. 직무순환제를 통해 젊은 직원들은 다양한 업무를 거치면서 개개인의 역량을 쌓을 수 있을 뿐 아니라 풍부한 현장 경험을 축적한다. 특히 대기환경설비 등 플랜트 사업은 설계, 구매·조달, 시공 등 모든 파트의 유기적인 운영이 중요하다. 에어릭스의 경우에도 현장에서 실시하는 환경진단과 설비 운영 및 정비 등의 경험을 쌓은 직원이 효율적으로 집진기를 설계하며 생생한 현장 노하우가 영업에서의 성과로 이어진다. 또한 직무순환제를 통해 다른 부서의 업무를 실질적으로 이해함으로써 각 부서 간 활발한 소통과 협업을 이루고 있다.

① 직무순환을 실시함으로써 구성원들의 노동에 대한 싫증 및 소외감을 더 많이 느끼게 될 것이다.

② 직무순환을 실시할 경우 구성원 자신이 조직의 구성원으로써 가치 있는 존재로 인식을 하게끔 하는 역할을 수행한다.

③ 구성원들을 승진시키기 전 단계에서 실시하는 하나의 단계적인 교육훈련방법으로 파악하기 어렵다.

④ 직무순환은 조직변동에 따른 부서 간의 과부족 인원의 조정 또는 사원 개개인의 사정에 의한 구제를 하지 않기 위함이다.

⑤ 직무순환은 장기적 관점보다는 단기적 관점에서 검토하여야 한다.

> **✔해설** 직무순환은 종업원들의 여러 업무에 대한 능력개발 및 단일직무로 인한 나태함을 줄이기 위한 것에 그 의미가 있으며, 여러 가지 다양한 업무를 경험함으로써 종업원에게도 어떠한 성장할 수 있는 기회를 제공한다. 따라서 인사와 교육의 측면에서 장기적 관점으로 검토해야 한다.

12 다음은 의료기기 영업부 신입사원 J씨가 H대리와 함께 일본 거래처 A기업의 "사토 쇼헤이" 부장에게 신제품을 알리기 위해 일본 출장에 가서 생긴 일이다. 다음 밑줄 친 행동 중 "사토 쇼헤이" 부장의 표정이 좋지 않았던 이유가 될 만한 것은?

> J씨는 출장 ① 2주 전에 메일로 사토 쇼헤이 부장에게 출장의 일시와 약속장소 등을 확인한 후 하루 일찍 일본으로 출발했다. 약속 당일 A기업의 사옥 프론트에 도착한 두 사람은 ② 소속과 이름을 밝히고 사토 쇼헤이 부장과 약속이 있다고 전했다. 안내된 회의실에서 사토 쇼헤이 부장을 만난 두 사람은 서로 명함을 교환한 후 ③ 신제품 카탈로그와 함께 선물로 준비한 한국의 김과 차를 전달하고 프레젠테이션을 시작했고, J씨는 H대리와 사토 상의 대화에서 중요한 부분들을 잊지 않기 위해 ④ 그 자리에서 명함 뒤에 작게 메모를 해두었다. 상담이 끝난 후 ⑤ 엘리베이터에서 사토 상이 먼저 탈 때까지 기다렸다가 탑승하였다. 사옥 입구에서 좋은 답변을 기다리겠노라고 인사하는데 어쩐지 사토 상의 표정이 좋지 않았다.

✔ **해설** 일본에서는 명함은 그 사람 그 자체, 얼굴이라는 인식이 있어 받은 명함은 정중히 취급해야 한다. 받자마자 주머니나 명함케이스에 넣으면 안 되며, 상담 중에는 책상 위 눈앞에 정중하게 두고, 상담 종료 후에 정중하게 명함케이스에 넣어야 한다. 또한 명함에 상대방 이름의 읽는 방법이나 미팅 날짜 등을 적고 싶은 경우에도 상담 후 방문 기업을 나온 뒤에 행하는 것이 좋다.

13 다음의 사례로 미루어 보아 C기업이 제공하는 서비스와 가장 관련성이 높은 사항을 고르면?

> 스마트폰으로 팔고 싶은 물품의 사진이나 동영상을 인터넷에 올려 당사자끼리 직접 거래할 수 있는 모바일 오픈 마켓 서비스가 등장했다.
>
> C기업은 수수료를 받지 않고 개인 간 물품거래를 제공하는 스마트폰 애플리케이션 '오늘 마켓'을 서비스한다고 14일 밝혔다.
>
> 기존 오픈 마켓은 개인이 물건을 팔려면 사진을 찍어 PC로 옮기고, 인터넷 카페나 쇼핑몰에 판매자 등록을 한 뒤 사진을 올리는 복잡한 과정을 거쳐야 했다. 오늘마켓은 판매자가 휴대전화로 사진이나 동영상을 찍어 앱으로 바로 등록할 수 있고 전화나 문자메시지, e메일, 트위터 등 연락 방법을 다양하게 설정할 수 있다. 구매자는 상품 등록시간이나 인기 순으로 상품을 검색할 수 있고 위치 기반 서비스(LBS)를 바탕으로 자신의 위치와 가까운 곳에 있는 판매자의 상품만 선택해 볼 수도 있다. 애플 스마트폰인 아이 폰용으로 우선 제공되며 안드로이드 스마트폰용은 상반기 안으로 서비스될 예정이다.

① 홈뱅킹, 방송, 여행 및 각종 예약 등에 활용되는 형태이다.

② 원재료 및 부품 등의 구매 및 판매, 전자문서교환을 통한 문서발주 등에 많이 활용되는 형태이다.

③ 정보의 제공, 정부문서의 발급, 홍보 등에 주로 활용되는 형태이다.

④ 소비자와 소비자 간 물건 등을 매매할 수 있는 형태이다.

⑤ 정부에서 필요로 하는 조달 물품을 구입할 시에 흔히 사용하는 입찰방식이다.

> ✔ **해설** C2C(Customer to Customer)는 인터넷을 통한 직거래 또는 물물교환, 경매 등에서 특히 많이 활용되는 전자상거래 방식이다. CJ 오쇼핑이 제공하는 서비스는 "수수료를 받지 않고 개인 간 물품거래를 제공하는 스마트폰 애플리케이션 '오늘 마켓'을 서비스 한다"는 구절을 보면 알 수 있다.

SWOT이란, 강점(Strength), 약점(Weakness), 기회(Opportunity), 위협(Threat)의 머리글자를 모아 만든 단어로 경영 전략을 수립하기 위한 도구이다. SWOT분석을 통해 도출된 조직의 외부/내부 환경 분석 결과를 통해 각각에 대응하는 전략을 도출하게 된다.

SO 전략이란 기회를 활용하면서 강점을 더욱 강화하는 공격적인 전략이고, WO 전략이란 외부환경의 기회를 활용하면서 자신의 약점을 보완하는 전략으로 이를 통해 기업이 처한 국면의 전환을 가능하게 할 수 있다. ST 전략은 외부환경의 위험요소를 회피하면서 강점을 활용하는 전략이며, WT 전략이란 외부환경의 위협요인을 회피하고 자사의 약점을 보완하는 전략으로 방어적 성격을 갖는다.

외부 \ 내부	강점(Strength)	약점(Weakness)
기회(Opportunity)	SO 전략(강점-기획 전략)	WO 전략(약점-기회 전략)
위협(Threat)	ST 전략(강점-위협 전략)	WT 전략(약점-위협 전략)

14 다음은 어느 패스트푸드 프랜차이즈 기업의 SWOT분석이다. 주어진 전략 중 가장 적절한 것은?

강점 (Strength)	• 성공적인 마케팅과 브랜드의 인지도 • 유명 음료 회사 A와의 제휴 • 종업원에 대한 전문적인 훈련
약점 (Weakness)	• 제품 개발력 • 다수의 프랜차이즈 영업점 관리의 미비
기회 (Opportunity)	• 아직 진출하지 않은 많은 해외 시장의 존재 • 증가하는 외식 시장
위협 (Threat)	• 건강에 민감한 소비자의 증가 • 다양한 경쟁자들의 위협

외부 \ 내부	강점(Strength)	약점(Weakness)
기회 (Opportunity)	① 주기적인 영업점 방문 및 점검으로 청결한 상태 유지	② 개발부서의 전문인 경력직원을 확충하여 차별화된 제품 개발
위협 (Threat)	③ 더욱 공격적인 마케팅으로 경쟁자들의 위협을 방어	④ A와의 제휴를 강조하여 소비자의 관심을 돌림 ⑤ 전문적인 종업원 인력을 활용하여 신제품 개발

✔ **해설** 이미 성공적인 마케팅으로 높인 인지도(강점)를 더욱 강화하여 다른 경쟁자들(위협)을 방어하는 것은 적절한 ST 전략이라고 할 수 있다.

15 다음은 어느 어린이 사진관의 SWOT 분석이다. 주어진 전략 중 가장 적절한 것은?

강점 (Strength)	• 경영자의 혁신적인 마인드 • 인근의 유명 산부인과 및 조리원의 증가로 좋은 입지 확보 • 차별화된 시설과 내부 인테리어
약점 (Weakness)	• 회원관리능력의 부족 • 내부 회계능력의 부족
기회 (Opportunity)	• 아이에 대한 관심과 투자의 증가 • 사진 시장 규모의 확대
위협 (Threat)	• 낮은 출산율 • 스스로 아이 사진을 찍는 수준 높은 아마추어들의 증가

내부 / 외부	강점(Strength)	약점(Weakness)
기회 (Opportunity)	① 좋은 인테리어를 활용하여 부모가 직접 사진을 찍을 수 있도록 공간을 대여해 줌	② 회원관리를 전담하는 상담직원을 채용하여 부모들의 투자를 유도 ③ 한부모 가족을 위한 차별화된 상품 구축
위협 (Threat)	④ 인근에 새로 생긴 산부인과와 조리원에 집중적으로 마케팅하여 소비자 확보	⑤ 저렴한 가격정책을 내세워 소비자 확보

✔해설 회원관리능력의 부족이라는 약점을 전담 상담직원 채용을 통해 보완하고 이를 통해 부모들의 높은 아이에 대한 관심과 투자를 유도하는 것은 적절한 WO 전략이라 할 수 있다.

16 다음 기사를 읽고 밑줄 친 부분에 관련한 설명으로 틀린 것은?

결국 밖에서 지켜보고 이야기를 듣는 것 자체만으로도 안타까움을 넘어서 짜증스럽기까지 했던 골 깊은 조직 갈등이 대형 사고를 쳤다. 청주시문화산업진흥재단의 안종철 사무총장과 이상현 비엔날레부장, 정규호 문화예술부장, 변광섭 문화산업부장, 유향걸 경영지원부장 등 4명의 집단사표, 지난 8일 지역사회에 충격을 안겨준 이번 사태는 출범 초기부터 안고 있던 정치적 행태와 <u>조직문화</u>의 병폐가 더 이상 갈 곳을 잃고 폭발하고만 것이라는 지적이다. 청주시문화재단은 선거캠프 보은인사, 지역 인사의 인척 등 복잡한 인적 구성으로 인해 조직 안의 세력이 갈리고 불신이 깊게 자리 잡다 보니 한 부서에서 일어나는 작은 일까지 굴절된 시각으로 확대 해석하는 일들이 빈번하게 발생하면서 구성원들의 사기저하와 불만이 팽배한 상태였다. 문화재단의 한 직원은 "그동안 지역의 문화예술발전을 위해 정부 공모사업 유치와 다양한 문화행사를 펼쳤지만, 업무 외에 접하는 서로 간의 불신과 음해가 많은 상처와 회의감을 줬다"며 "실제로 이런 조직문화에 지치고 염증을 느껴 재단을 떠난 사람들도 많고, 지금도 업무보다 사람에 시달리는 게 더 힘들다"고 토로했다. 이와 함께 이승훈 청주시장이 취임하면서 강조하고 있는 경제활성화를 초점에 둔 '문화예술의 산업화'가 이번 사태의 한 원인이 됐다는 지적도 있다. 전임 한범덕 시장은 '향유하는 문화'를 지향한 반면, 이승훈 현 시장은 '수익 창출 문화산업'에 방점을 찍고 있다. 임기만료를 앞두고 시행한 안 총장의 목표관리 평가와 최근 단행한 전 부서장의 순환인사도 연임을 염두에 두고 현 시장의 문화예술정책 기조를 받들기 위한 것임은 다 알고 있던 터였다. 이러한 안 총장의 행보는 50대 초반의 전문가가 2년만 일하고 떠나기는 개인적으로나 업무적으로나 아쉬움이 클 거라는 동조 의견과 의욕은 좋으나 포용력과 리더십이 부족하다는 양면적인 평가를 받아왔다. 안 총장은 그동안 청주국제공예비엔날레, 한·중·일 예술명인전 등 국제행사의 성공적 개최는 물론 2014년 지역문화브랜드 최우수상 수상, 2015년 동아시아 문화도시 선정 등 의욕적인 활동을 벌였으나 밀어붙이기식 업무 추진이 내부 직원들의 불만을 샀다. 안 총장은 그동안 시청의 고위직이 맡았던 기존의 관례를 깨고 전 한범덕 시장 시절 처음으로 외부 공모를 통해 임명된 인사다. 그렇기 때문에 안 총장 본인도 휴가를 반납하면서 까지 열정적으로 일하며 '첫 외부인사로서 새로운 신화'를 쓰고자 했으나, 결국 재단이 출범 초기부터 안고 있던 고질적 병폐에 백기를 들었다는 해석도 가능하다. 아무튼 재단을 진두지휘하는 수장과 실무 부서장들의 전원 사표라는 초유 사태는 시민들에게 큰 실망감을 안겨주고 있으며, 청주문화재단의 이미지를 대내외적으로 크게 실추시키고 있다. 이번 사태를 기점으로 정치색과 행정을 벗어나 좀 더 창의적으로 일할 수 있는 조직혁신과 업무에만 매진할 수 있는 인적 쇄신 등 대대적 수술이 필요하다. 청주국제공예비엔날레, 국립현대미술관 분원 유치, 2015 동아시아 문화도시 선정 등 그동안 재단이 이루어놓은 굵직한 사업이 차질 없이 추진되고, '문화로 행복한 청주'를 만드는 일에 전념할 수 있는 청주시문화재단으로 새롭게 만들어야 한다는 여론이다. 한 지역문화예술인은 "집단사표 소식을 전해 듣고 깜짝 놀랐다"며 "사무총장은 그렇다 치고 10여 년 세월을 고생하고 애써서 가꾼 문화재단의 명예를 성숙하지 못한 처신으로 이렇게 허물 수 있냐"고 반문하며 안타까워했다. 이어 "이번 사태는 공중에 떠 있는 문화재단의 현주소를 시인한 것이며 이 일을 거울삼아 대대적인 조직정비를 단행해 건강한 '통합청주시의 문화예술의 전초기지'로 거듭났으면 좋겠다"고 말했다.

① 조직구성원들의 고유 가치에도 동기부여를 함으로써 종업원들의 조직에 대한 근로의욕 및 조직에 대한 몰입도를 낮출 수 있는 역할을 수행한다.
② 하나의 조직 구성원들이 공유하는 가치와 신념 및 이념, 관습, 전통, 규범 등을 통합한 개념이다.
③ 조직문화의 기능은 그 역할이 강할수록, 기업 조직의 활동에 있어서 통일된 지각을 형성하게 해 줌으로써 조직 내 통제에 긍정적인 역할을 할 수가 있다.

④ 조직 구성원들에게 정보의 탐색 및 그에 따른 해석과 축적, 전달 등을 쉽게 할 수 있으므로, 그들 구성원들에게 공통의 의사결정기준을 제공해주는 역할을 한다.

⑤ 대부분의 조직이 '조직 전반'의 문화라는 것을 가지고 있더라도 그 안에는 다양한 하위 문화가 존재한다.

✔해설 조직구성원들의 고유 가치에도 동기부여를 함으로써 종업원들의 조직에 대한 근로의욕 및 조직에 대한 몰입도를 높일 수 있는 역할을 수행한다.

17 숙박업소 J사장은 미숙한 경영전략으로 주변 경쟁업소에 점점 뒤쳐지게 되어 매출은 곤두박질 쳤고 이에 따라 직원들은 더 이상 근무할 수 없게 되었다. 경영전략 차원에서 볼 때, J사장이 시도했어야 하는 차별화 전략으로 추천하기에 적절하지 않은 것은 어느 것인가?

① 경쟁업소들보다 가격을 낮춰 고객을 유치한다.

② 새로운 객실 인테리어를 통해 신선감을 갖춘다.

③ 주차장 이용 시 무료세차 및 워셔액 지급 등 추가 서비스를 제공한다.

④ 포인트 적립 카드 사용과 1회용품의 고급화를 시도한다.

⑤ 직원들의 복지를 위해 휴게 시설을 확충한다.

✔해설 차별화 전략은 조직이 생산품이나 서비스를 차별화하여 고객에게 가치가 있고 독특하 게 인식되도록 하는 전략이다. 차별화 전략을 활용하기 위해서는 연구개발이나 광고를 통하 여 기술, 품질, 서비스, 브랜드 이미지를 개선할 필요가 있다. 직원들의 복지를 위해 휴게시 설을 확충하는 것은 넓은 의미에서 고객에 대한 서비스 질의 향상을 도모하는 방안일 수 있으나 차별화된 가치를 서비스하는 일과 직접적인 연관이 있다고 볼 수는 없다.

18 다음 중 조직목표의 기능이 아닌 것은?

① 조직이 존재하는 정당성과 합법성 제공 ② 조직이 나아갈 방향 제시

③ 조직구성원 의사결정의 기준 ④ 조직구성원 행동 억제

⑤ 조직구성원 행동수행의 동기유발

✔해설 조직목표의 기능
• 조직이 존재하는 정당성과 합법성 제공
• 조직이 나아갈 방향 제시
• 조직구성원 의사결정의 기준
• 조직구성원 행동수행의 동기유발
• 수행평가 기준
• 조직설계의 기준

19 다음의 내용을 보고 밑줄 친 부분에 대한 특성으로 옳지 않은 것은?

> L기업은 14일 서울 양평동 본사에서 한국투명성기구와 '윤리경영 세미나'를 개최했다고 15일 밝혔다. L기업은 지난 8월 국내 민간기업 최초로 한국투명성기구와 '청렴경영 협약'을 맺고 L기업의 반부패 청렴 시스템 구축, 청렴도 향상·윤리경영 문화 정착을 위한 교육, 경영 투명성과 윤리성 확보를 위한 활동 등을 함께 추진하기도 했다.
>
> 이번 '윤리강령 세미나'에서는 고려대학교 경영학과 교수가 '윤리경영의 원칙과 필요성'을, 한국투명성기구 상임정책위원이 '사례를 통해 본 윤리경영의 방향'을 주제로 강의를 진행했다. 고려대학교 경영학과 교수는 <u>윤리경영</u>을 통해 혁신이 이뤄지고 기업의 재무성과가 높아진 실제 연구사례를 들며 윤리경영의 필요성에 대해 강조했으며, "L기업이 잘못된 관행을 타파하고 올바르게 사업을 진행해 나가 윤리적으로 모범이 되는 기업으로 거듭나길 바란다"고 말했다. 또 한국투명성기구 상임정책위원은 윤리적인 기업으로 꼽히는 'J기업'과 'U기업'의 경영 사례를 자세히 설명하고 "윤리경영을 위해 기업의 운영과정을 투명하게 공개하는 것이 중요하다"고 강조했다. 강연을 마친 후에는 개인 비리를 막을 수 있는 조직의 대응방안 등 윤리적인 기업으로 거듭나는 방법에 대한 질의응답이 이어졌다. L기업 CSR동반성장위원장은 "투명하고 공정한 기업으로 거듭나기 위한 방법에 대해 늘 고민하고 있다"며, "강연을 통해 얻은 내용들을 내부적으로 잘 반영해 진정성 있는 변화의 모습을 보여 드리겠다"고 말했다.

① 윤리경영은 경영상의 관리지침이다.
② 윤리경영은 경영활동의 규범을 제시해준다.
③ 윤리경영은 응용윤리이다.
④ 윤리경영은 경영의사결정의 도덕적 가치기준이다.
⑤ 윤리경영은 투명하고 공정하며 합리적인 업무 수행을 추구한다.

✔ 해설 윤리경영의 특징
    ㉠ 윤리경영은 경영활동의 옳고 그름에 대한 판단 기준이다.
    ㉡ 윤리경영은 경영활동의 규범을 제시해준다.
    ㉢ 윤리경영은 경영의사결정의 도덕적 가치기준이다.
    ㉣ 윤리경영은 응용윤리이다.

20 민츠버그는 경영자의 역할을 대인적, 정보적, 의사결정적 역할으로 구분하였다. 다음에 주어진 경영자의 역할을 올바르게 묶은 것은?

㉠ 조직의 대표자	㉡ 변화전달
㉢ 정보전달자	㉣ 조직의 리더
㉤ 문제 조정	㉥ 외부환경 모니터
㉦ 대외적 협상 주도	㉧ 상징자, 지도자
㉨ 분쟁조정자, 자원배분자	㉩ 협상가

	대인적 역할	정보적 역할	의사결정적 역할
①	㉠㉢㉥	㉡㉣㉦㉧	㉤㉨㉩
②	㉡㉤㉧	㉠㉢㉨	㉣㉥㉦㉩
③	㉠㉢㉣㉧	㉡㉥㉦	㉤㉨㉩
④	㉠㉣㉧	㉡㉢㉥	㉤㉦㉨㉩
⑤	㉡㉤㉧	㉠㉢㉣	㉥㉦㉨㉩

✔ **해설** 민츠버그의 경영자 역할

㉠ 대인적 역할 : 상징자 혹은 지도자로서 대외적으로 조직을 대표하고 대내적으로 조직을 이끄는 리더로서의 역할

㉡ 정보적 역할 : 조직을 둘러싼 외부 환경의 변화를 모니터링하고, 이를 조직에 전달하는 정보전달자로서의 역할

㉢ 의사결정적 역할 : 조직 내 문제를 해결하고 대외적 협상을 주도하는 협상가, 분쟁조정자, 자원배분자로서의 역할

1 정보화사회와 정보능력

(1) 정보와 정보화사회

① 자료 · 정보 · 지식

구분	특징
자료(Data)	객관적 실제의 반영이며, 그것을 전달할 수 있도록 기호화한 것
정보(Information)	자료를 특정한 목적과 문제해결에 도움이 되도록 가공한 것
지식(Knowledge)	정보를 집적하고 체계화하여 장래의 일반적인 사항에 대비해 보편성을 갖도록 한 것

② 정보화사회 : 필요로 하는 정보가 사회의 중심이 되는 사회

(2) 업무수행과 정보능력

① 컴퓨터의 활용 분야
   ㉠ 기업 경영 분야에서의 활용 : 판매, 회계, 재무, 인사 및 조직관리, 금융 업무 등
   ㉡ 행정 분야에서의 활용 : 민원처리, 각종 행정 통계 등
   ㉢ 산업 분야에서의 활용 : 공장 자동화, 산업용 로봇, 판매시점관리시스템(POS) 등
   ㉣ 기타 분야에서의 활용 : 교육, 연구소, 출판, 가정, 도서관, 예술 분야 등

② 정보처리과정
   ㉠ 정보 활용 절차 : 기획 → 수집 → 관리 → 활용
   ㉡ 5W2H : 정보 활용의 전략적 기획
   • WHAT(무엇을?) : 정보의 입수대상을 명확히 한다.
   • WHERE(어디에서?) : 정보의 소스(정보원)를 파악한다.
   • WHEN(언제까지) : 정보의 요구(수집)시점을 고려한다.
   • WHY(왜?) : 정보의 필요목적을 염두에 둔다.
   • WHO(누가?) : 정보활동의 주체를 확정한다.
   • HOW(어떻게) : 정보의 수집방법을 검토한다.

• HOW MUCH(얼마나?) : 정보수집의 비용성(효용성)을 중시한다.

5W2H는 정보를 전략적으로 수집·활용할 때 주로 사용하는 방법이다. 5W2H에 대한 설명으로 옳지 않은 것은?

① WHAT : 정보의 수집방법을 검토한다.
② WHERE : 정보의 소스(정보원)를 파악한다.
③ WHEN : 정보의 요구(수집)시점을 고려한다.
④ HOW : 정보의 수집방법을 검토한다.

출제의도

방대한 정보들 중 꼭 필요한 정보와 수집 방법 등을 전략적으로 기획하고 정보수집이 이루어 질 때 효과적인 정보 수집이 가능해진다. 5W2H는 이러한 전략적 정보 활용 기획의 방법으로 그 개념을 이해하고 있는지를 묻는 질문이다.

해 설

5W2H의 'WHAT'은 정보의 입수대상을 명확히 하는 것이다. 정보의 수집방법을 검토하는 것은 HOW(어떻게)에 해당되는 내용이다.

답 ①

---

(3) 사이버공간에서 지켜야 할 예절

① 인터넷의 역기능
　　㉠ 불건전 정보의 유통
　　㉡ 개인 정보 유출
　　㉢ 사이버 성폭력
　　㉣ 사이버 언어폭력
　　㉤ 언어 훼손
　　㉥ 인터넷 중독
　　㉦ 불건전한 교제
　　㉧ 저작권 침해

② 네티켓(netiquette) : 네트워크(network) + 에티켓(etiquette)

(4) 정보의 유출에 따른 피해사례

① 개인정보의 종류

    ㉠ **일반 정보** : 이름, 주민등록번호, 운전면허정보, 주소, 전화번호, 생년월일, 출생지, 본적지, 성별, 국적 등

    ㉡ **가족 정보** : 가족의 이름, 직업, 생년월일, 주민등록번호, 출생지 등

    ㉢ **교육 및 훈련 정보** : 최종학력, 성적, 기술자격증/전문면허증, 이수훈련 프로그램, 서클 활동, 상벌사항, 성격/행태보고 등

    ㉣ **병역 정보** : 군번 및 계급, 제대유형, 주특기, 근무부대 등

    ㉤ **부동산 및 동산 정보** : 소유주택 및 토지, 자동차, 저축현황, 현금카드, 주식 및 채권, 수집품, 고가의 예술품 등

    ㉥ **소득 정보** : 연봉, 소득의 원천, 소득세 지불 현황 등

    ㉦ **기타 수익 정보** : 보험가입현황, 수익자, 회사의 판공비 등

    ㉧ **신용 정보** : 대부상황, 저당, 신용카드, 담보설정 여부 등

    ㉨ **고용 정보** : 고용주, 회사주소, 상관의 이름, 직무수행 평가 기록, 훈련기록, 상벌기록 등

    ㉩ **법적 정보** : 전과기록, 구속기록, 이혼기록 등

    ㉪ **의료 정보** : 가족병력기록, 과거 의료기록, 신체장애, 혈액형 등

    ㉫ **조직 정보** : 노조가입, 정당가입, 클럽회원, 종교단체 활동 등

    ㉬ **습관 및 취미 정보** : 흡연/음주량, 여가활동, 도박성향, 비디오 대여기록 등

② 개인정보 유출방지 방법

    ㉠ 회원 가입 시 이용 약관을 읽는다.

    ㉡ 이용 목적에 부합하는 정보를 요구하는지 확인한다.

    ㉢ 비밀번호는 정기적으로 교체한다.

    ㉣ 정체불명의 사이트는 멀리한다.

    ㉤ 가입 해지 시 정보 파기 여부를 확인한다.

    ㉥ 남들이 쉽게 유추할 수 있는 비밀번호는 자제한다.

 ## 정보능력을 구성하는 하위능력

(1) 컴퓨터활용능력

① 인터넷 서비스 활용

   ㉠ 전자우편(E-mail) 서비스 : 정보 통신망을 이용하여 다른 사용자들과 편지나 여러 정보를 주고받는 통신 방법

   ㉡ 인터넷 디스크/웹 하드 : 웹 서버에 대용량의 저장 기능을 갖추고 사용자가 개인용 컴퓨터의 하드디스크와 같은 기능을 인터넷을 통하여 이용할 수 있게 하는 서비스

   ㉢ 메신저 : 인터넷에서 실시간으로 메시지와 데이터를 주고받을 수 있는 소프트웨어

   ㉣ 전자상거래 : 인터넷을 통해 상품을 사고팔거나 재화나 용역을 거래하는 사이버 비즈니스

② 정보검색 : 여러 곳에 분산되어 있는 수많은 정보 중에서 특정 목적에 적합한 정보만을 신속하고 정확하게 찾아내어 수집, 분류, 축적하는 과정

   ㉠ 검색엔진의 유형

     • 키워드 검색 방식 : 찾고자 하는 정보와 관련된 핵심적인 언어인 키워드를 직접 입력하여 이를 검색 엔진에 보내어 검색 엔진이 키워드와 관련된 정보를 찾는 방식

     • 주제별 검색 방식 : 인터넷상에 존재하는 웹 문서들을 주제별, 계층별로 정리하여 데이터베이스를 구축한 후 이용하는 방식

     • 통합형 검색방식 : 사용자가 입력하는 검색어들이 연계된 다른 검색 엔진에게 보내고 이를 통하여 언어진 검색 결과를 사용자에게 보여주는 방식

   ㉡ 정보 검색 연산자

기호	연산자	검색조건
*, &	AND	두 단어가 모두 포함된 문서를 검색
|	OR	두 단어가 모두 포함되거나 두 단어 중에서 하나만 포함된 문서를 검색
-, !	NOT	'-' 기호나 '!' 기호 다음에 오는 단어는 포함하지 않는 문서를 검색
~, near	인접검색	앞/뒤의 단어가 가깝게 있는 문서를 검색

③ 소프트웨어의 활용

   ㉠ 워드프로세서

     • 특징 : 문서의 내용을 화면으로 확인하면서 쉽게 수정 가능, 문서 작성 후 인쇄 및 저장 가능, 글이나 그림의 입력 및 편집 가능

     • 기능 : 입력기능, 표시기능, 저장기능, 편집기능, 인쇄기능 등

ⓛ 스프레드시트

- 특징 : 쉽게 계산 수행, 계산 결과를 차트로 표시, 문서를 작성하고 편집 가능
- 기능 : 계산, 수식, 차트, 저장, 편집, 인쇄기능 등

예제 2

귀하는 커피 전문점을 운영하고 있다. 아래와 같이 엑셀 워크시트로 4개 지점의 원두 구매 수량과 단가를 이용하여 금액을 산출하고 있다. 귀하가 다음 중 D3셀에서 사용하고 있는 함수식으로 옳은 것은? (단, 금액 = 수량 × 단가)

	A	B	C	D	E
1	지점	원두	수량(100g)	금액	
2	A	케냐	15	150000	
3	B	콜롬비아	25	175000	
4	C	케냐	30	300000	
5	D	브라질	35	210000	
6					
7		원두	100g당 단가		
8		케냐	10.000		
9		콜롬비아	7.000		
10		브라질	6.000		
11					

① =C3*VLOOKUP(B3, $B$8:$C$10, 1, 1)

② =B3*HLOOKUP(C3, $B$8:$C$10, 2, 0)

③ =C3*VLOOKUP(B3, $B$8:$C$10, 2, 0)

④ =C3*HLOOKUP($B$8:$C$10, 2, B3)

ⓒ 프레젠테이션

- 특징 : 각종 정보를 사용자 또는 대상자에게 쉽게 전달
- 기능 : 저장, 편집, 인쇄, 슬라이드 쇼 기능 등

ⓓ 유틸리티 프로그램 : 파일 압축 유틸리티, 바이러스 백신 프로그램

④ 데이터베이스의 필요성

ⓐ 데이터의 중복을 줄인다.

ⓑ 데이터의 무결성을 높인다.

ⓒ 검색을 쉽게 해준다.

ⓓ 데이터의 안정성을 높인다.

ⓔ 개발기간을 단축한다.

(2) 정보처리능력

① 정보원 : 1차 자료는 원래의 연구성과가 기록된 자료이며, 2차 자료는 1차 자료를 효과적으로 찾아보기 위한 자료 또는 1차 자료에 포함되어 있는 정보를 압축·정리한 형태로 제공하는 자료이다.
   ㉠ 1차 자료 : 단행본, 학술지와 논문, 학술회의자료, 연구보고서, 학위논문, 특허정보, 표준 및 규격자료, 레터, 출판 전 배포자료, 신문, 잡지, 웹 정보자원 등
   ㉡ 2차 자료 : 사전, 백과사전, 편람, 연감, 서지데이터베이스 등

② 정보분석 및 가공
   ㉠ 정보분석의 절차 : 분석과제의 발생 → 과제(요구)의 분석 → 조사항목의 선정 → 관련정보의 수집(기존자료 조사/신규자료 조사) → 수집정보의 분류 → 항목별 분석 → 종합·결론 → 활용·정리
   ㉡ 가공 : 서열화 및 구조화

③ 정보관리
   ㉠ 목록을 이용한 정보관리
   ㉡ 색인을 이용한 정보관리
   ㉢ 분류를 이용한 정보관리

예제 3

인사팀에서 근무하는 J씨는 회사가 성장함에 따라 직원 수가 급증하기 시작하면서 직원들의 정보관리 방법을 모색하던 중 다음과 같은 A사의 직원 정보관리 방법을 보게 되었다. J씨는 A사가 하고 있는 이 방법을 회사에도 도입하고자 한다. 이 방법은 무엇인가?

> A사의 인사부서에 근무하는 H씨는 직원들의 개인정보를 관리하는 업무를 담당하고 있다. A사에서 근무하는 직원은 수천 명에 달하기 때문에 H씨는 주요 키워드나 주제어를 가지고 직원들의 정보를 구분하여 관리하여, 찾을 때도 쉽고 내용을 수정할 때도 이전보다 훨씬 간편할 수 있도록 했다.

① 목록을 활용한 정보관리
② 색인을 활용한 정보관리
③ 분류를 활용한 정보관리
④ 1:1 매칭을 활용한 정보관리

출제의도

본 문항은 정보관리 방법의 개념을 이해하고 있는가를 묻는 문제이다.

해 설

주어진 자료의 A사에서 사용하는 정보관리는 주요 키워드나 주제어를 가지고 정보를 관리하는 방식인 색인을 활용한 정보관리이다. 디지털 파일에 색인을 저장할 경우 추가, 삭제, 변경 등이 쉽다는 점에서 정보관리에 효율적이다.

답 ②

출제예상문제

1 기억장치 배치전략이란 프로그램을 주기억장치 내의 어디에 위치시킬 것인가를 결정하는 전략을 의미한다. 아래와 같은 메모리 영역이 주어져 있다. 이 때 주기억장치 관리 기법에서 worst-fit을 사용할 경우에 10K 의 프로그램이 할당받게 되는 영역의 번호를 고르면? (단, 모든 영역은 현재 공백 상태라고 가정한다.)

영역 1	9K
2	15K
3	10K
4	30K

① 영역 1　　　　　　　　　　② 영역 2
③ 영역 3　　　　　　　　　　④ 영역 4
⑤ 정답 없음

> **해설** worst-fit은 할당되지 않은 공간 중 가장 큰 공간을 선택해서 프로세스가 적재되는 것을 의미한다. 다시 말해 모든 공간 중에서 수용 가능한 가장 큰 곳을 선택하는 방식을 말한다. 남은 공간이 큼직큼직하며, 1순위에 할당하므로 선택이 빠르다는 이점이 있는 반면에 기억공간의 정렬이 필요하고 더불어서 공간의 낭비가 발생 하게 되는 문제점이 존재한다.

2 엑셀 사용 시 발견할 수 있는 다음과 같은 오류 메시지 중 설명이 올바르지 않은 것은 어느 것인가?

① #DIV/0! – 수식에서 어떤 값을 0으로 나누었을 때 표시되는 오류 메시지
② #N/A – 함수나 수식에 사용할 수 없는 데이터를 사용했을 경우 발생하는 오류 메시지
③ #NULL! – 잘못된 인수나 피연산자를 사용했을 경우 발생하는 오류 메시지
④ #NUM! – 수식이나 함수에 잘못된 숫자 값이 포함되어 있을 경우 발생하는 오류 메시지
⑤ #REF! – 셀 참조가 유효하지 않을 경우 발생하는 오류 메시지

> **해설** '#NULL!' 은 교차하지 않은 두 영역의 교차점을 참조 영역으로 지정하였을 경우 발생하는 오류 메시지이며, 잘못된 인수나 피연산자를 사용했을 경우 발생하는 오류 메시지는 #VALUE! 이다.

3 다음 ㉠~㉢의 설명에 맞는 용어가 순서대로 올바르게 짝지어진 것은 어느 것인가?

> ㉠ 유통분야에서 일반적으로 물품관리를 위해 사용된 바코드를 대체할 차세대 인식기술로 꼽히며, 판독 및 해독 기능을 하는 판독기(reader)와 정보를 제공하는 태그(tag)로 구성된다.
>
> ㉡ 컴퓨터 관련 기술이 생활 구석구석에 스며들어 있음을 뜻하는 '퍼베이시브 컴퓨팅(pervasive computing)'과 같은 개념이다.
>
> ㉢ 메신저 애플리케이션의 통화 기능 또는 별도의 데이터 통화 애플리케이션을 설치하면 통신사의 이동통신망이 아니더라도 와이파이(Wi-Fi)를 통해 단말기로 데이터 음성통화를 할 수 있으며, 이동통신망의 음성을 쓰지 않기 때문에 국외 통화 시 비용을 절감할 수 있다는 장점이 있다.

① RFID, 유비쿼터스, VoIP
② POS, 유비쿼터스, RFID
③ RFID, POS, 핫스팟
④ POS, VoIP, 핫스팟
⑤ RFID, VoIP, POS

> **해설** • RFID : IC칩과 무선을 통해 식품·동물·사물 등 다양한 개체의 정보를 관리할 수 있는 인식 기술을 지칭한다. '전자태그' 혹은 '스마트 태그', '전자 라벨', '무선식별' 등으로 불린다. 이를 기업의 제품에 활용할 경우 생산에서 판매에 이르는 전 과정의 정보를 초소형 칩(IC칩)에 내장시켜 이를 무선주파수로 추적할 수 있다.
> • 유비쿼터스 : 유비쿼터스는 '언제 어디에나 존재한다.'는 뜻의 라틴어로, 사용자가 컴퓨터나 네트워크를 의식하지 않고 장소에 상관없이 자유롭게 네트워크에 접속할 수 있는 환경을 말한다.
> • VoIP : VoIP(Voice over Internet Protocol)는 IP 주소를 사용하는 네트워크를 통해 음성을 디지털 패킷(데이터 전송의 최소 단위)으로 변환하고 전송하는 기술이다. 다른 말로 인터넷전화라고 부르며, 'IP 텔레포니' 혹은 '인터넷 텔레포니'라고도 한다.

4 S회사에서 근무하고 있는 김 대리는 최근 업무 때문에 HTML을 배우고 있다. 아직 초보라서 신입사원 H씨로부터 도움을 많이 받고 있지만, H씨가 자리를 비운 사이 김 대리가 HTML에서 사용할 수 있는 tag를 써보았다. 잘못된 것은 무엇인가?

① 김 대리는 줄을 바꾸기 위해
를 사용하였다.
② 김 대리는 글자의 크기, 모양, 색상을 설정하기 위해 <font>를 사용하였다.
③ 김 대리는 표를 만들기 위해 <table>을 사용하였다.
④ 김 대리는 이미지를 삽입하기 위해 <form>을 사용하였다.
⑤ 김 대리는 연락처 정보를 넣기 위해 <address>를 사용하였다.

> **해설** HTML에서 이미지를 삽입하기 위해서는 <img> 태그를 사용한다.

5 다음의 알고리즘에서 인쇄되는 A는?

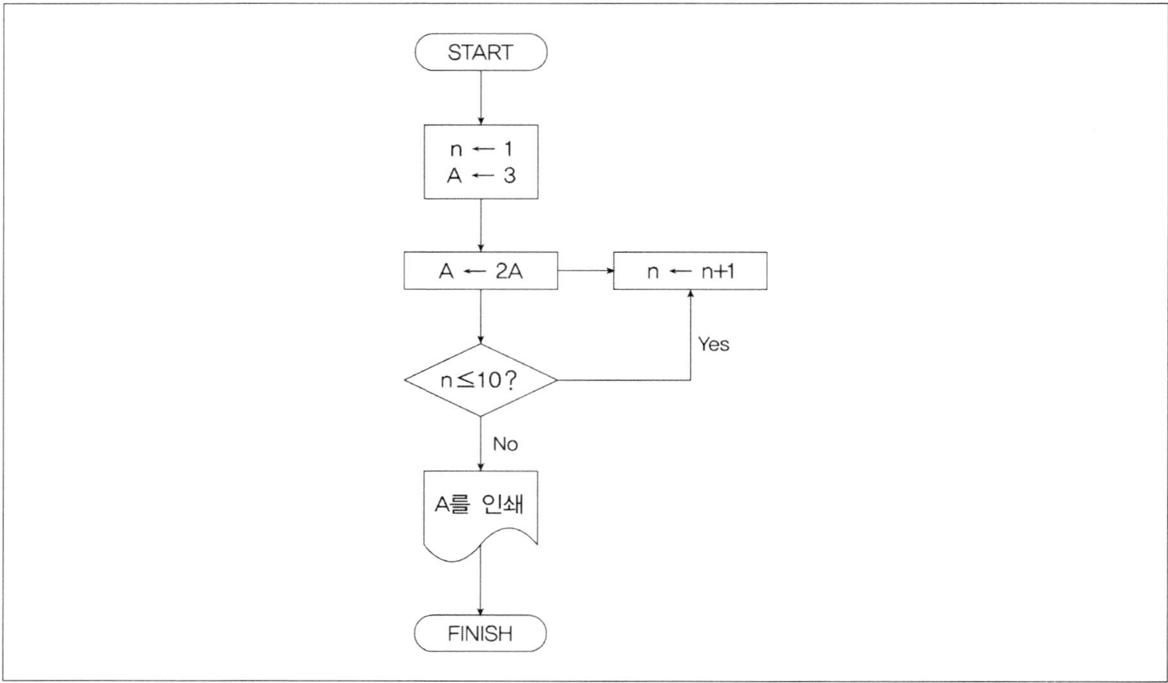

① $2^8 \cdot 3$

② $2^9 \cdot 3$

③ $2^{10} \cdot 3$

④ $2^{11} \cdot 3$

⑤ $2^{12} \cdot 3$

✔ 해설 $n=1$, $A=3$

$n=1$, $A=2 \cdot 3$

$n=2$, $A=2^2 \cdot 3$

$n=3$, $A=2^3 \cdot 3$

…

$n=11$, $A=2^{11} \cdot 3$

∴ 출력되는 A의 값은 $2^{11} \cdot 3$이다.

6 다음 그림에서 A6 셀에 수식 '=$A$1+$A2'를 입력한 후 다시 A6 셀을 복사하여 C6와 C8에 각각 붙여넣기를 하였을 경우, (A)와 (B)에 나타나게 되는 숫자의 합은 얼마인가?

	A	B	C	D
1	7	2	8	
2	3	3	8	
3	1	5	7	
4	2	5	2	
5				
6			(A)	
7				
8			(B)	
9				

① 10   ② 12

③ 14   ④ 16

⑤ 19

> ✔ **해설** '$'는 다음에 오는 셀 기호를 고정값으로 묶어 두는 기능을 하게 된다. A6 셀을 복사하여 C6 셀에 붙이게 되면, 'A'셀이 고정값으로 묶여 있어 (A)에는 A6 셀과 같은 '$A$1+$A2'의 값 10이 입력된다. (B)에는 '$'로 묶여 있지 않은 2행의 값 대신에 4행의 값이 대응될 것이다. 따라서 '$A$1+$A4'의 값인 9가 입력된다. 따라서 (A)와 (B)의 합은 19가 된다.

7 다음 설명에 해당하는 엑셀 기능은?

> 입력한 데이터 정보를 기반으로 하여 데이터를 미니 그래프 형태의 시각적 표시로 나타내 주는 기능

① 클립아트   ② 스파크라인

③ 하이퍼링크   ④ 워드아트

⑤ 필터

> ✔ **해설** 제시된 내용은 엑셀에서 제공하는 스파크라인 기능에 대한 설명이다.

8 다음에서 설명하고 있는 문자 자료 표현은 무엇인가?

> • BCD코드의 확장코드이다.
> • 8비트로 28(256)가지의 문자표현이 가능하다.(zone : 4bit, digit : 4bit)
> • 주로 대형 컴퓨터에서 사용되는 범용코드이다.
> • 바이트 단위 코드의 기본으로 하나의 문자를 표현한다.

① BCD 코드　　　　　　　　　　② ASCII 코드

③ 가중치 코드　　　　　　　　　④ EBCDIC 코드

⑤ 오류검출 코드

> **✔해설** ① 기본코드로 6비트를 사용하고 6비트로 26(64)가지의 문자표현이 가능하다.
> ② BCD코드와 EBCDIC코드의 중간 형태로 미국표준협회(ISO)가 제안한 코드이다.
> ③ 비트의 위치에 따라 고유한 값을 갖는 코드이다.
> ⑤ 데이터의 오류발생 유무를 검사하기 위한 코드

9 다음 중 아래 시트에서 야근일수를 구하기 위해 [B9] 셀에 입력할 함수로 옳은 것은?

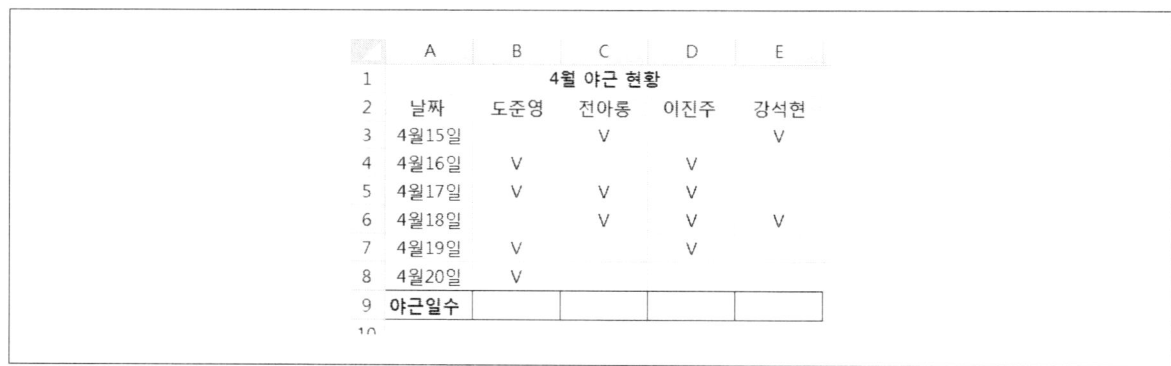

	A	B	C	D	E
1			**4월 야근 현황**		
2	날짜	도준영	전아롱	이진주	강석현
3	4월15일		V		V
4	4월16일	V		V	
5	4월17일	V	V	V	
6	4월18일		V	V	V
7	4월19일	V		V	
8	4월20일	V			
9	**야근일수**				
10					

① =COUNTBLANK(B3:B8)　　　　② =COUNT(B3:B8)

③ =COUNTA(B3:B8)　　　　　　④ =SUM(B3:B8)

⑤ =SUMIF(B3:B8)

> **✔해설** COUNTBLANK 함수는 비어있는 셀의 개수를 세어준다. COUNT 함수는 숫자가 입력된 셀의 개수를 세어주는 반면 COUNTA 함수는 숫자는 물론 문자가 입력된 셀의 개수를 세어준다. 즉, 비어있지 않은 셀의 개수를 세어주기 때문에 이 문제에서는 COUNTA 함수를 사용해야 한다.

10 다음 워크시트에서 영업2부의 보험실적 합계를 구하고자 할 때, [G2] 셀에 입력할 수식으로 옳은 것은?

	A	B	C	D	E	F	G
1	성명	부서	성별	보험실적		부서	보험실적 합계
2	윤진주	영업1부	여	13		영업2부	
3	임성민	영업2부	남	12			
4	김옥순	영업1부	여	15			
5	김은지	영업3부	여	20			
6	최준오	영업2부	남	8			
7	윤한성	영업3부	남	9			
8	하은영	영업2부	여	11			
9	남영호	영업1부	남	17			

① =DSUM(A1:D9,3,F1:F2)

② =DSUM(A1:D9,"보험실적",F1:F2)

③ =DSUM(A1:D9,"보험실적",F1:F3)

④ =SUM(A1:D9,"보험실적",F1:F2)

⑤ =SUM(A1:D9,4,F1:F2)

✔ **해설** DSUM(데이터베이스, 필드, 조건 범위) 함수는 조건에 부합하는 데이터를 합하는 수식이다. 데이터베이스는 전체 범위를 설정하며, 필드는 보험실적 합계를 구하는 것이므로 "보험실적"으로 입력하거나 열 번호 4를 써야 한다. 조건 범위는 영업2부에 한정하므로 F1:F2를 써준다.

11 다음 중 엑셀에서 새 시트를 열고자 할 때 사용하는 단축키는?

① 〈Shift〉+〈F11〉 ② 〈Ctrl〉+〈W〉

③ 〈Ctrl〉+〈F4〉 ④ 〈Ctrl〉+〈N〉

⑤ 〈Ctrl〉+〈P〉

✔ **해설** ②③ 현재 통합문서를 닫는 기능이다.
④ 새 통합문서를 만드는 기능이다.
⑤ 작성한 문서를 인쇄하는 기능이다.

Answer 8.④ 9.③ 10.② 11.①

12 다음 워크시트에서처럼 주민등록번호가 입력되어 있을 때, 이 셀의 값을 이용하여 [C1] 셀에 성별을 '남' 또는 '여'로 표시하고자 한다. [C1] 셀에 입력해야 하는 수식은? (단, 주민등록번호의 8번째 글자가 1이면 남자, 2이면 여자이다)

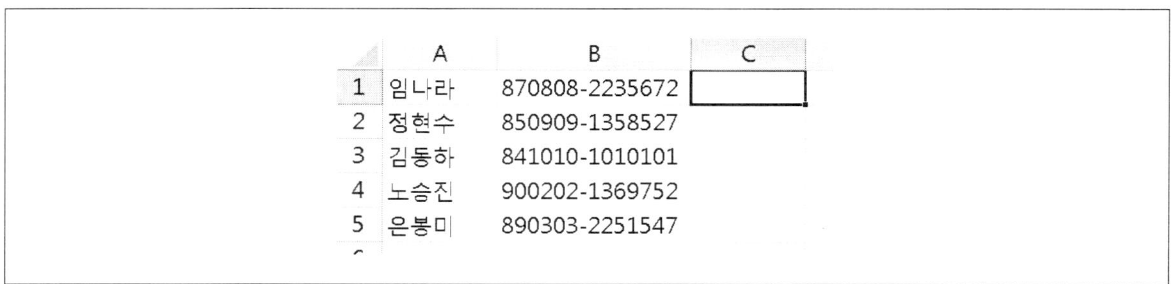

① =CHOOSE(MID(B1,8,1), "여", "남")

② =CHOOSE(MID(B1,8,2), "남", "여")

③ =CHOOSE(MID(B1,8,1), "남", "여")

④ =IF(RIGHT(B1,8)="1", "남", "여")

⑤ =IF(RIGHT(B1,8)="2", "남", "여")

> **✔ 해설** MID(text, start_num, num_chars)는 텍스트에서 원하는 문자를 추출하는 함수이다. 주민등록번호가 입력된 [B1] 셀에서 8번째부터 1개의 문자를 추출하여 1이면 남자, 2면 여자라고 하였으므로 답이 ③이 된다.

13 다음 중 컴퓨터의 기능에 관한 설명으로 옳지 않은 것은?

① 제어기능 : 주기억장치에 저장되어 있는 명령을 해독하여 필요한 장치에 신호를 보내어 자료처리가 이루어지도록 하는 기능이다.

② 기억기능 : 처리대상으로 입력된 자료와 처리결과로 출력된 정보를 기억하는 기능이다.

③ 연산기능 : 주기억장치에 저장되어 있는 자료들에 대하여 산술 및 논리연산을 행하는 기능이다.

④ 입력기능 : 자료를 처리하기 위해서 필요한 논리연산을 행하는 기능이다.

⑤ 출력기능 : 정보를 활용할 수 있도록 나타내 주는 기능이다.

> **✔ 해설** 입력기능 : 자료를 처리하기 위해서 필요한 자료를 받아들이는 기능이다.

14 다음은 H회사의 승진후보들의 1차 고과 점수 및 승진시험 점수이다. "생산부 사원"의 승진시험 점수의 평균을 알기 위해 사용해야 하는 함수는 무엇인가?

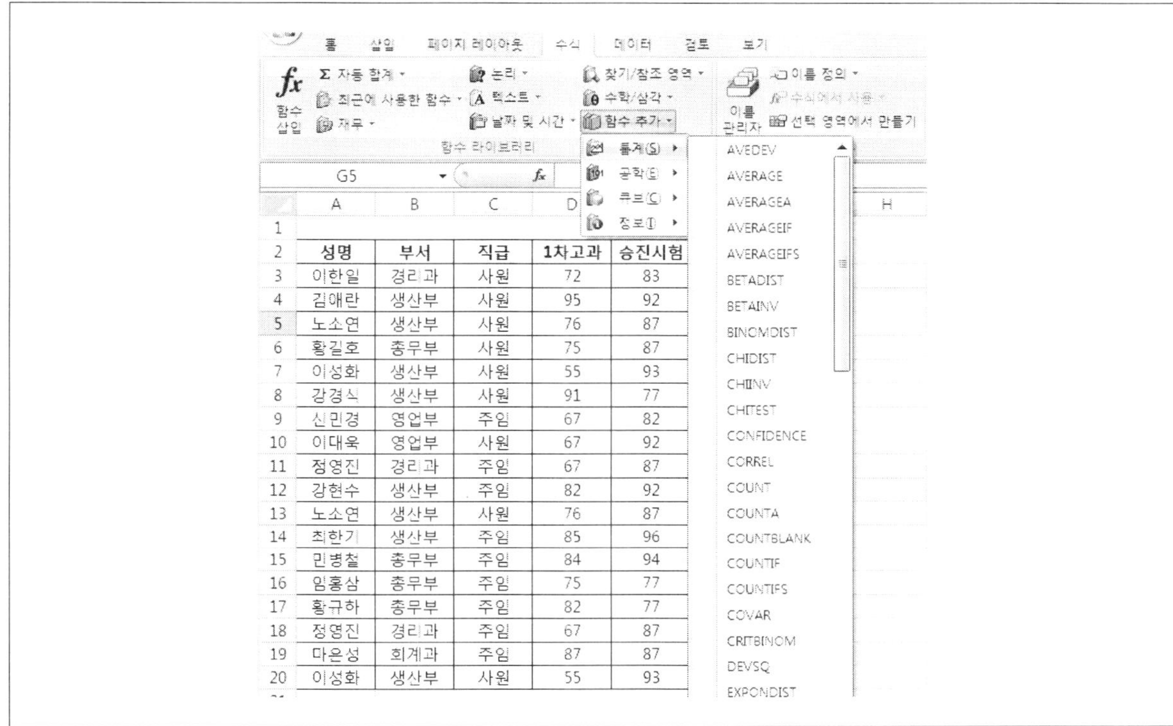

① AVERAGE   ② AVERAGEA

③ AVERAGEIF   ④ AVERAGEIFS

⑤ COUNTIF

> ✔해설 구하고자 하는 값은 "생산부 사원"의 승진시험 점수의 평균이다. 주어진 조건에 따른 평균값을 구하는 함수는 AVERAGEIF와 AVERAGEIFS인데 조건이 1개인 경우에는 AVERAGEIF, 조건이 2개 이상인 경우에는 AVERAGEIFS를 사용한다.
> [=AVERAGEIFS(E3:E20,B3:B20,"생산부",C3:C20,"사원")]

▌15~17▌ 다음 자료는 J회사 창고에 있는 가전제품 코드 목록이다. 다음을 보고 물음에 답하시오.

SE-11-KOR-3A-2412	CH-08-CHA-2C-2208	SE-07-KOR-2C-2403
CO-14-IND-2A-2411	JE-28-KOR-1C-2408	TE-11-IND-2A-2311
CH-19-IND-1C-2201	SE-01-KOR-3B-2311	CH-26-KOR-1C-2207
NA-17-PHI-2B-2305	AI-12-PHI-1A-2402	NA-16-IND-1B-2211
JE-24-PHI-2C-2301	TE-02-PHI-2C-2403	SE-08-KOR-2B-2407
CO-14-PHI-3C-2408	CO-31-PHI-1A-2401	AI-22-IND-2A-2403
TE-17-CHA-1B-2401	JE-17-KOR-1C-2406	JE-18-IND-1C-2404
NA-05-CHA-3A-2311	SE-18-KOR-1A-2403	CO-20-KOR-1C-2402
AI-07-KOR-2A-2401	TE-12-IND-1A-2411	AI-19-IND-1A-2403
SE-17-KOR-1B-2402	CO-09-CHA-3C-2404	CH-28-KOR-1C-2208
TE-18-IND-1C-2410	JE-19-PHI-2B-2307	SE-16-KOR-2C-2405
CO-19-CHA-3A-2409	NA-06-KOR-2A-2301	AI-10-KOR-1A-2409

〈코드 부여 방식〉

[제품 종류]-[모델 번호]-[생산 국가]-[공장과 라인]-[제조연월]

〈예시〉

TE-13-CHA-2C-2401

2024년 1월에 중국 2공장 C라인에서 생산된 텔레비전 13번 모델

제품 종류 코드	제품 종류	생산 국가 코드	생산 국가
SE	세탁기	CHA	중국
TE	텔레비전	KOR	한국
CO	컴퓨터	IND	인도네시아
NA	냉장고	PHI	필리핀
AI	에어컨		
JE	전자레인지		
GA	가습기		
CH	청소기		

15 위의 코드 부여 방식을 참고할 때 옳지 않은 내용은?

① 창고에 있는 기기 중 세탁기는 모두 한국에서 제조된 것들이다.

② 창고에 있는 기기 중 컴퓨터는 모두 2024년에 제조된 것들이다.

③ 창고에 있는 기기 중 청소기는 있지만 가습기는 없다.

④ 창고에 있는 기기 중 2022년에 제조된 것은 청소기 뿐이다.

⑤ 창고에 텔레비전은 5대가 있다.

> ✔해설 NA−16−IND−1B−2211가 있으므로 2022년에 제조된 냉장고도 창고에 있다.

16 J회사에 다니는 Y씨는 가전제품 코드 목록을 파일로 불러와 검색을 하고자 한다. 검색의 결과로 옳지 않은 것은?

① 창고에 있는 세탁기가 몇 개인지 알기 위해 'SE'를 검색한 결과 7개임을 알았다.

② 창고에 있는 기기 중 인도네시아에서 제조된 제품이 몇 개인지 알기 위해 'IND'를 검색한 결과 10개임을 알았다.

③ 모델 번호가 19번인 제품을 알기 위해 '19'를 검색한 결과 4개임을 알았다.

④ 1공장 A라인에서 제조된 제품을 알기 위해 '1A'를 검색한 결과 6개임을 알았다.

⑤ 2024년 1월에 제조된 제품을 알기 위해 '2401'를 검색한 결과 3개임을 알았다.

> ✔해설 ② 인도네시아에서 제조된 제품은 9개이다.

17 2025년 4월에 한국 1공장 A라인에서 생산된 에어컨 12번 모델의 코드로 옳은 것은?

① AI − 12 − KOR − 2A − 2504

② AI − 12 − KOR − 1A −2504

③ AI − 11 − PHI − 1A − 2504

④ CH − 12 − KOR − 1A − 2504

⑤ CH − 11 − KOR − 3A − 2505

> ✔해설 [제품 종류] − [모델 번호] − [생산 국가] − [공장과 라인] − [제조연월]
> AI(에어컨) − 12 − KOR − 1A −2504

Answer 15.④ 16.② 17.②

18 다음 중 컴퓨터 보안 위협의 형태와 그 내용에 대한 설명이 올바르게 연결되지 않은 것은 어느 것인가?

① 피싱(Phishing) – 유명 기업이나 금융기관을 사칭한 가짜 웹 사이트나 이메일 등으로 개인의 금융정보와 비밀번호를 입력하도록 유도하여 예금 인출 및 다른 범죄에 이용하는 수법

② 스푸핑(Spoofing) – 악의적인 목적으로 임의로 웹 사이트를 구축해 일반 사용자의 방문을 유도한 후 시스템 권한을 획득하여 정보를 빼가거나 암호와 기타 정보를 입력하도록 속이는 해킹 수법

③ 디도스(DDoS) – 시스템에 불법적인 행위를 수행하기 위하여 다른 프로그램으로 위장하여 특정 프로그램을 침투시키는 행위

④ 스니핑(Sniffing) – 네트워크 주변을 지나다니는 패킷을 엿보면서 아이디와 패스워드를 알아내는 행위

⑤ 백 도어(Back Door) – 시스템의 보안 예방책을 침입하여 무단 접근하기 위해 사용되는 일종의 비상구

> ✔해설 디도스(DDoS)는 분산 서비스 거부 공격으로, 특정 사이트에 오버플로우를 일으켜서 시스템이 서비스를 거부하도록 만드는 것이다.

19 다음 워크시트에서 [A1:B2] 영역을 선택한 후 채우기 핸들을 사용하여 드래그 했을 때 [A5:B5]영역 값으로 바르게 짝지은 것은?

	A	B
1	A	13.9
2	B	14.9
3		
4		
5		

① A, 15.9

② B, 17.9

③ A, 17.9

④ C, 14.9

⑤ E, 16.9

> ✔해설 'A'와 'B'가 번갈아 가면서 나타나므로 [A5] 셀에는 'A'가 입력되고 13.9에서 1씩 증가하면서 나타나므로 [B5] 셀에는 '17.9'가 입력된다.

20 다음은 '데이터 통합'을 실행하기 위한 방법을 설명하고 있다. 〈보기〉에 설명된 실행 방법 중 올바른 설명을 모두 고른 것은 어느 것인가?

〈보기〉

㉠ 원본 데이터가 변경되면 자동으로 통합 기능을 이용해 구한 계산 결과가 변경되게 할지 여부를 선택할 수 있다.
㉡ 여러 시트에 입력되어 있는 데이터들을 하나로 통합할 수 있으나 다른 통합 문서에 입력되어 있는 데이터를 통합할 수는 없다.
㉢ 통합 기능에서는 표준편차와 분산 함수도 사용할 수 있다.
㉣ 다른 원본 영역의 레이블과 일치하지 않는 레이블이 있는 경우에도 통합 기능을 수행할 수 있다.

---

① ㉡, ㉢
② ㉠, ㉢
③ ㉠, ㉡, ㉣
④ ㉠, ㉢, ㉣
⑤ ㉡, ㉢, ㉣

✔ **해설** ㉠ [O] 대화 상자에서 '원본 데이터 연결'을 선택하면 제시된 바와 같은 기능을 실행할 수 있다.
㉡ [×] 통합 문서 내의 다른 워크시트뿐 아니라 다른 통합 문서에 있는 워크시트도 통합할 수 있다.
㉢ [O] 통합 기능에서 사용할 수 있는 함수로는 합계, 개수, 평균, 최대/최솟값, 곱, 숫자 개수, 표준편차, 분산 등이 있다.
㉣ [O] 제시된 바와 같은 경우, 별도의 행이나 열이 만들어지게 되므로 통합 기능을 수행할 수 있다.

1 자원과 자원관리

(1) 자원

① **자원의 종류** … 시간, 돈, 물적자원, 인적자원

② **자원의 낭비요인** … 비계획적 행동, 편리성 추구, 자원에 대한 인식 부재, 노하우 부족

(2) 자원관리 기본 과정

① 필요한 자원의 종류와 양 확인

② 이용 가능한 자원 수집하기

③ 자원 활용 계획 세우기

④ 계획대로 수행하기

예제 1

당신은 A출판사 교육훈련 담당자이다. 조직의 효율성을 높이기 위해 전사적인 시간관리에 대한 교육을 실시하기로 하였지만 바쁜 일정 상 직원들을 집합교육에 동원할 수 있는 시간은 제한적이다. 다음 중 귀하가 최우선의 교육 대상으로 삼아야 하는 것은 어느 부분인가?

구분	긴급한 일	긴급하지 않은 일
중요한 일	제1사분면	제2사분면
중요하지 않은 일	제3사분면	제4사분면

출제의도

주어진 일들을 중요도와 긴급도에 따른 시간관리 매트릭스에서 우선순위를 구분할 수 있는가를 측정하는 문항이다.

해 설

교육훈련에서 최우선 교육대상으로 삼아야 하는 것은 긴급하지 않지만 중요한 일이다. 이를 긴급하지 않다고 해서 뒤로 미루다보면 급박하게 처리해야하는 업무가 증가하여 효율적인 시간관리가 어려워진다.

① 중요하고 긴급한 일로 위기사항이나 급박한 문제, 기간이 정해진 프로젝트 등이 해당되는 제1사분면
② 긴급하지는 않지만 중요한 일로 인간관계구축이나 새로운 기회의 발굴, 중장기 계획 등이 포함되는 제2사분면
③ 긴급하지만 중요하지 않은 일로 잠깐의 급한 질문, 일부 보고서, 눈 앞의 급박한 사항이 해당되는 제3사분면
④ 중요하지 않고 긴급하지 않은 일로 하찮은 일이나 시간낭비거리, 즐거운 활동 등이 포함되는 제4사분면

구분	긴급한 일	긴급하지 않은 일
중요한 일	위기사항, 급박한 문제, 기간이 정해진 프로젝트	인간관계구축, 새로운 기회의 발굴, 중장기계획
중요 하지 않은 일	잠깐의 급한 질문, 일부 보고서, 눈앞의 급박한 사항	하찮은 일, 우편물, 전화, 시간낭비거리, 즐거운 활동

답 ②

2 자원관리능력을 구성하는 하위능력

(1) 시간관리능력

① 시간의 특성
 ㉠ 시간은 매일 주어지는 기적이다.
 ㉡ 시간은 똑같은 속도로 흐른다.
 ㉢ 시간의 흐름은 멈추게 할 수 없다.
 ㉣ 시간은 꾸거나 저축할 수 없다.
 ㉤ 시간은 사용하기에 따라 가치가 달라진다.

② 시간관리의 효과
 ㉠ 생산성 향상
 ㉡ 가격 인상
 ㉢ 위험 감소
 ㉣ 시장 점유율 증가

③ 시간계획

　　㉠ 개념 : 시간 자원을 최대한 활용하기 위하여 가장 많이 반복되는 일에 가장 많은 시간을 분배하고, 최단 시간에 최선의 목표를 달성하는 것을 의미한다.

　　㉡ 60 : 40의 Rule

계획된 행동 (60%)	계획 외의 행동 (20%)	자발적 행동 (20%)

총 시간

예제 2

유아용품 홍보팀의 사원 은이씨는 일산 킨텍스에서 열리는 유아용품박람회에 참여하고자 한다. 당일 회의 후 출발해야 하며 회의 종료 시간은 오후 3시이다.

장소	일시
일산 킨텍스 제2전시장	2016. 1. 20(금) PM 15:00~19:00 * 입장가능시간은 종료 2시간 전까지

오시는 길
지하철 : 4호선 대화역(도보 30분 거리)
버스 : 8109번, 8407번(도보 5분 거리)

• 회사에서 버스정류장 및 지하철역까지 소요시간

출발지	도착지	소요시간	
회사	×× 정류장	도보	15분
		택시	5분
	지하철역	도보	30분
		택시	10분

• 일산 킨텍스 가는 길

교통편	출발지	도착지	소요시간
지하철	강남역	대화역	1시간 25분
버스	×× 정류장	일산 킨텍스 정류장	1시간 45분

위의 제시 상황을 보고 은이씨가 선택할 교통편으로 가장 적절한 것은?

① 도보 – 지하철　　　　② 도보 – 버스
③ 택시 – 지하철　　　　④ 택시 – 버스

(2) 예산관리능력

① 예산과 예산관리

　　㉠ 예산 : 필요한 비용을 미리 헤아려 계산하는 것이나 그 비용

　　㉡ 예산관리 : 활동이나 사업에 소요되는 비용을 산정하고, 예산을 편성하는 것뿐만 아니라 예산을 통제하는
　　　것 모두를 포함한다.

② 예산의 구성요소

비용	직접비용	재료비, 원료와 장비, 시설비, 여행(출장) 및 잡비, 인건비 등
	간접비용	보험료, 건물관리비, 광고비, 통신비, 사무비품비, 각종 공과금 등

③ 예산수립 과정 : 필요한 과업 및 활동 구명 → 우선순위 결정 → 예산 배정

예제 3

당신은 가을 체육대회에서 총무를 맡으라는 지시를 받았다. 다음과 같은 계획에 따라 예산을 진행하였으나 확보된 예산이 생각보다 적게 되어 불가피하게 비용항목을 줄여야 한다. 다음 중 귀하가 비용 항목을 없애기에 가장 적절한 것은 무엇인가?

> 〈○○산업공단 춘계 1차 워크숍〉
>
> 1. 해당부서 : 인사관리팀, 영업팀, 재무팀
> 2. 일　　　정 : 2016년 4월 21일~23일(2박 3일)
> 3. 장　　　소 : 강원도 속초 ○○연수원
> 4. 행사내용 : 바다열차탑승, 체육대회, 친교의 밤 행사, 기타

① 숙박비　　　　　　　　　② 식비
③ 교통비　　　　　　　　　④ 기념품비

출제의도

업무에 소요되는 예산 중 꼭 필요한 것과 예산을 감축해야할 때 삭제 또는 감축이 가능한 것을 구분해내는 능력을 묻는 문항이다.

해　설

한정된 예산을 가지고 과업을 수행할 때에는 중요도를 기준으로 예산을 사용한다. 위와 같이 불가피하게 비용 항목을 줄여야 한다면 기본적인 항목인 숙박비, 식비, 교통비는 유지되어야 하기에 항목을 없애기 가장 적절한 정답은 ④번이 된다.

답 ④

(3) 물적관리능력

① 물적자원의 종류

　㉠ **자연자원** : 자연상태 그대로의 자원 ex) 석탄, 석유 등

　㉡ **인공자원** : 인위적으로 가공한 자원 ex) 시설, 장비 등

② **물적자원관리** … 물적자원을 효과적으로 관리할 경우 경쟁력 향상이 향상되어 과제 및 사업의 성공으로 이어지며, 관리가 부족할 경우 경제적 손실로 인해 과제 및 사업의 실패 가능성이 커진다.

③ **물적자원 활용의 방해요인**

　㉠ 보관 장소의 파악 문제

　㉡ 훼손

　㉢ 분실

④ **물적자원관리 과정**

과정	내용
사용 물품과 보관 물품의 구분	• 반복 작업 방지 • 물품활용의 편리성
동일 및 유사 물품으로의 분류	• 동일성의 원칙 • 유사성의 원칙
물품 특성에 맞는 보관 장소 선정	• 물품의 형상 • 물품의 소재

S호텔의 외식사업부 소속인 K씨는 예약일정 관리를 담당하고 있다. 아래의 예약일정과 정보를 보고 K씨의 판단으로 옳지 않은 것은?

〈S호텔 일식 뷔페 1월 ROOM 예약 일정〉

* 예약 : ROOM 이름(시작시간)

SUN	MON	TUE	WED	THU	FRI	SAT
					1	2
					백합(16)	장미(11) 백합(15)
3	4	5	6	7	8	9
라일락(15)		백향목(10) 백합(15)	장미(10) 백향목(17)	백합(11) 라일락(18)	백향목(15)	장미(10) 라일락(15)

ROOM 구분	수용가능인원	최소투입인력	연회장 이용시간
백합	20	3	2시간
장미	30	5	3시간
라일락	25	4	2시간
백향목	40	8	3시간

- 오후 9시에 모든 업무를 종료함
- 한 타임 끝난 후 1시간씩 세팅 및 정리
- 동 시간 대 서빙 투입인력은 총 10명을 넘을 수 없음

안녕하세요, 1월 첫째 주 또는 둘째 주에 신년회 행사를 위해 ROOM을 예약하려고 하는데요, 저희 동호회의 총 인원은 27명이고 오후 8시쯤 마무리하려고 합니다. 신정과 주말, 월요일은 피하고 싶습니다. 예약이 가능할까요?

① 인원을 고려했을 때 장미ROOM과 백향목ROOM이 적합하겠군.
② 만약 2명이 안 온다면 예약 가능한 ROOM이 늘어나겠구나.
③ 조건을 고려했을 때 예약 가능한 ROOM은 5일 장미ROOM뿐이겠구나.
④ 오후 5시부터 8시까지 가능한 ROOM을 찾아야해.

주어진 정보와 일정표를 토대로 이용 가능한 물적자원을 확보하여 이를 정확하게 안내할 수 있는 능력을 측정하는 문항이다. 고객이 제공한 정보를 정확하게 파악하고 그 조건 안에서 가능한 자원을 제공할 수 있어야 한다.

③ 조건을 고려했을 때 5일 장미ROOM과 7일 장미ROOM이 예약 가능하다.
① 참석 인원이 27명이므로 30명 수용 가능한 장미ROOM과 40명 수용 가능한 백향목ROOM 두 곳이 적합하다.
② 만약 2명이 안 온다면 총 참석인원 25명이므로 라일락ROOM, 장미ROOM, 백향목ROOM이 예약 가능하다.
④ 오후 8시에 마무리하려고 계획하고 있으므로 적절하다.

답 ③

(4) 인적자원관리능력

① **인맥** … 가족, 친구, 직장동료 등 자신과 직접적인 관계에 있는 사람들인 핵심인맥과 핵심인맥들로부터 알게 된 파생인맥이 존재한다.

② **인적자원의 특성** … 능동성, 개발가능성, 전략적 자원

③ **인력배치의 원칙**
  ㉠ **적재적소주의** : 팀의 효율성을 높이기 위해 팀원의 능력이나 성격 등과 가장 적합한 위치에 배치하여 팀원 개개인의 능력을 최대로 발휘해 줄 것을 기대하는 것
  ㉡ **능력주의** : 개인에게 능력을 발휘할 수 있는 기회와 장소를 부여하고 그 성과를 바르게 평가하며 평가된 능력과 실적에 대해 그에 상응하는 보상을 주는 원칙
  ㉢ **균형주의** : 모든 팀원에 대한 적재적소를 고려

④ **인력배치의 유형**
  ㉠ **양적 배치** : 부문의 작업량과 조업도, 여유 또는 부족 인원을 감안하여 소요인원을 결정하여 배치하는 것
  ㉡ **질적 배치** : 적재적소의 배치
  ㉢ **적성 배치** : 팀원의 적성 및 흥미에 따라 배치하는 것

예제 5

최근 조직개편 및 연봉협상 과정에서 직원들의 불만이 높아지고 있다. 온갖 루머가 난무한 가운데 인사팀원인 당신에게 사내 게시판의 직원 불만사항에 대한 진위여부를 파악하고 대안을 세우라는 팀장의 지시를 받았다. 다음 중 당신이 조치를 취해야 하는 직원은 누구인가?

① 사원 A는 팀장으로부터 업무 성과가 탁월하다는 평가를 받았는데도 조직개편으로 인한 부서 통합으로 인해 승진을 못한 것이 불만이다.
② 사원 B는 회사가 예년에 비해 높은 영업 이익을 얻었는데도 불구하고 연봉 인상에 인색한 것이 불만이다.
③ 사원 C는 회사가 급여 정책을 변경해서 고정급 비율을 낮추고 기본급과 인센티브를 지급하는 제도로 바꾼 것이 불만이다.
④ 사원 D는 입사 동기인 동료가 자신보다 업무 실적이 좋지 않고 불성실한 근무태도를 가지고 있는데, 팀장과의 친분으로 인해 자신보다 높은 평가를 받은 것이 불만이다.

출제의도

주어진 직원들의 정보를 통해 시급하게 진위여부를 가리고 조치하여 인력배치를 해야 하는 사항을 확인하는 문제이다.

해 설

사원 A, B, C는 각각 조직 정책에 대한 불만이기에 논의를 통해 조직적으로 대처하는 것이 옳지만, 사원 D는 팀장의 독단적인 전횡에 대한 불만이기 때문에 조사하여 시급히 조치할 필요가 있다. 따라서 가장 적절한 답은 ④번이 된다.

답 ④

출제예상문제

1 경비 집행을 담당하는 H대리는 이번 달 사용한 비용 내역을 다음과 같이 정리하였다. 이를 본 팀장은 H대리에게 이번 달 간접비의 비중이 직접비의 25%를 넘지 말았어야 했다고 말한다. 다음 보기와 같이 H대리가 생각하는 내용 중 팀장이 이번 달 계획했던 비용 지출 계획과 어긋나는 것은 어느 것인가?

〈이번 달 비용 내역〉

- 직원 급여 1,200만 원
- 설비비 2,200만 원
- 사무실 임대료 300만 원
- 광고료 600만 원
- 직원 통신비 60만 원
- 출장비 200만 원
- 자재대금 400만 원
- 수도/전기세 35만 원
- 비품 30만 원

---

① '비품을 다음 달에 살 걸 그랬네…'

② '출장비가 80만 원만 더 나왔어도 팀장님이 원하는 비중대로 되었을 텐데…'

③ '어쩐지 수도/전기세를 다음 달에 몰아서 내고 싶더라…'

④ '직원들 통신비를 절반으로 줄이기만 했어도…'

⑤ '가만, 내가 설비비 부가세를 포함했는지 확인해야겠다. 그것만 포함되면 될 텐데…'

> ✔ **해설** 제시된 항목 중 직접비는 직원 급여, 출장비, 설비비, 자재대금으로 총액 4,000만 원이며, 간접비는 사무실 임대료, 수도/전기세, 광고료, 비품, 직원 통신비로 총액 1,025만 원이다. 따라서 출장비가 280만 원이 되면 직접비 총액이 4,080만 원이 되므로 여전히 간접비는 직접비의 25%가 넘게 된다.
> ① 30만 원이 절약되므로 간접비는 직접비의 25% 이하가 된다.
> ③ 간접비가 35만 원 절약되므로 팀장의 지시 사항에 어긋나지 않게 된다.
> ④ 간접비 총액이 1,000만 원 밑으로 내려가므로 팀장의 지시 사항에 어긋나지 않게 된다.
> ⑤ 직접비가 220만 원 상승하므로 팀장의 지시 사항에 어긋나지 않게 된다.

Answer 1.②

▌2~3 ▌ 공장 주변지역의 농경수 오염에 책임이 있는 기업이 총 70억 원의 예산을 가지고 피해 현황 심사와 보상을 진행한다고 한다. 다음 글을 읽고 물음에 답하시오.

총 500건의 피해가 발생했고, 기업측에서는 실제 피해 현황을 심사하여 보상하기로 하였다. 심사에 소요되는 비용은 보상 예산에서 사용한다. 심사를 통해 좀 더 정확한 피해 규모를 파악할 수 있지만, 그에 따라 소요되는 비용 또한 증가하게 된다.

	1일째	2일째	3일째	4일째
일별 심사 비용(억 원)	0.5	0.7	0.9	1.1
일별 보상대상 제외건수	50	45	40	35

• 보상금 총액 = 예산 − 심사 비용
• 표는 누적수치가 아닌, 하루에 소요되는 비용을 말함
• 일별 심사 비용은 매일 0.2억씩 증가하고 제외건수는 매일 5건씩 감소함
• 제외건수가 0이 되는 날, 심사를 중지하고 보상금을 지급함

2 기업측이 심사를 중지하는 날까지 소요되는 일별 심사 비용은 총 얼마인가?

① 15억 원
② 15.5억 원
③ 16억 원
④ 16.5억 원
⑤ 17억 원

✔ **해설** 제외건수가 매일 5건씩 감소한다고 했으므로 11일째 되는 날 제외건수가 0이 되고 일별 심사 비용은 총 16.5억 원이 된다.

3 심사를 중지하고 총 500건에 대해서 보상을 한다고 할 때, 보상대상자가 받는 건당 평균 보상금은 대략 얼마인가?

① 약 1천만 원
② 약 2천만 원
③ 약 3천만 원
④ 약 4천만 원
⑤ 약 5천만 원

✔ **해설** (70억−16.5억)/500건=1,070만 원

4 다음 중 신입사원 인성씨가 해야 할 일을 시간관리 매트릭스 4단계로 구분한 것으로 잘못된 것은?

〈인성씨가 해야 할 일〉

㉠ 어제 못 본 드라마보기
㉡ 마감이 정해진 프로젝트
㉢ 인간관계 구축하기
㉣ 업무 보고서 작성하기
㉤ 회의하기
㉥ 자기개발하기
㉦ 상사에게 급한 질문하기

〈시간관리 매트릭스〉

	긴급함	긴급하지 않음
중요함	제1사분면	제2사분면
중요하지 않음	제3사분면	제4사분면

---

① 제1사분면 : ㉢　　　　　　　② 제2사분면 : ㉥
③ 제3사분면 : ㉣　　　　　　　④ 제3사분면 : ㉤
⑤ 제4사분면 : ㉠

✔ 해설

〈시간관리 매트릭스〉

	긴급함	긴급하지 않음
중요함	㉡	㉢㉥
중요하지 않음	㉣㉤㉦	㉠

5 ‘갑’시에 위치한 B공사 권 대리는 다음과 같은 일정으로 출장을 계획하고 있다. 출장비 지급 내역에 따라 권 대리가 받을 수 있는 출장비의 총액은 얼마인가?

〈지역별 출장비 지급 내역〉

출장 지역	일비	식비
‘갑’시	15,000원	15,000원
‘갑’시 외 지역	23,000원	17,000원

* 거래처 차량으로 이동할 경우, 일비 5,000원 차감
* 오후 일정 시작일 경우, 식비 7,000원 차감

〈출장 일정〉

출장 일자	지역	출장 시간	이동계획
화요일	‘갑’시	09:00~18:00	거래처 배차
수요일	‘갑’시 외 지역	10:30~16:00	대중교통
금요일	‘갑’시	14:00~19:00	거래처 배차

① 75,000원   ② 78,000원
③ 83,000원   ④ 85,000원
⑤ 88,000원

해설 일자별 출장비 지급액을 살펴보면 다음과 같다. 화요일 일정에는 거래처 차량이 지원되므로 5,000원이 차감되며, 금요일 일정에는 거래처 차량 지원과 오후 일정으로 인해 5,000+7,000=12,000원이 차감된다.

출장 일자	지역	출장 시간	이동계획	출장비
화요일	‘갑’시	09:00~18:00	거래처 배차	30,000−5,000=25,000원
수요일	‘갑’시 외 지역	10:30~16:00	대중교통	40,000원
금요일	‘갑’시	14:00~19:00	거래처 배차	30,000−5,000−7,000=18,000원

따라서 출장비 총액은 25,000+40,000+18,000=83,000원이 된다.

6 Z회사는 오늘을 포함하여 30일 동안에 자동차를 생산할 계획이며 Z회사의 하루 최대 투입 가능 근로자 수는 100명이다. 다음 〈공정표〉에 근거할 때 Z회사가 벌어들일 수 있는 최대 수익은 얼마인가? (단, 작업은 오늘부터 개시되며 각 근로자는 자신이 투입된 자동차의 생산이 끝나야만 다른 자동차의 생산에 투입될 수 있고 1일 필요 근로자 수 이상의 근로자가 투입되더라도 자동차당 생산 소요기간은 변하지 않는다)

〈공정표〉

자동차	소요기간	1일 필요 근로자 수	수익
A	5일	20명	15억 원
B	10일	30명	20억 원
C	10일	50명	40억 원
D	15일	40명	35억 원
E	15일	60명	45억 원
F	20일	70명	85억 원

① 150억 원
② 155억 원
③ 160억 원
④ 165억 원
⑤ 170억 원

✔ **해설** 30일 동안 최대 수익을 올릴 수 있는 진행공정은 다음과 같다.

F(20일, 70명)			C(10일, 50명)
B(10일, 30명)	A(5일, 20명)		

그러므로 F(85억)＋B(20억)＋A(15억)＋C(40억)＝160억

┃7~8┃ 甲과 乙은 산양우유를 생산하여 판매하는 ○○목장에서 일한다. 다음을 바탕으로 물음에 답하시오.

- ○○목장은 A~D의 4개 구역으로 이루어져 있으며 산양들은 자유롭게 다른 구역을 넘나들 수 있지만 목장을 벗어나지 않는다.
- 甲과 乙은 산양을 잘 관리하기 위해 구역별 산양의 수를 파악하고 있어야 하는데, 산양들이 계속 구역을 넘나들기 때문에 산양의 수를 정확히 헤아리는 데 어려움을 겪고 있다.
- 고민 끝에 甲과 乙은 시간별로 산양의 수를 기록하되, 甲은 특정 시간 특정 구역의 산양의 수만을 기록하고, 乙은 산양이 구역을 넘나들 때마다 그 시간과 그때 이동한 산양의 수를 기록하기로 하였다.
- 甲과 乙이 같은 날 오전 9시부터 오전 10시 15분까지 작성한 기록표는 다음과 같으며, ㉠~㉣을 제외한 모든 기록은 정확하다.

甲의 기록표			乙의 기록표		
시간	구역	산양 수	시간	구역 이동	산양 수
09:10	A	17마리	09:08	B→A	3마리
09:22	D	21마리	09:15	B→D	2마리
09:30	B	8마리	09:18	C→A	5마리
09:45	C	11마리	09:32	D→C	1마리
09:58	D	㉠21마리	09:48	A→C	4마리
10:04	A	㉡18마리	09:50	D→B	1마리
10:10	B	㉢12마리	09:52	C→D	3마리
10:15	C	㉣10마리	10:05	C→B	2마리

- 구역 이동 외의 산양의 수 변화는 고려하지 않는다.

7 ○○목장에서 키우는 산양의 총 마리 수는?

① 58마리   ② 59마리

③ 60마리   ④ 61마리

⑤ 62마리

✔**해설** ○○목장에서 키우는 산양의 총 마리 수는 22 + 18 + 11 + 10 = 61마리이다.

8 ㉠~㉣ 중 옳게 기록된 것만을 고른 것은?

① ㉠, ㉡　　　　　　　　　　　　　　② ㉠, ㉢

③ ㉡, ㉢　　　　　　　　　　　　　　④ ㉡, ㉣

⑤ ㉢, ㉣

 ㉠ 09:22에 D구역에 있었던 산양 21마리에서 09:32에 C구역으로 1마리, 09:50에 B구역으로 1마리가 이동하였고 09:52에 C구역에서 3마리가 이동해 왔으므로 09:58에 D구역에 있는 산양은 21 − 1 − 1 + 3 = 22마리이다.

㉡ 09:10에 A구역에 있었던 산양 17마리에서 09:18에 C구역에서 5마리가 이동해 왔고 09:48에 C구역으로 4마리가 이동하였으므로 10:04에 A구역에 있는 산양은 17 + 5 − 4 = 18마리이다.

㉢ 09:30에 B구역에 있었던 산양 8마리에서 09:50에 D구역에서 1마리가 이동해 왔고, 10:05에 C구역에서 2마리가 이동해 왔으므로 10:10에 B구역에 있는 산양은 8 + 1 + 2 = 11마리이다.

㉣ 09:45에 C구역에 있었던 11마리에서 09:48에 A구역에서 4마리가 이동해 왔고, 09:52에 D구역으로 3마리, 10:05에 B구역으로 2마리가 이동하였으므로 10:15에 C구역에 있는 산양은 11 + 4 − 3 − 2 = 10마리이다.

9 서울시설공단에서는 10대의 화물자동차를 운영하고 있다. 개별 차의 연간 총 운행거리는 50,000km이며, 각 차량은 4개의 타이어를 부착하고 있고, 타이어 교환주기는 25,000km이다. 타이어 한 개의 가격을 10만 원이라 할 때 서울시설공단의 연간타이어 소모비용은 얼마인가?

① 800만 원　　　　　　　　　　　　② 1,000만 원

③ 1,600만 원　　　　　　　　　　　④ 2,000만 원

⑤ 2,400만 원

해설 연간 타이어 소모비용＝화물자동차 10대 ×타이어 4개×연간 교환횟수 2회×타이어 한 개의 가격 10만 원＝ 800만 원

10 공동물류는 기업의 입장에서 많은 비용을 차지하고 있는 인적 및 물적 자원을 물류시설의 공동이용으로 개별적으로 운영 및 유지할 때보다 최소의 비용으로 최대의 이익을 올리려고 하는 물류합리화 방법을 말한다. 공동 물류의 개념을 참조하여 다음의 사례를 보면 차고 및 A, B, C 간의 거리는 다음 표와 같다. 아래의 표를 이용해 차고에서 출발하여 A, B, C 3개의 수요지를 각각 1대의 차량이 방문하는 경우에 비해, 1대의 차량으로 3개의 수요지를 모두 방문하고 차고지로 되돌아오는 경우, 수송 거리가 최대 몇 km 감소되는지 구하면?

구분	A	B	C
차고	10	13	12
A	–	5	10
B	–	–	7

① 11

② 17

③ 29

④ 36

⑤ 44

 A, B, C의 장소를 각각 1대의 차량으로 방문할 시의 수송거리는 (10+13+12)×2=70km, 하나의 차량으로 3곳 수요지를 방문하고 차고지로 되돌아오는 경우의 수송거리 10+5+7+12=34km, 그러므로 70-34=36km가 된다.

11 자원관리능력은 예산관리, 시간관리, 물적자원관리, 인적자원관리 등으로 구분되는데, 이 중 예산관리는 업무수행에 있어 필요한 자본자원을 최대한도로 모아 업무에 어떻게 활용할 것인지를 결정하게 된다. 통상적으로 기업에서는 고객이 원하는 품목, 원하는 시점 및 바람직한 물량을 항상 정확하게 파악하는 것인데, 구매를 위한 자유재량 예산의 확보를 자유재량 구입 예산이라 한다. 이러한 개념을 활용하여 아래의 내용을 보고 자유재량구입예산(Open-To-Buy)을 구하면?

- 계획된 월말재고 : 6백만 원
- 조정된 월말재고 : 4백 6십만 원
- 실제 월별 추가재고 : 5십만 원
- 실제 주문량 : 2백 5십만 원

① 9십만 원

② 1백 4십만 원

③ 1백 8십만 원

④ 2백만 원

⑤ 2백 3십만 원

 Open-To-Buy plan = planned EOM stock(6백만 원)-Projected EOM stock(4백 6십만 원) = 1백 4십만 원

12 다음 자료에 대한 분석으로 옳지 않은 것은?

> △△그룹에는 총 50명의 직원이 근무하고 있으며 자판기 총 설치비용과 사내 전 직원이 누리는 총 만족감을 돈으로 환산한 값은 아래 표와 같다. (단, 자판기로부터 각 직원이 누리는 만족감의 크기는 동일하며 설치비용은 모든 직원이 똑같이 부담한다)

자판기 수(개)	총 설치비용(만 원)	총 만족감(만 원)
3	150	210
4	200	270
5	250	330
6	300	360
7	350	400

① 자판기를 7개 설치할 경우 각 직원들이 부담해야 하는 설치비용은 7만 원이다.

② 자판기를 최적으로 설치하였을 때 전 직원이 누리는 총 만족감은 400만 원이다.

③ 자판기를 4개 설치할 경우 더 늘리는 것이 합리적이다.

④ 자판기를 한 개 설치할 때마다 추가되는 비용은 일정하다.

⑤ 자판기를 3개에서 4개로 증가시킬 경우 직원 1인당 만족감 증가가 설치비용 증가보다 크다.

✔ 해설 △△그룹에서 자판기의 최적 설치량은 5개이며 이때 전 직원이 누리는 총 만족감은 330만 원이다.

13 다음은 전력수급 현황을 나타내고 있는 자료이다. 다음 자료에 대한 〈보기〉의 설명 중 올바른 것만을 모두 고른 것은 어느 것인가?

〈보기〉

가. 공급능력에 대한 예비전력의 비율이 전력예비율이다.

나. 예비전력이 현재의 10분의 1 수준이라면 주의단계에 해당된다.

다. 오전 10~11시경은 여름과 겨울에 모두 전력소비가 많은 시간대이다.

라. 일정한 공급능력 상황에서 현재부하가 올라가면 전력예비율은 낮아지게 된다.

① 나, 다, 라   ② 가, 다, 라
③ 가, 나, 라   ④ 가, 나, 다
⑤ 가, 나, 다, 라

✔해설 가 : 전력예비율은 현재부하에 대한 예비전력의 비율이 된다. (2,562÷6,805×100=약 37.7%)

나 : 현재의 예비전력이 2,562만kW이므로 10분의 1 수준이면 약 250만kW가 되므로 300만kW미만의 주의단계에 해당된다.

다 : 하절기와 동절기에 모두 사용자제가 요구되는 시간대이므로 전력소비가 많은 때이다.

라 : 전력예비율은 예비전력÷현재부하에 대한 비율이므로 일정한 공급능력 상황에서 현재부하가 올라가면 전력예비율은 낮아지게 된다.

14 다음 상황에서 총 순이익 200억 원 중에 Y사가 150억 원을 분배 받았다면 Y사의 연구개발비는 얼마인가?

X사와 Y사는 신제품을 공동개발하여 판매한 총 순이익을 다음과 같은 기준에 의해 분배하기로 약정하였다.
- 1번째 기준 : X사와 Y사는 총 순이익에서 각 회사 제조원가의 10%에 해당하는 금액을 우선 각자 분배 받는다.
- 2번째 기준 : 총 순수익에서 위의 1번째 기준에 의해 분배 받은 금액을 제외한 나머지 금액에 대한 분배는 각 회사가 연구개발에 지출한 비용에 비례하여 분배액을 정한다.

〈신제품 개발과 판례에 따른 연구개발비용과 총 순이익〉

(단위 : 억 원)

구분	X사	Y사
제조원가	200	600
연구개발비	100	( )
총 순이익		200

① 200억 원
② 250억 원
③ 300억 원
④ 350억 원
⑤ 360억 원

✔ 해설 1번째 기준에 의해 X사는 200억의 10%인 20억을 분배 받고, Y사는 600억의 10%인 60억을 분배 받는다. Y가 분배 받은 금액이 총 150억이라고 했으므로 X사가 분배 받은 금액은 50억이다. X사가 두 번째 기분에 의해 분배 받은 금액은 30억이고, Y사가 두 번째 기준에 의해 분배 받은 금액은 90억이다. 두 번째 기준은 연구개발비용에 비례하여 분배 받은 것이므로 X사의 연구개발비의 3배로 계산하면 300억이다.

15 다음 중 SMART법칙에 따라 목표를 설정하지 못한 사람을 모두 고른 것은?

> • 민수 : 나는 올해 꼭 취업할꺼야.
> • 나라 : 나는 8월까지 볼링 점수 200점에 도달하겠어.
> • 정수 : 나는 오늘 10시까지 단어 100개를 외울거야.
> • 주찬 : 나는 이번 달 안에 NCS강의 20강을 모두 들을거야.
> • 명기 : 나는 이번 여름 방학에 영어 회화를 도전할거야.

① 정수, 주찬   ② 나라, 정수
③ 민수, 명기   ④ 주찬, 민수
⑤ 명기, 나라

✔ **해설** SMART법칙 … 목표를 어떻게 설정하고 그 목표를 성공적으로 달성하기 위해 꼭 필요한 필수 요건들을 S.M.A.R.T. 5개 철자에 따라 제시한 것이다.
ⓐ Specific(구체적으로) : 목표를 구체적으로 작성한다.
ⓑ Measurable(측정 가능하도록) : 수치화, 객관화시켜서 측정 가능한 척도를 세운다.
ⓒ Action-oriented(행동 지향적으로) : 사고 및 생각에 그치는 것이 아니라 행동을 중심으로 목표를 세운다.
ⓓ Realistic(현실성 있게) : 실현 가능한 목표를 세운다.
ⓔ Time limited(시간적 제약이 있게) : 목표를 설정함에 있어 제한 시간을 둔다.

16 다음은 영업사원인 甲씨가 오늘 미팅해야 할 거래처 직원들과 방문해야 할 업체에 관한 정보이다. 다음의 정보를 모두 반영하여 하루의 일정을 짠다고 할 때 순서가 올바르게 배열된 것은? (단, 장소간 이동 시간은 없는 것으로 가정한다)

〈거래처 직원들의 요구 사항〉

• A거래처 과장 : 회사 내부 일정으로 인해 미팅은 10시~12시 또는 16~18시까지 2시간 정도 가능합니다.

• B거래처 대리 : 12시부터 점심식사를 하거나, 18시부터 저녁식사를 하시죠. 시간은 2시간이면 될 것 같습니다.

• C거래처 사원 : 외근이 잡혀서 오전 9시부터 10시까지 1시간만 가능합니다.

• D거래처 부장 : 외부일정으로 18시부터 저녁식사만 가능합니다.

〈방문해야 할 업체와 가능시간〉

• E서점 : 14~18시, 소요시간은 2시간

• F은행 : 12~16시, 소요시간은 1시간

• G미술관 관람 : 하루 3회(10시, 13시, 15시), 소요시간은 1시간

---

① C거래처 사원 – A거래처 과장 – B거래처 대리 – E서점 – G미술관 – F은행 – D거래처 부장

② C거래처 사원 – A거래처 과장 – F은행 – B거래처 대리 – G미술관 – E서점 – D거래처 부장

③ C거래처 사원 – G미술관 – F은행 – B거래처 대리 – E서점 – A거래처 과장 – D거래처 부장

④ C거래처 사원 – A거래처 과장 – B거래처 대리 – F은행 – G미술관 – E서점 – D거래처 부장

⑤ C거래처 사원 – A거래처 과장 – F은행 – G미술관 – E서점 – B거래처 대리 – D거래처 부장

✔ 해설 C거래처 사원(9시~10시) – A거래처 과장(10시~12시) – B거래처 대리(12시~14시) – F은행(14시~15시) – G미술관(15시~16시) – E서점(16시~18시) – D거래처 부장(18시~)

① E서점까지 들리면 16시가 되는데, 그 이후에 G미술관을 관람할 수 없다.

② F은행까지 들리면 13시가 되는데, B거래처 대리 약속은 18시에 가능하다.

③ G미술관 관람을 마치고 나면 11시가 되는데 F은행은 12시에 가야한다. 1시간 기다려서 F은행 일이 끝나면 13시가 되는데, B거래처 대리 약속은 18시에 가능하다.

⑤ E서점까지 들리면 16시가 되는데, B거래처 대리 약속과 D거래처 부장 약속이 동시에 18시가 된다.

17 O회사에 근무하고 있는 채과장은 거래 업체를 선정하고자 한다. 업체별 현황과 평가기준이 다음과 같을 때, 선정되는 업체는?

<table>
<tr><td rowspan="2">업체명</td><td colspan="4">〈업체별 현황〉</td></tr>
</table>

업체명	시장매력도	정보화수준	접근가능성
	시장규모(억 원)	정보화순위	수출액(백만 원)
A업체	550	106	9,103
B업체	333	62	2,459
C업체	315	91	2,597
D업체	1,706	95	2,777
E업체	480	73	3,888

〈평가기준〉

- 업체별 종합점수는 시장매력도(30점 만점), 정보화수준(30점 만점), 접근가능성(40점 만점)의 합계(100점 만점)로 구하며, 종합점수가 가장 높은 업체가 선정된다.
- 시장매력도 점수는 시장매력도가 가장 높은 업체에 30점, 가장 낮은 업체에 0점, 그 밖의 모든 업체에 15점을 부여한다. 시장규모가 클수록 시장매력도가 높다.
- 정보화수준 점수는 정보화순위가 가장 높은 업체에 30점, 가장 낮은 업체에 0점, 그 밖의 모든 업체에 15점을 부여한다.
- 접근가능성 점수는 접근가능성이 가장 높은 업체에 40점, 가장 낮은 업체에 0점, 그 밖의 모든 업체에 20점을 부여한다. 수출액이 클수록 접근가능성이 높다.

① A 　　　　② B
③ C 　　　　④ D
⑤ E

✔ **해설** 업체별 평가기준에 따른 점수는 다음과 같으며, D업체가 65점으로 선정된다.

	시장매력도	정보화수준	접근가능성	합계
A	15	0	40	55
B	15	30	0	45
C	0	15	20	35
D	30	15	20	65
E	15	15	20	50

18 N사 기획팀에서는 해외 거래처와의 중요한 계약을 성사시키기 위해 이를 담당할 사내 TF팀 인원을 보강하고자 한다. 다음 상황을 참고할 때, 반드시 선발해야 할 2명의 직원은 누구인가?

> 기획팀은 TF팀에 추가로 필요한 직원 2명을 보강해야 한다. 계약실무, 협상, 시장조사, 현장교육 등 4가지 업무는 새롭게 선발될 2명의 직원이 분담하여 모두 수행해야 한다.
> 4가지 업무를 수행하기 위해 필수적으로 갖추어야 할 자질은 다음과 같다.
>
> | 업무 | 필요 자질 |
> |---|---|
> | 계약실무 | 스페인어, 국제 감각 |
> | 협상 | 스페인어, 설득력 |
> | 시장조사 | 설득력, 비판적 사고 |
> | 현장교육 | 국제 감각, 의사 전달력 |
>
> * 기획팀에서 1차로 선발한 직원은 오 대리, 최 사원, 남 대리, 조 사원 4명이며, 이들은 모두 3가지씩의 '필요 자질'을 갖추고 있다.
> * 의사 전달력은 남 대리를 제외한 나머지 3명이 모두 갖추고 있다.
> * 조 사원이 시장조사 업무를 제외한 모든 업무를 수행하려면, 스페인어 자질만 추가로 갖추면 된다.
> * 오 대리는 계약실무 업무를 수행할 수 있고, 최 사원과 남 대리는 시장조사 업무를 수행할 수 있다.
> * 국제 감각을 갖춘 직원은 2명이다.

① 오 대리, 최 사원　　　　　　　② 오 대리, 남 대리

③ 최 사원, 조 사원　　　　　　　④ 최 사원, 남 대리

⑤ 남 대리, 조 사원

✔ 해설 주어진 설명에 의해 4명의 자질과 가능 업무를 표로 정리하면 다음과 같다.

	오 대리	최 사원	남 대리	조 사원
스페인어	○	×	○	×
국제 감각	○	×	×	○
설득력	×	○	○	○
비판적 사고	×	○	○	×
의사 전달력	○	○	×	○

위 표를 바탕으로 4명의 직원이 수행할 수 있는 업무를 정리하면 다음과 같다.
- 오 대리 : 계약실무, 현장교육
- 최 사원 : 시장조사
- 남 대리 : 협상, 시장조사
- 조 사원 : 현장교육

따라서 필요한 4가지 업무를 모두 수행하기 위해서는 오 대리와 남 대리 2명이 최종 선발되어야만 함을 알 수 있다.

	일	월	화	수	목	금	토
	1	2	3	4	5	6	7
오전	1조	1조	1조	1조	1조	2조	2조
오후	2조	2조	2조	3조	3조	3조	3조
야간	3조	4조	4조	4조	4조	4조	1조
	8	9	10	11	12	13	14
오전	2조	2조	2조	3조	3조	3조	3조
오후	3조	4조	4조	4조	4조	4조	1조
야간	1조	1조	1조	1조	2조	2조	2조
	15	16	17	18	19	20	21
오전	3조	4조	4조	4조	4조	4조	1조
오후	1조	1조	1조	1조	2조	2조	2조
야간	2조	2조	3조	3조	3조	3조	3조
	22	23	24	25	26	27	28
오전	1조	1조	1조	1조	2조	2조	2조
오후	2조	2조	3조	3조	3조	3조	3조
야간	4조	4조	4조	4조	4조	1조	1조
	29	30					
오전	2조	2조					
오후	4조	4조					
야간	1조	1조					

- 1조 : 나경원(조장), 임채민, 조은혜, 이가희, 김가은
- 2조 : 김태희(조장), 이샘물, 이가야, 정민지, 김민경
- 3조 : 우채원(조장), 황보경, 최희경, 김희원, 노혜은
- 4조 : 전혜민(조장), 고명원, 박수진, 김경민, 탁정은

※ 한 조의 일원이 개인 사유로 근무가 어려울 경우 당일 오프인 조의 일원(조장 제외) 중 1인이 대체 근무를 한다.

※ 대체근무의 경우 오전근무 직후 오후근무 또는 오후근무 직후 야간근무는 가능하나 야간근무 직후 오전근무는 불가능하다.

※ 대체근무가 어려운 경우 휴무자가 포함된 조의 조장이 휴무자의 업무를 대행한다.

19 다음은 직원들의 휴무 일정이다. 배정된 대체근무자로 적절하지 못한 사람은?

휴무일자	휴무 예정자	대체 근무 예정자
11월 3일	임채민	① 노혜은
11월 12일	황보경	② 이가희
11월 17일	우채원	③ 이샘물
11월 24일	김가은	④ 이가야
11월 30일	고명원	⑤ 최희경

✔해설 11월 12일 황보경(3조)은 오전근무이다. 1조는 바로 전날 야간근무를 했기 때문에 대체해줄 수 없다. 따라서 이가희가 아닌 우채원(3조 조장)이 황보경의 업무를 대행한다.

20 다음은 직원들의 휴무 일정이다. 배정된 대체근무자로 적절하지 못한 사람은?

휴무일자	휴무 예정자	대체 근무 예정자
11월 7일	노혜은	① 탁정은
11월 10일	이샘물	② 최희경
11월 20일	김희원	③ 임채민
11월 29일	탁정은	④ 김희원
11월 30일	이가희	⑤ 황보경

✔해설 11월 20일 김희원(3조)는 야간근무이다. 1조는 바로 다음 날 오전근무를 해야 하기 때문에 대체해줄 수 없다. 따라서 임채민이 아닌 우채원(3조 조장)이 김희원의 업무를 대행한다.

07 기술능력

1 기술과 기술능력

(1) 기술과 과학

① **노하우(know-how)와 노와이(know-why)**
  ㉠ **노하우** : 특허권을 수반하지 않는 과학자, 엔지니어 등이 가지고 있는 체화된 기술로 경험적이고 반복적인 행위에 의해 얻어진다.
  ㉡ **노와이** : 기술이 성립하고 작용하는가에 관한 원리적 측면에 중심을 둔 개념으로 이론적인 지식으로서 과학적인 탐구에 의해 얻어진다.

② **기술의 특징**
  ㉠ 하드웨어나 인간에 의해 만들어진 비자연적인 대상, 혹은 그 이상을 의미한다.
  ㉡ 기술은 노하우(know-how)를 포함한다.
  ㉢ 기술은 하드웨어를 생산하는 과정이다.
  ㉣ 기술은 인간의 능력을 확장시키기 위한 하드웨어와 그것의 활용을 뜻한다.
  ㉤ 기술은 정의 가능한 문제를 해결하기 위해 순서화되고 이해 가능한 노력이다.

③ **기술과 과학** … 기술은 과학과 같이 추상적 이론보다는 실용성, 효용, 디자인을 강조하고 과학은 그 반대로 추상적 이론, 지식을 위한 지식, 본질에 대한 이해를 강조한다.

(2) 기술능력

① **기술능력과 기술교양** … 기술능력은 기술교양의 개념을 보다 구체화시킨 개념으로, 기술교양은 모든 사람들이 광범위한 관점에서 기술의 특성, 기술적 행동, 기술의 힘, 기술의 결과에 대해 어느 정도의 지식을 가지는 것을 의미한다.

② **기술능력이 뛰어난 사람의 특징**
  ㉠ 실질적 해결을 필요로 하는 문제를 인식한다.
  ㉡ 인식된 문제를 위한 다양한 해결책을 개발하고 평가한다.
  ㉢ 실제적 문제를 해결하기 위해 지식이나 기타 자원을 선택·최적화시키며 적용한다.
  ㉣ 주어진 한계 속에서 제한된 자원을 가지고 일한다.
  ㉤ 기술적 해결에 대한 효용성을 평가한다.

ⓗ 여러 상황 속에서 기술의 체계와 도구를 사용하고 배울 수 있다.

예제 1

Y그룹 기술연구소에 근무하는 정호는 연구 역량 강화를 위한 업계 워크숍에 참석해 기술 능력이 뛰어난 사람의 특징에 대해 기조 발표를 하려고 한다. 다음 중 정호가 발표에 포함시킬 내용으로 옳지 않은 것은?

① 기술의 체계와 같은 무형의 기술에 대한 능력과는 무관하다.
② 주어진 한계 속에서 제한된 자원을 가지고 일한다.
③ 기술적 해결에 대한 효용성을 평가한다.
④ 실질적 해결을 필요로 하는 문제를 인식한다.

기술능력이 뛰어난 사람의 특징에 대해 묻는 문제로 문제의 길이가 길 경우 그 속에 포함된 핵심 어구를 찾는다면 쉽게 풀 수 있는 문제다.

해 설
① 여러 상황 속에서 기술의 체계와 도구를 사용하고 배울 수 있다.

답 ①

---

③ 새로운 기술능력 습득방법

　ㄱ 전문 연수원을 통한 기술과정 연수

　ㄴ E-learning을 활용한 기술교육

　ㄷ 상급학교 진학을 통한 기술교육

　ㄹ OJT를 활용한 기술교육

(3) 분야별 유망 기술 전망

① 전기전자정보공학분야 ⋯ 지능형 로봇 분야

② 기계공학분야 ⋯ 하이브리드 자동차 기술

③ 건설환경공학분야 ⋯ 지속가능한 건축 시스템 기술

④ 화학생명공학분야 ⋯ 재생에너지 기술

(4) 지속가능한 기술

① 지속가능한 발전 ⋯ 지금 우리의 현재 욕구를 충족시키면서 동시에 후속 세대의 욕구 충족을 침해하지 않는 발전

② 지속가능한 기술

　ㄱ 이용 가능한 자원과 에너지를 고려하는 기술

　ㄴ 자원이 사용되고 그것이 재생산되는 비율의 조화를 추구하는 기술

　ㄷ 자원의 질을 생각하는 기술

　ㄹ 자원이 생산적인 방식으로 사용되는가에 주의를 기울이는 기술

(5) 산업재해

① 산업재해란 산업 활동 중의 사고로 인해 사망하거나 부상을 당하고, 또는 유해 물질에 의한 중독 등으로 직업성 질환에 걸리거나 신체적 장애를 가져오는 것을 말한다.

② 산업 재해의 기본적 원인

    ㉠ **교육적 원인** : 안전 지식의 불충분, 안전 수칙의 오해, 경험이나 훈련의 불충분과 작업관리자의 작업 방법의 교육 불충분, 유해 위험 작업 교육 불충분 등

    ㉡ **기술적 원인** : 건물·기계 장치의 설계 불량, 구조물의 불안정, 재료의 부적합, 생산 공정의 부적당, 점검·정비·보존의 불량 등

    ㉢ **작업 관리상 원인** : 안전 관리 조직의 결함, 안전 수칙 미제정, 작업 준비 불충분, 인원 배치 및 작업 지시 부적당 등

예제 2

다음은 철재가 알아낸 산업재해 원인과 관련된 자료이다. 다음 자료에 해당하는 산업재해의 기본적인 원인은 무엇인가?

2015년 산업재해 현황분석 자료에 따른 사망자의 수

(단위 : 명)

사망원인	사망자 수
안전 지식의 불충분	120
안전 수칙의 오해	56
경험이나 훈련의 불충분	73
작업관리자의 작업방법 교육 불충분	28
유해 위험 작업 교육 불충분	91
기타	4

출처 : 고용노동부 2015 산업재해 현황분석

① 정책적 원인
② 작업 관리상 원인
③ 기술적 원인
④ 교육적 원인

출제의도

산업재해의 원인은 크게 기본적 원인과 직접적 원인으로 나눌 수 있고 이들 원인은 다시 여러 개의 세부 원인들로 나뉜다. 표에 나와 있는 각각의 원인들이 어디에 속하는지 잘 구분할 수 있어야 한다.

해 설

④ 안전 지식의 불충분, 안전 수칙의 오해, 경험이나 훈련의 불충분, 작업관리자의 작업방법 교육 불충분, 유해 위험 작업 교육 불충분 등은 산업재해의 기본적 원인 중 교육적 원인에 해당한다.

답 ④

---

③ 산업 재해의 직접적 원인

    ㉠ **불안전한 행동** : 위험 장소 접근, 안전장치 기능 제거, 보호 장비의 미착용 및 잘못 사용, 운전 중인 기계의 속도 조작, 기계·기구의 잘못된 사용, 위험물 취급 부주의, 불안전한 상태 방치, 불안전한 자세와 동장, 감독 및 연락 잘못 등

    ㉡ **불안전한 상태** : 시설물 자체 결함, 전기 기설물의 누전, 구조물의 불안정, 소방기구의 미확보, 안전 보호 장치 결함, 복장·보호구의 결함, 시설물의 배치 및 장소 불량, 작업 환경 결함, 생산 공정의 결함, 경계 표시 설비의 결함 등

④ 산업 재해의 예방 대책

　　㉠ 안전 관리 조직 : 경영자는 사업장의 안전 목표를 설정하고, 안전 관리 책임자를 선정해야 하며, 안전 관리 책임자는 안전 계획을 수립하고, 이를 시행·후원·감독해야 한다.

　　㉡ 사실의 발견 : 사고 조사, 안전 점검, 현장 분석, 작업자의 제안 및 여론 조사, 관찰 및 보고서 연구, 면담 등을 통하여 사실을 발견한다.

　　㉢ 원인 분석 : 재해의 발생 장소, 재해 형태, 재해 정도, 관련 인원, 직원 감독의 적절성, 공구 및 장비의 상태 등을 정확히 분석한다.

　　㉣ 시정책의 선정 : 원인 분석을 토대로 적절한 시정책, 즉 기술적 개선, 인사 조정 및 교체, 교육, 설득, 호소, 공학적 조치 등을 선정한다.

　　㉤ 시정책 적용 및 뒤처리 : 안전에 대한 교육 및 훈련 실시, 안전시설과 장비의 결함 개선, 안전 감독 실시 등의 선정된 시정책을 적용한다.

2　기술능력을 구성하는 하위능력

(1) 기술이해능력

① 기술시스템

　　㉠ 개념 : 기술시스템은 인공물의 집합체만이 아니라 회사, 투자회사, 법적 제도, 정치, 과학, 자연자원을 모두 포함하는 것이기 때문에, 기술적인 것(the technical)과 사회적인 것(the social)이 결합해서 공존한다.

　　㉡ 기술시스템의 발전 단계 : 발명·개발·혁신의 단계 → 기술 이전의 단계 → 기술 경쟁의 단계 → 기술 공고화 단계

② 기술혁신

　　㉠ 기술혁신의 특성

　　　• 기술혁신은 그 과정 자체가 매우 불확실하고 장기간의 시간을 필요로 한다.

　　　• 기술혁신은 지식 집약적인 활동이다.

　　　• 혁신 과정의 불확실성과 모호함은 기업 내에서 많은 논쟁과 갈등을 유발할 수 있다.

　　　• 기술혁신은 조직의 경계를 넘나드는 특성을 갖고 있다.

ⓛ 기술혁신의 과정과 역할

기술혁신 과정	혁신 활동	필요한 자질과 능력
아이디어 창안	• 아이디어를 창출하고 가능성을 검증 • 일을 수행하는 새로운 방법 고안 • 혁신적인 진보를 위한 탐색	• 각 분야의 전문지식 • 추상화와 개념화 능력 • 새로운 분야의 일을 즐김
챔피언	• 아이디어의 전파 • 혁신을 위한 자원 확보 • 아이디어 실현을 위한 헌신	• 정력적이고 위험을 감수함 • 아이디어의 응용에 관심
프로젝트 관리	• 리더십 발휘 • 프로젝트의 기획 및 조직 • 프로젝트의 효과적인 진행 감독	• 의사결정 능력 • 업무 수행 방법에 대한 지식
정보 수문장	• 조직외부의 정보를 내부 구성원들에게 전달 • 조직 내 정보원 기능	• 높은 수준의 기술적 역량 • 원만한 대인 관계 능력
후원	• 혁신에 대한 격려와 안내 • 불필요한 제약에서 프로젝트 보호 • 혁신에 대한 자원 획득을 지원	• 조직의 주요 의사결정에 대한 영향력

(2) 기술선택능력

① 기술선택 … 기업이 어떤 기술을 외부로부터 도입하거나 자체 개발하여 활용할 것인가를 결정하는 것이다.

ⓐ 기술선택을 위한 의사결정
  • 상향식 기술선택 : 기업 전체 차원에서 필요한 기술에 대한 체계적인 분석이나 검토 없이 연구자나 엔지니어들이 자율적으로 기술을 선택하는 것
  • 하향식 기술선택 : 기술경영진과 기술기획담당자들에 의한 체계적인 분석을 통해 기업이 획득해야 하는 대상기술과 목표기술수준을 결정하는 것

ⓛ 기술선택을 위한 절차

```
                    외부환경분석
                        ↓
중장기 사업목표 설정  → 사업 전략 수립  → 요구기술 분석  → 기술전략 수립  → 핵심기술 선택
                        ↓
                    내부 역량 분석
```

- 외부환경분석 : 수요변화 및 경쟁자 변화, 기술 변화 등 분석
- 중장기 사업목표 설정 : 기업의 장기비전, 중장기 매출목표 및 이익목표 설정
- 내부 역량 분석 : 기술능력, 생산능력, 마케팅/영업능력, 재무능력 등 분석
- 사업 전략 수립 : 사업 영역결정, 경쟁 우위 확보 방안 수립
- 요구기술 분석 : 제품 설계/디자인 기술, 제품 생산공정, 원재료/부품 제조기술 분석
- 기술전략 수립 : 기술획득 방법 결정
ⓒ 기술선택을 위한 우선순위 결정
- 제품의 성능이나 원가에 미치는 영향력이 큰 기술
- 기술을 활용한 제품의 매출과 이익 창출 잠재력이 큰 기술
- 쉽게 구할 수 없는 기술
- 기업 간에 모방이 어려운 기술
- 기업이 생산하는 제품 및 서비스에 보다 광범위하게 활용할 수 있는 기술
- 최신 기술로 진부화될 가능성이 적은 기술

예제 3

주현은 건설회사에 근무하면서 프로젝트 관리를 한다. 얼마 전 대규모 프로젝트에 참가한 한 하청업체가 중간 보고회를 열고 다음과 같이 자신들이 이번 프로젝트의 성공적 마무리를 위해 노력하고 있음을 설명하고 있다. 다음 중 총괄 책임자로서 주현이 하청업체의 올바른 추진 방향으로 인정해줘야 하는 부분으로 바르게 묶인 것은?

> ㉠ 정부 및 환경단체가 요구하는 성과평가의 실천 방안을 연구하여 반영하고 있습니다.
> ㉡ 이번 프로젝트 성공을 위해 기술적 효용과 함께 환경적 효용도 추구하고 있습니다.
> ㉢ 오염 예방을 위한 청정 생산기술을 진단하고 컨설팅하면서 협력회사와 연대하고 있습니다.
> ㉣ 환경영향평가에 대해서는 철저한 사후평가 방식으로 진행하고 있습니다.

① ㉠㉡㉢   ② ㉠㉡㉣
③ ㉠㉢㉣   ④ ㉡㉢㉣

출제의도

실제 현장에서 사용하는 기술들에 대해 바람직한 평가요소는 무엇인지 묻는 문제다.

해 설

㉣ 환경영향평가에 대해서는 철저한 사전평가 방식으로 진행해야 한다.

답 ①

② 벤치마킹

　㉠ 벤치마킹의 종류

기준	종류
비교대상에 따른 분류	• 내부 벤치마킹 : 같은 기업 내의 다른 지역, 타 부서, 국가 간의 유사한 활동을 비교대상으로 함 • 경쟁적 벤치마킹 : 동일 업종에서 고객을 직접적으로 공유하는 경쟁기업을 대상으로 함 • 비경쟁적 벤치마킹 : 제품, 서비스 및 프로세스의 단위 분야에 있어 가장 우수한 실무를 보이는 비경쟁적 기업 내의 유사 분야를 대상으로 함 • 글로벌 벤치마킹 : 프로세스에 있어 최고로 우수한 성과를 보유한 동일업종의 비경쟁적 기업을 대상으로 함
수행방식에 따른 분류	• 직접적 벤치마킹 : 벤치마킹 대상을 직접 방문하여 수행하는 방법 • 간접적 벤치마킹 : 인터넷 및 문서형태의 자료를 통해서 수행하는 방법

　㉡ 벤치마킹의 주요 단계

- 범위결정 : 벤치마킹이 필요한 상세 분야를 정의하고 목표와 범위를 결정하며 벤치마킹을 수행할 인력들을 결정
- 측정범위 결정 : 상세분야에 대한 측정항목을 결정하고, 측정항목이 벤치마킹의 목표를 달성하는 데 적정한가를 검토
- 대상 결정 : 비교분석의 대상이 되는 기업/기관들을 결정하고, 대상 후보별 벤치마킹 수행의 타당성을 검토하여 최종적인 대상 및 대상별 수행방식을 결정
- 벤치마킹 : 직접 또는 간접적인 벤치마킹을 진행
- 성과차이 분석 : 벤치마킹 결과를 바탕으로 성과차이를 측정항목별로 분석
- 개선계획 수립 : 성과차이에 대한 원인 분석을 진행하고 개선을 위한 성과목표를 결정하며, 성과목표를 달성하기 위한 개선계획을 수립
- 변화 관리 : 개선목표 달성을 위한 변화사항을 지속적으로 관리하고, 개선 후 변화사항과 예상했던 변화사항을 비교

③ 매뉴얼 … 매뉴얼의 사전적 의미는 어떤 기계의 조작 방법을 설명해 놓은 사용 지침서이다.

　㉠ 매뉴얼의 종류

- 제품 매뉴얼 : 사용자를 위해 제품의 특징이나 기능 설명, 사용방법과 고장 조치방법, 유지 보수 및 A/S, 폐기까지 제품에 관련된 모든 서비스에 대해 소비자가 알아야 할 모든 정보를 제공하는 것
- 업무 매뉴얼 : 어떤 일의 진행 방식, 지켜야할 규칙, 관리상의 절차 등을 일관성 있게 여러 사람이 보고 따라할 수 있도록 표준화하여 설명하는 지침서

ⓛ 매뉴얼 작성을 위한 Tip

- 내용이 정확해야 한다.
- 사용자가 알기 쉽게 쉬운 문장으로 쓰여야 한다.
- 사용자의 심리적 배려가 있어야 한다.
- 사용자가 찾고자 하는 정보를 쉽게 찾을 수 있어야 한다.
- 사용하기 쉬어야 한다.

(3) 기술적용능력

① 기술적용

　ⓖ 기술적용 형태

- 선택한 기술을 그대로 적용한다.
- 선택한 기술을 그대로 적용하되, 불필요한 기술은 과감히 버리고 적용한다.
- 선택한 기술을 분석하고 가공하여 활용한다.

　ⓛ 기술적용 시 고려 사항

- 기술적용에 따른 비용이 많이 드는가?
- 기술의 수명 주기는 어떻게 되는가?
- 기술의 전략적 중요도는 어떻게 되는가?
- 잠재적으로 응용 가능성이 있는가?

② 기술경영자와 기술관리자

　ⓖ 기술경영자에게 필요한 능력

- 기술을 기업의 전반적인 전략 목표에 통합시키는 능력
- 빠르고 효과적으로 새로운 기술을 습득하고 기존의 기술에서 탈피하는 능력
- 기술을 효과적으로 평가할 수 있는 능력
- 기술 이전을 효과적으로 할 수 있는 능력
- 새로운 제품개발 시간을 단축할 수 있는 능력
- 크고 복잡하고 서로 다른 분야에 걸쳐 있는 프로젝트를 수행할 수 있는 능력
- 조직 내의 기술 이용을 수행할 수 있는 능력
- 기술 전문 인력을 운용할 수 있는 능력

다음은 기술경영자의 어떤 부분을 이야기하고 있는가?

> 어떤 일을 마무리하는 데 있어서 6개월의 시간이 걸린다면 그는 그 일을 한 달 안으로 끝낼 것을 원한다. 그에게 강한 밀어붙임을 경험한 사람들은 그에 대해 비판적인 입장을 취하기도 한다. 그의 직원 중 일부는 그 무게를 이겨내지 못하고, 다른 일부의 직원들은 그것을 스스로 더욱 열심히 할 수 있는 자극제로 사용한다고 말한다.

① 빠르고 효과적으로 새로운 기술을 습득하는 능력
② 기술 이전을 효과적으로 할 수 있는 능력
③ 기술 전문 인력을 운용할 수 있는 능력
④ 조직 내의 기술 이용을 수행할 수 있는 능력

해당 사례가 기술경영자에게 필요한 능력 중 무엇에 해당하는 내용인지 묻는 문제로 각 능력에 대해 확실하게 이해하고 있어야 한다.

③ 기술경영자는 기술 전문 인력을 운용함에 있어 강한 리더십을 발휘하고 직원 스스로 움직일 수 있게 이끌 수 있어야 한다.

답 ③

ⓒ 기술관리자에게 필요한 능력
- 기술을 운용하거나 문제 해결을 할 수 있는 능력
- 기술직과 의사소통을 할 수 있는 능력
- 혁신적인 환경을 조성할 수 있는 능력
- 기술적, 사업적, 인간적인 능력을 통합할 수 있는 능력
- 시스템적인 관점
- 공학적 도구나 지원방식에 대한 이해 능력
- 기술이나 추세에 대한 이해 능력
- 기술팀을 통합할 수 있는 능력

③ 네트워크 혁명

ⓐ 네트워크 혁명의 3가지 법칙
- 무어의 법칙 : 컴퓨터의 파워가 18개월마다 2배씩 증가한다는 법칙
- 메트칼피의 법칙 : 네트워크의 가치는 사용자 수의 제곱에 비례한다는 법칙
- 카오의 법칙 : 창조성은 네트워크에 접속되어 있는 다양한 지수함수로 비례한다는 법칙

ⓑ 네트워크 혁명의 역기능 : 디지털 격차(digital divide), 정보화에 따른 실업의 문제, 인터넷 게임과 채팅 중독, 범죄 및 반사회적인 사이트의 활성화, 정보기술을 이용한 감시 등

직표는 J그룹의 기술연구팀에서 근무하고 있는데 하루는 공정 개선 워크숍이 열려 최근 사내에서 이슈로 떠오른 신 제조공법의 도입과 관련해 토론을 벌이고 있다. 신 제조공법 도입으로 인한 이해득실에 대해 의견이 분분한 가운데 직표가 할 수 있는 발언으로 옳지 않은 것은?

① "기술의 수명 주기뿐만 아니라 기술의 전략적 중요성과 잠재적 응용 가능성 등도 따져 봐야 합니다."
② "다른 것은 그냥 넘어가도 되지만 기계 교체로 인한 막대한 비용만큼은 철저히 고려해야 합니다."
③ "신 제조공법 도입이 우리 회사의 어떤 시장 전략과 연관되어 있는지 궁금합니다."
④ "신 제조공법의 수명을 어떻게 예상하고 있는지 알고 싶군요."

출제의도

기술적용능력에 대해 포괄적으로 묻는 문제로 신기술 적용 시 중요하게 생각해야 할 요소로는 무엇이 있는지 파악하고 있어야 한다.

해 설

② 기계 교체로 인한 막대한 비용뿐만 아니라 신 기술도입과 관련된 모든 사항에 대해 사전에 철저히 고려해야 한다.

답 ②

CHAPTER 07

출제예상문제

1 다음은 ISBN 코드와 13자리 번호체계를 설명하는 자료이다. 다음 내용을 참고로 할 때, 빈칸 'A'에 들어갈 마지막 '체크기호'의 숫자는 무엇인가?

〈체크기호 계산법〉
- 1단계 – ISBN 처음 12자리 숫자에 가중치 1과 3을 번갈아 가며 곱한다.
- 2단계 – 각 가중치를 곱한 값들의 합을 계산한다.
- 3단계 – 가중치의 합을 10으로 나눈다.
- 4단계 – 3단계의 나머지 값을 10에서 뺀 값이 체크기호가 된다. 단 나머지가 0인 경우의 체크기호는 0이다.

ISBN 938 – 15 – 93347 – 12 – A

① 5

② 6

③ 7

④ 8

⑤ 9

✔ 해설 • 1단계

9	3	8	1	5	9	3	3	4	7	1	2
×1	×3	×1	×3	×1	×3	×1	×3	×1	×3	×1	×3
=9	=9	=8	=3	=5	=27	=3	=9	=4	=21	=1	=6

- 2단계 : $9 + 9 + 8 + 3 + 5 + 27 + 3 + 9 + 4 + 21 + 1 + 6 = 105$
- 3단계 : $105 \div 10 = 10$ 나머지 5
- 4단계 : $10 - 5 = 5$

따라서 체크기호는 5가 된다.

2 다음은 K사의 드론 사용 설명서이다. 아래 부품별 기능표를 참고할 때, 360도 회전비행을 하기 위하여 조작해야 할 버튼이 순서대로 알맞게 연결된 것은 어느 것인가?

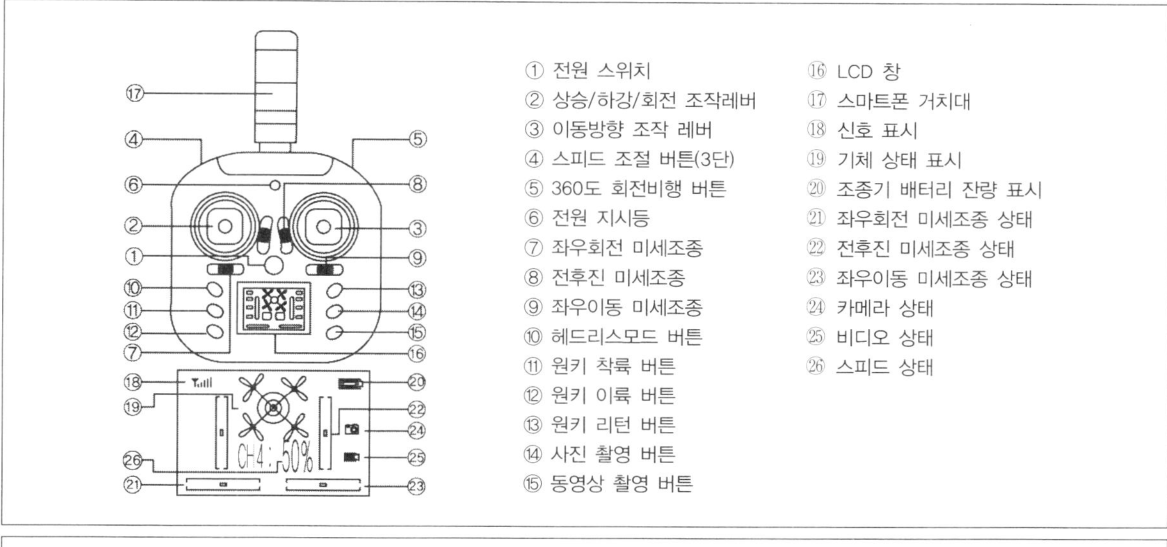

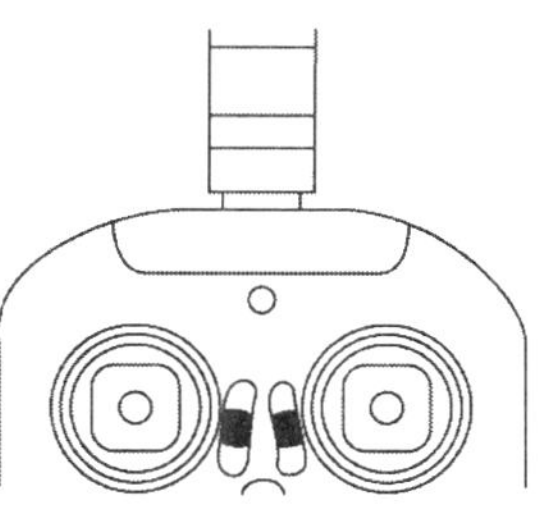

① ③번 버튼 － ⑤번 버튼
② ②번 버튼 － ⑤번 버튼
③ ⑤번 버튼 － ②번 버튼
④ ⑤번 버튼 － ③번 버튼
⑤ ⑦번 버튼 － ③번 버튼

✔해설 360도 회전비행을 위해서는 360도 회전비행을 먼저 눌러야 하며 부품별 기능표의 ⑤번 버튼이 이에 해당된다. 다음으로 오른쪽 이동방향 조작 레버를 원하는 방향으로 조작하여야 하므로 ③번 버튼을 조작해야 한다.

Answer 1.① 2.④

3 다음과 같은 목차 내용을 담고 있는 매뉴얼을 작성하기 위한 방법으로 옳지 않은 것은?

목차

관리번호	관리분야	내용	비고
500	도로보수		
500.1		도로일반	
500.1.1		도로의 종류	
500.1.2		도로의 구성과 기능	
500.1.3		도로 유지보수 개념	
500.1.4		도로의 파손유형 및 대표적 보수공법	
500.1.5		도로상태 조사 및 보수기준	
500.2		도로의 유지보수	
500.2.1		아스팔트 도로보수	
500.2.2		콘크리트 도로보수	

① 사용자가 찾고자 하는 정보를 쉽게 찾을 수 있어야 한다.

② 사용자의 측면에서 심리적 배려가 있어야 한다.

③ 작성내용은 작성자 위주로 알아보기 쉽게 구성되어야 한다.

④ 작성된 매뉴얼의 내용이 정확해야 한다.

⑤ 사용하기 쉽게 쉬운 문장으로 쓰여야 한다.

✔해설 ③ 작성내용은 사용자가 알아보기 쉽도록 구성되어야 한다.

4 다음은 A 기업의 구직자 공개 채용 공고문이다. 현재 우리기업에서 채용하고자 하는 구직자로서 가장 적절한 유형은?

〈A 기업 채용 공고문〉
- 담당업무 : 상세요강 참조
- 고용형태 : 정규직/경력 5년↑
- 근무부서 : 기술팀/서울
- 모집인원 : 1명
- 전공 : △△학과
- 최종학력 : 대졸 이상
- 성별/나이 : 무관/40~50세
- 급여조건 : 협의 후 결정

〈상세요강〉
(1) 직무상 우대 능력
- 기술을 기업의 전반적인 전략 목표에 통합시키는 능력
- 빠르고 효과적으로 새로운 기술을 습득하고 기존의 기술에서 탈피하는 능력
- 기술을 효과적으로 평가할 수 있는 능력
- 기술 이전을 효과적으로 할 수 있는 능력
- 기술 전문 인력을 운용할 수 있는 능력
- 크고 복잡하고 서르 다른 분야에 걸쳐 있는 프로젝트를 수행할 수 있는 능력
- 조직 내 기술 이용을 수행할 수 있는 능력
(2) 제출서류
- 이력서 및 자기소개서(경력중심으로 기술)
- 관련 자격증 사본(해당자만 첨부)
(3) 채용일정
- 서류전형 후 합격자에 한해 면접 실시
(4) 지원방법
- 본사 채용 사이트에서 이력서 및 자기소개서 작성 후 메일(fdskljl@wr.or.kr)로 전송

① 기술관리자
② 현장기술자
③ 기술경영자
④ 작업관리자
⑤ 환경평가자

> **✔ 해설** 해당 공고문의 직무상 우대 능력은 기술경영자로서 필요한 능력을 제시하고 있기 때문에 현재 A 기업에서 채용하고자 하는 구직자로서 가장 적절한 유형은 기술경영자라 할 수 있다.

Answer 3.③ 4.③

5 다음과 같은 프로그램 명령어를 참고할 때, 아래의 모양 변화가 일어나기 위해서 두 번의 스위치를 눌렀다면 어떤 스위치를 눌렀는가? (위부터 아래로 차례로 1~4번 도형임)

스위치	기능
◉	1번, 4번 도형을 시계 방향으로 90도 회전함
◈	2번, 3번 도형을 시계 방향으로 90도 회전함
▣	1번, 2번 도형을 시계 반대 방향으로 90도 회전함
◑	3번, 4번 도형을 시계 반대 방향으로 90도 회전함

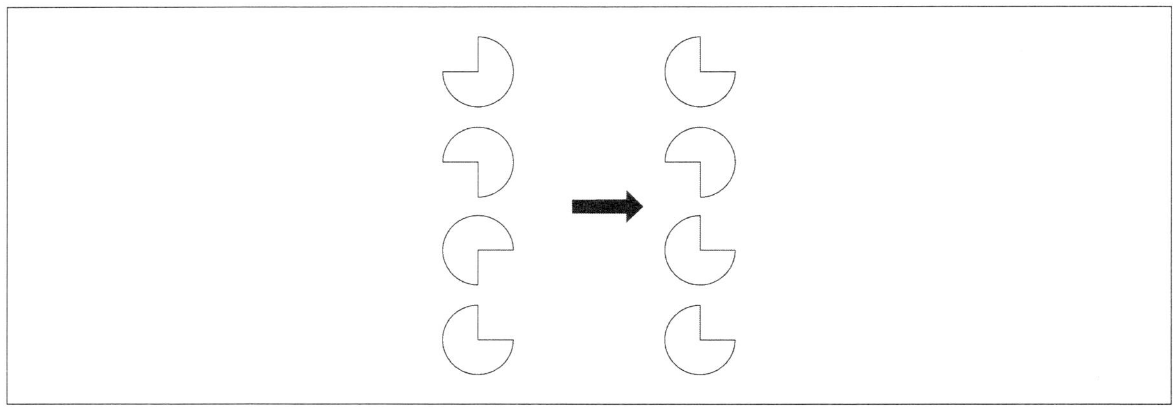

① ▣, ◉
② ◈, ▣
③ ◉, ▣
④ ◑, ◉
⑤ ◑, ◈

✔해설 ◑, ◉을 차례로 눌러서 다음과 같이 변화되었음을 알 수 있다.

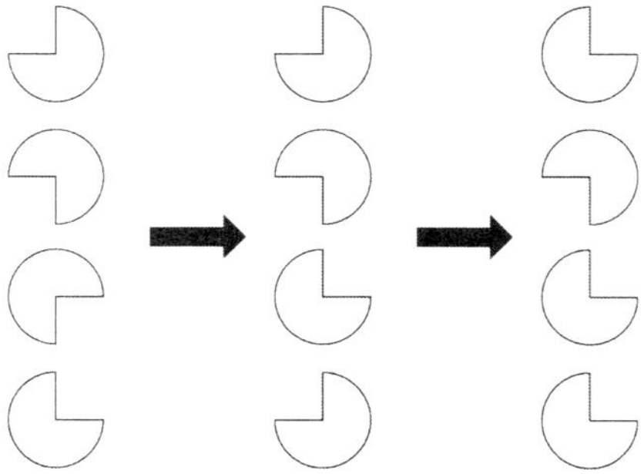

6 다음은 서원상사의 채용 공고문이다. 빈칸에 들어갈 수 있는 능력으로 가장 적절한 것은?

〈서원상사 채용 공고문〉

- 담당업무 : 상세요강 참조
- 고용형태 : 정규직(경력 5년 이상)
- 근무부서 : 기술관리팀
- 모집인원 : 1명
- 전공 : △△학과
- 최종학력 : 대졸 이상
- 성별/나이 : 무관
- 급여조건 : 협의 후 결정

〈상세요강〉

(1) 직무상 우대 능력

(2) 제출서류
- 이력서 및 자기소개서(경력중심으로 기술)
- 관련 자격증 사본(해당자만 첨부)

(3) 채용일정
· 서류전형 후 합격자에 한해 면접 실시

① 기술을 효과적으로 평가할 수 있는 능력
② 기술을 운용하거나 문제 해결을 할 수 있는 능력
③ 새로운 제품개발 시간을 단축할 수 있는 능력
④ 기술을 기업의 전반적인 전략 목표에 통합시키는 능력
⑤ 기술을 홍보에 활용할 수 있는 능력

✔ **해설** 기술관리자에게 요구되는 능력은 기술을 적용할 수 있는 능력이다.

7 다음은 A사의 식품안전관리에 관한 매뉴얼의 일부이다. 아래의 내용을 읽고 가장 적절하지 않은 항목을 고르면?

---

1. 식재료 구매 및 검수

※ 검수절차 및 유의사항

① 청결한 복장, 위생장갑 착용 후 검수 시작

② 식재료 운송차량의 청결상태 및 온도유지 여부 확인

③ 표시사항, 유통기한, 원산지, 중량, 포장상태, 이물혼입 등 확인

④ 제품 온도 확인

⑤ 검수 후 식재료는 전처리 또는 냉장·냉동보관

－냉동 식재료 검수 방법

변색 확인	장기간 냉동 보관과 부주의한 관리로 식재료의 색상이 변색
이취 전이	장기간 냉동 보관 및 부주의한 관리로 이취가 생성
결빙 확인	냉동보관이 일정하게 이루어지지 않아 결빙 발생 및 식재료의 손상 초래
분리 확인	장기간의 냉동 보관과 부주의한 관리로 식재료의 분리 발생

－ 가공 식품 검수 방법

외관 확인	용기에 손상이 가 있거나 부풀어 오른 것
표시 확인	유통기한 확인 및 유통온도 확인
내용물 확인	본래의 색이 변질된 것, 분말 제품의 경우 덩어리 진 것은 습기가 차서 변질된 것임

2. 식재료 보관

※ 보관 방법 및 유의사항

① 식품과 비식품(소모품)은 구분하여 보관

② 세척제, 소독제 등은 별도 보관

③ 대용량 제품을 나누어 보관하는 경우 제품명과 유통기한 반드시 표시하고 보관용기를 청결하게 관리

④ 유통기한이 보이도록 진열

⑤ 입고 순서대로 사용(선입선출)

⑥ 보관 시설의 온도 15℃, 습도 50~60% 유지

⑦ 식품보관 선반은 벽과 바닥으로부터 15cm 이상 거리 두기

⑧ 직사광선 피하기

⑨ 외포장 제거 후 보관

⑩ 식품은 항상 정리 정돈 상태 유지

---

① 식재료 검수 시에는 표시사항, 유통기한, 원산지, 중량, 포장상태, 이물혼입 등을 확인해야 한다.

② 식재료 검수 후에 식재료는 전처리 또는 냉장·냉동보관을 해야 한다.

③ 식재료 보관 시의 보관 시설 온도는 10℃, 습도 45~60% 유지해야 한다.

④ 식재료 보관 시 식품보관 선반은 벽과 바닥으로부터 15cm 이상 거리를 두어야 한다.

⑤ 식재료는 입고 순서대로 사용한다.

> **✔해설** 제시된 내용에서 보면 2. 식재료 보관의 ⑥번에서 '식재료 보관 시의 보관 시설의 온도는 15℃, 습도는 50~
> 60%를 유지해야 한다.'고 명시되어 있다.

8 다음 중 기술경영자에게 필요한 능력으로 보기 가장 어려운 것은?

① 기술을 기업의 전반적인 전략 목표에 통합시키는 능력

② 기술을 효과적으로 평가할 수 있는 능력

③ 조직 내의 기술 이용을 수행할 수 있는 능력

④ 공학적 도구나 지원방식에 대한 이해 능력

⑤ 기술 전문 인력을 운용할 수 있는 능력

> **✔해설** 공학적 도구나 지원방식에 대한 이해 능력은 기술관리자에게 필요한 능력이다.

  아래의 내용을 읽고 알 수 있는 이 글이 궁극적으로 말하고자 하는 내용을 고르면?

> "좋은 화학"의 약품 생산 공장에 근무하고 있는 김 대리는 퇴근 후 가족과 뉴스를 보다가 우연히 자신이 근무하고 있는 화학 약품 생산 공장에서 발생한 대형화재에 대한 뉴스를 보게 되었다. 수십 명의 사상자를 발생시킨 이 화재의 원인은 노후 된 전기 설비로 인한 누전 때문으로 추정된다고 하였다. 불과 몇 시간 전까지 같이 근무했던 사람들의 사망소식에 김 대리는 어찌할 바를 모른다.
>
> 그렇지 않아도 공장장에게 노후한 전기설비를 교체하지 않으면 큰 일이 날지도 모른다고 늘 강조해왔는데 결국에는 돌이킬 수 없는 대형 사고를 터트리고 만 것이다.
>
> "사전에 조금만 주의를 기울였다면 이러한 대형 사고는 충분히 막을 수 있었을 텐데…", "내가 더 적극적으로 공장장을 설득하여 전기설비를 교체했더라면 오늘과 같이 소중한 동료들을 잃는 일은 없었을 텐데…"라며 자책하고 있는 김 대리.
>
> 이와 같은 대형 사고는 사전에 위험 요소에 대한 조그만 관심만 있었더라면 충분히 예방할 수 있는 경우가 매우 많다. 그럼에도 불구하고 끊임없이 반복하여 발생하는 이유는 무엇일까?

① 노후 된 기계는 무조건 교체해야 함을 알 수 있다.

② 산업재해는 어느 정도 예측이 가능하며, 그에 따라 예방이 가능하다.

③ 노후 된 전기 설비라도 회사를 생각해 비용을 줄이면서 기계사용을 감소시켜야 한다.

④ 대형 사고는 발생한 이후의 대처가 상당히 중요하다는 것을 알 수 있다.

⑤ 산업재해의 책임은 담당자뿐만 아니라 회사 전체에 있다.

> **✔해설** 제시된 내용은 예측이 가능했던 사고임에도 적절하게 대처를 하지 못해 많은 피해를 입히게 된 것으로, 이러한 사례를 통해 학습자들은 산업재해는 어느 정도 예측이 가능하며, 그에 따라 예방이 가능함을 알 수 있다.

10 다음 사례에서 나타난 기술경영자의 능력으로 가장 적절한 것은?

> 　동영상 업로드 시 거쳐야 하는 긴 영상 포맷 변환 시간을 획기적으로 줄일 수는 없을까? 영상 스트리밍 사이트에 동영상을 업로드하면 '영상 처리 중입니다' 문구가 나온다. 이는 올린 영상을 트랜스코딩(영상 재압축) 하는 것인데 시간은 보통 영상 재생 길이와 맞먹는다. 즉, 한 시간짜리 동영상을 업로드하려면 한 시간을 영상 포맷하느라 소비해야 하는 것이다. A기업은 이러한 문제점을 해결하고자 동영상 업로드 시 포맷 변환을 생략하고 바로 재생할 수 있는 '노 컷 어댑티브 스트리밍(No Cut Adaptive Streaming)' 기술을 개발했다. 이 기술을 처음 제안한 A기업의 기술최고책임자(CTO) T는 "영상 길이에 맞춰 기다려야 했던 포맷 변환 과정을 건너뛴 것"이라며 "기존 영상 스트리밍 사이트가 갖고 있던 단점을 보완한 기술"이라고 설명했다. 화질을 유동적으로 변환시켜 끊김 없이 재생하는 어댑티브 스트리밍 기술은 대부분의 영상 스트리밍 사이트에 적용되고 있다. mp4나 flv 같은 동영상 포맷을 업로드 할 경우 어댑티브 스트리밍 포맷에 맞춰 변환시켜줘야 한다. 바로 이 에어브로드 기술은 자체 개발한 알고리즘으로 변환 과정을 생략한 것이다.

① 기술을 기업의 전반적인 전략 목표에 통합시키는 능력

② 새로운 기술을 습득하고 기존의 기술에서 탈피하는 능력

③ 새로운 제품개발 시간을 단축할 수 있는 능력

④ 기술 전문 인력을 운용할 수 있는 능력

⑤ 기술을 효과적으로 평가할 수 있는 능력

✔해설 주어진 보기는 모두 기술경영자에게 필요한 능력이지만 자료는 A기업 기술최고책임자 (CTO) T가 기존의 기술이 갖고 있던 단점을 보완하여 새로운 기술을 개발해 낸 사례이기 때문에 가장 적절한 답은 ②가 된다.

※ 기술경영자에게 필요한 능력
　　㉠ 기술을 기업의 전반적인 전략 목표에 통합시키는 능력
　　㉡ 빠르고 효과적으로 새로운 기술을 습득하고 기존의 기술에서 탈피하는 능력
　　㉢ 기술을 효과적으로 평가할 수 있는 능력
　　㉣ 기술 이전을 효과적으로 할 수 있는 능력
　　㉤ 새로은 제품개발 시간을 단축할 수 있는 능력
　　㉥ 크고 복잡하고 서로 다른 분야에 걸쳐 있는 프로젝트를 수행할 수 있는 능력
　　㉦ 조직 내의 기술 이용을 수행할 수 있는 능력
　　㉧ 기술 전문 인력을 운용할 수 있는 능력

11 산업재해는 산업 활동 중의 사고로 인해 사망하거나 부상을 당하고, 또는 유해 물질에 의한 중독 등으로 직업성 질환에 걸리거나 신체적 장애를 가져오는 것을 의미한다. 다음의 사례들은 산업재해에 관한 내용을 다루고 있는데, 아래의 내용을 참고하여 산업재해를 예방하기 위한 과정으로써 가장 바르지 않은 것을 고르면?

㉠ 산업재해 사고사망자를 줄이기 위한 갖가지 노력에도 그 결과는 신통치 않다. 대전지방고용노동청에 따르면 지난 17일 기준 대전을 포함한 세종, 금산, 계룡 공주 등 대전노동청 관내 사고성 사망재해는 28명으로 전년 동기 대비 13명 늘었다. 한화 폭발 사고와 세종 건설현장 화재 등 지역 내 사망재해 대형사고가 발생한 영향이라는 게 대전노동청 관계자의 설명이다. 범위를 충청권으로 늘려보면 그 수는 더 늘어난다. 올해 대전과 충남·북의 사고성 사망재해는 91명으로 전년 동기 대비 27명 증가했다. 대전 고용노동청은 오는 10월 31일까지 '사망사고 예방 100일 대책'을 시행한다. 정부가 '2022년까지 산재사망사고 절반으로 줄이기'를 핵심 정책목표로 추진하고 있음에도 불구하고 지역 내에서 오히려 산재사망사고가 되레 증가(118%)해 특단의 대책이 필요하다는 판단에서다.

대전청 관계자는 "앞으로 사망사고가 발생한 사업장에 대해서 즉시 전면 작업 중지를 명령하고 이후 안전·보건조치가 완료됐다고 판단될 때까지 사업장의 작업 재개를 허용하지 않겠다"고 강조했다. 또 업종별 대책으로 건설업 사망사고 예방을 위해 다세대주택 등 밀집지역에 대해 집중 감독을 실시하고 안전불량 건설현장에 대한 이동순찰대 운영, 시스템 비계 설치 현장 감독 면제 등이 시행된다. 대전·세종·충남북의 산재 예방업무를 총괄하는 안전보건공단 대전지역본부도 전년 대비 사고사망자 10% 감소를 목표로 산업재해 예방에 나서고 있다. 공단은 건축공사 현장 3600곳에 대한 집중 지도를 하고 건설 안전지킴이가 순찰 시 고위험 현장 경고스티커 부착을 통해 1차적 자율개선을 유도할 예정이다. 추락재해는 작업발판 미설치 현장을 없애는 방법으로, 충돌 재해는 지게차 작업 안전관리 체계화 등으로, 질식은 3대 위험요인 집중관리를 실행해 향후 5년간 지속적으로 추진할 계획이다. 이명로 대전노동청장은 "근로자의 생명은 그 무엇과도 바꿀 수 없는 소중한 가치"라며 "소규모 건설공사의 추락사고 예방을 위해 안전난간·작업발판·울타리 등을 설치해야 하고 임시해체를 할 경우에는 추락방지망 설치, 안전대 부착설비 후 안전대 착용, 작업 중 안전모·안전화 착용 등 기본적인 안전수칙을 반드시 지켜달라"고 당부했다. 이어 "건설현장에서 강관비계 대신 비용은 조금 더 들지만 안전성이 높은 시스템비계를 설치하면 추락사고의 위험이 현저히 줄어들므로 이를 적극 권장하고 있다"고 말했다.

㉡ 지난 5월 말 한화 대전사업장에서 일어난 폭발사고로 5명이 숨지는 등 9명의 사상자가 발생했다. 이 사건에 대해 국립과학수사연구원은 '가해진 충격이 추진체 발화의 원인으로 추정된다'는 감정결과를 내놨다. 밸브를 수동으로 열기 위해 나무 봉을 고무망치로 타격하면서 가해진 충격이 추진체 발화의 원인으로 추진된다는 거다. 이날 사고로 인적피해는 물론 건물 출입문 및 벽체 50㎡가 파손됐다.

지난 6월 말 세종 새롬동 주상복합 공사장에 발생한 화재로 3명이 숨지는 등 40명의 사상자가 발생했다. 이 사건에 대해 국립과학수사연구원은 '발화구역의 전선에서 단락흔이 발견돼 전기적 요인으로 불이 난 것으로 한정된다'고 감정 결과를 밝혔다. 이날 사고로 발생한 재산피해액은 32억 원에 달한다. 누군가의 부모 혹은 배우자, 자식이 안타깝게도 목숨을 잃었다. 살아가는 데 필요한 돈을 벌기 위해 뛰어든 곳에서 그들은 불의의 사고로 세상을 등졌다. 우리는 이를 산업재해라 부른다. 산재라는 개념은 근대 자본주의사회가 등장하면서 발생했다. 중세 봉건제에서 근대 자본주의로 이행하면서 신분의 구속에서 해방된 노동자는 사용자와의 계약을 통해 근로자의 위치로 변화됐다. 또 자본주의적 대공장 중심의 대량생산체제에선 그 이전 시대에 존재하지 않았던 수많은 산재 위험 요인을 발생시켰고 이윤 추구가 노동자의 산업 안전에 대한 관심을 압도하는 모습이었다. 이에 산재에 대한 국가와 시민사회, 노동자 단체의 개선 요구에 따라 산재 발생을 줄이려는 노력이 이뤄졌고 산재를 법적으로 보상하는 제도가 마련됐다. 지난해 기준 우리나라의 산재 사고사망자는 964명에 달한다. 여기에 업무상질병으로 인한 사망자를 합친다면 그 수는 2000명에 육박한다. 경제적 손실 추정액은 22조여 원. 산재를 줄이기 위해서는 '예방'이 우선이라고 전문가들은 입을 모은다. 이에 발맞춰 정부도 산재 사망자수를 절반으로 줄이기 위한 대책을 내놨다. 우선 법·제도를 개정해 발주자의 안전관리 의무를 규정하고 원청의 안전관리 역할을 확대한다. 원청 관리하의 모든 장소에서 하청노동자의 안전까지 관리하도록 의무를 부여하고 수은·납·카드뮴 제련 등 고유해 위험작업은 도급자체를 금지하게 된다. 또 노동자에 대해 보호구 착용 등 기본적인 안전수칙을 준수할 수 있도록 계도·적발을 강화하고 공공발주공사는 안전수칙을 두 번 위반할 경우 즉시 퇴거조치 하게 된다. 산재 사망사고의 대다수를 차지하는 건설, 기계·장비, 조선·화학 등 분야에는 특성을 고려한 맞춤형 대책이 추진된다. 건설 분야에는 착공 전 수립해야 하는 안전관리계획 내용에 지반조건 등 현장분석 항목을 보완하고 계획 승인 전 전문기관의 검토를 의무화한다. 또 대형 건설사의 자율개선 노력을 유도하기 위해 100대 건설사까지 매년 사망사고를 20% 감축하도록 목표관리제를 시행한다. 이외에도 현장관리·감독 시스템 체계화, 안전기술 개발·보급, 안전보건교육 혁신은 물론 안전중시 문화 확산에 힘쓰기로 했다.

문재인 대통령은 지난 1월 신년사를 통해 "국민생명 지키기 3대 프로젝트를 집중 추진해 오는 2022년까지 산업안전을 포함한 3대 분야의 사망자를 절반으로 줄이겠다"고 의지를 밝혔다.

① 재해원인을 분석해야 한다.

② 안전관리 조직을 형성해야 한다.

③ 사실을 발견해야 한다.

④ 시정책을 선정해야 한다.

⑤ 시정책을 적용할 필요는 없다.

> ✔해설 산업재해는 노동과정에서 작업환경 또는 작업행동 등 업무상의 사유로 발생하는 노동자의 신체적·정신적 피해로써 산업재해를 예방하기 위한 과정으로는 안전관리의 조직, 사실의 발견, 원인의 분석, 시정책의 선정, 시정책의 적용 및 뒤처리 등이 있다.

12 고등학교 동창인 A씨, B씨, C씨, D씨, E씨는 모두 한 집에 살고 있다. 이들 네 사람은 봄맞이 대청소를 하고 새로운 냉장고를 구입한 후 함께 앉아 냉장고 사용설명서를 읽고 있다. 다음 내용을 바탕으로 냉장고 사용 매뉴얼을 잘못 이해한 사람을 고르면?

1. 사용 환경에 대한 주의사항
2. 안전을 위한 주의사항

　　※ 사용자의 안전을 지키고 재산상의 손해 등을 막기 위한 내용입니다. 반드시 읽고 올바르게 사용해 주세요.

경고	'경고'의 의미 : 지시사항을 지키지 않았을 경우 사용자의 생명이 위험하거나 중상을 입을 수 있습니다.
주의	'주의'의 의미 : 지시사항을 지키지 않았을 경우 사용자의 부상이나 재산 피해가 발생할 수 있습니다.
전원 관련 경고	• 220V 전용 콘센트 외에는 사용하지 마세요. • 손상된 전원코드나 플러그, 헐거운 콘센트는 사용하지 마세요. • 코드부분을 잡아 빼거나 젖은 손으로 전원 플러그를 만지지 마세요. • 전원 코드를 무리하게 구부리거나 무거운 물건에 눌려 망가지지 않도록 하세요. • 천둥, 번개가 치거나 오랜 시간 사용하지 않을 때는 전원 플러그를 빼주세요. • 220V 이외에 전원을 사용하거나 한 개의 콘센트에 여러 전기제품을 동시에 꽂아 사용하지 마세요. • 접지가 잘 되어 있지 않으면 고장이나 누전 시 감전될 수 있으므로 확실하게 해 주세요. • 전원 플러그에 먼지가 끼어 있는지 확인하고 핀을 끝까지 밀어 확실하게 꽂아 주세요.
설치 및 사용 경고	• 냉장고를 함부로 분해, 개조하지 마세요. • 냉장고 위에 무거운 물건이나 병, 컵, 물이 들어 있는 용기는 올려놓지 마세요. • 어린이나 냉장고 문에 절대로 매달리지 못하게 하세요. • 불이 붙기 쉬운 LP 가스, 알코올, 벤젠, 에테르 등은 냉장고에 넣지 마세요. • 가연성 스프레이나 열기구는 냉장고 근처에 사용하지 마세요. • 가스가 샐 때에는 냉장고나 플러그는 만지지 말고 즉시 환기시켜 주세요. • 이 냉장고는 가정용으로 제작되었기에 선박용으로 사용하지 마세요. • 냉장고를 버릴 때에는 문의 패킹을 떼어 내시고, 어린이가 노는 곳에는 냉장고를 버려두지 마세요. (어린이가 들어가면 갇히게 되어 위험합니다.)

① A씨 : 밖에 천둥, 번개가 심하게 치니까 전원 플러그를 빼야겠어

② B씨 : 우리가 구입한 냉장고는 선박용으로 활용해서는 안 돼

③ C씨 : 냉장고를 임의로 분해하거나 개조하지 말라고 하는데, 이는 냉장고를 설치하거나 사용 시의 경고로 받아들일 수 있어

④ D씨 : '주의' 표시어서 지시사항을 제대로 지키지 않으면 생명이 위험하게 된데

⑤ E씨 : 물에 젖은 손으로 전원플러그를 만지지 말라고 하는데, 이는 전원에 관련한 경고로 볼 수 있어

> **✔해설** 위에 제시된 주의사항에서 "주의"의 의미는 해당 지시사항을 지키지 않았을 시에 이를 사용하는 사용자의 부상 또는 재산상의 피해가 발생할 수 있다고 명시되어 있다. 하지만 이와는 반대로 "경고"의 의미는 시시사항을 따르지 않을 경우 이를 사용하는 사용자의 생명이 위험에 처하게 되거나 또는 중상을 입을 수 있음을 나타내고 있다. 보기에서 김정은이 말하고 있는 것은 "주의"가 아닌 "경고"의 의미를 이해하고 있는 것이다.

13 창조성은 네트워크에 접속되어 있는 다양한 지수함수로 비례한다는 네트워크 혁명의 법칙은?

① 무어의 법칙

② 메트칼피의 법칙

③ 세이의 법칙

④ 카오의 법칙

⑤ 메러비안의 법칙

> **✔해설** 네트워크 혁명의 3가지 법칙
> ㉠ 무어의 법칙 : 컴퓨터의 파워가 18개월마다 2배씩 증가한다는 법칙
> ㉡ 메트칼피의 법칙 : 네트워크의 가치는 사용자 수의 제곱에 비례한다는 법칙
> ㉢ 카오의 법칙 : 창조성은 네트워크에 접속되어 있는 다양한 지수함수로 비례한다는 법칙

14 아래의 내용은 "(주) 더 하얀"에서 출시된 신상품 세탁기의 매뉴얼을 나타내고 있다. 제시된 내용을 참조하여 세탁기 사용설명서를 잘못 이해하고 있는 사람을 고르면?

※ 아래에 있는 내용은 "경고"와 "주의"의 두 가지로 구분하고 있으며, 해당 표시를 무시하고 잘못된 취급을 할 시에는 위험이 발생할 수 있으니 반드시 주의 깊게 숙지하고 지켜주시기 바랍니다. 더불어 당부사항도 반드시 지켜주시기 바랍니다.

1. 경고

① 아래 그림과 같이 제품수리기술자 이외 다른 사람은 절대로 세탁기 분해, 개조 및 수리 등을 하지 마세요.
 • 화재, 감전 및 상해의 원인이 됩니다. 해당 제품에 대한 A/S 문의는 제품을 구입한 대리점 또는 사용설명서의 뒷면을 참조하시고 상담하세요.

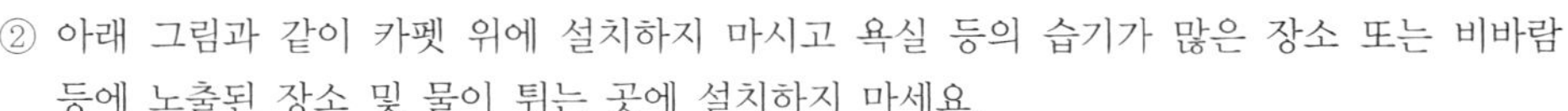

② 아래 그림과 같이 카펫 위에 설치하지 마시고 욕실 등의 습기가 많은 장소 또는 비바람 등에 노출된 장소 및 물이 튀는 곳에 설치하지 마세요.
 • 이러한 경우에 화재, 감전, 고장, 변형 등의 위험이 있습니다.

③ 아래 그림과 같이 해당 세탁기를 타 전열기구와 함께 사용하는 것을 금하며 정격 15A 이상의 콘센트를 단독으로 사용하세요.
 • 자사 세탁기를 타 기구와 사용하게 되면 분기 콘센트부가 이상 과열되어 이는 화재 또는 감전의 위험이 있습니다.

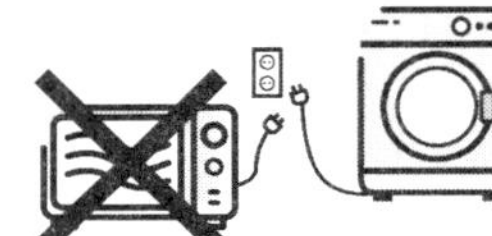

④ 아래 그림과 같이 접지를 반드시 연결해 주십시오.
 • 제대로 접지가 안 된 경우에는 고장 또는 누전 시에 감전의 위험이 있습니다.
 • 가옥의 구조 또는 세탁기 설치 장소에 따라서 전원 콘센트가 접지가 안 될 시에는 해당 서비스센터에 문의하여 외부접지선을 활용해 접지하세요.

⑤ 아래 그림과 같이 전원플러그를 뽑을 경우에는 전원코드를 잡지 말고 반드시 끝단의 전원플러그를 손으로 잡고 뽑아주세요.
 • 화재 또는 감전의 위험이 있습니다.

⑥ 아래 그림과 같이 전원 플러그의 금속부분이나 그 주변 등에 먼지가 붙어 있을 시에는 깨끗이 닦아주시고, 전원 플러그가 흔들리지 않도록 확실하게 콘센트에 접속해 주세요.
 • 먼지가 쌓여서 발열, 발화 및 절연열화에 의해 감전, 누전의 원인이 됩니다.

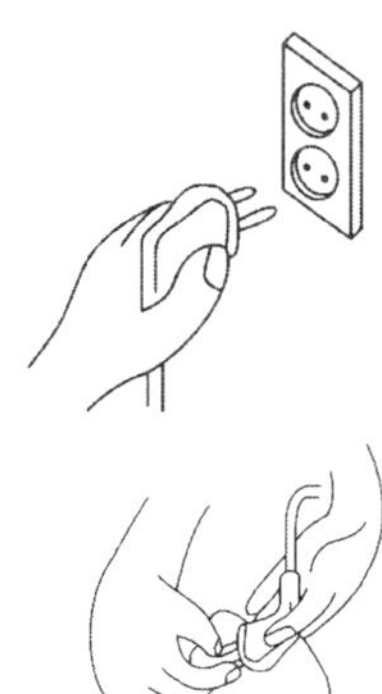

2. 주의

① 자사 세탁기 본래의 용도 (의류세탁) 외의 것은 세탁 (탈수)하지 마세요.

- 이상 진동을 일으키면서 제품 본체를 손상시킬 위험이 있습니다.

② 온수를 사용하는 경우에는 50도 이상의 뜨거운 물은 사용하지 마세요.

- 플라스틱 부품의 변형 또는 손상 등에 의해서 감전 혹은 누전 등의 위험이 있습니다.

③ 오랜 시간 동안 사용하지 않을 시에는 반드시 전원 플러그를 콘센트에서 뽑아주세요

- 절연저하로 인해 감전, 누전, 화재 등의 원인이 됩니다.

3. 당부사항

① 세탁물은 초과해서 넣지 마세요.

- 탈수 시에 세탁물이 빠져나올 수 있습니다.

② 세제를 과하게 넣지 마세요.

- 세제를 많이 넣게 되면 세탁기 외부로 흘러나오거나 또는 전기부품에 부착되어 고장의 원인이 됩니다.

③ 탈수 중 도어가 열린 상태로 탈수조가 회전하는 경우에는 세탁기의 사용을 중지하고 수리를 의뢰해 주세요.

- 상해의 원인이 됩니다.

④ 세탁 시에 세탁물이 세탁조 외부로 빠져나오는 경우 또는 물이 흘러넘치는 것을 방지하기 위해 아래와 같이 조치해 주세요.

- 세탁물이 많을 시에는 균일하게 잘 넣어주세요. 세탁물이 떠오르게 되어 급수 시 물을 비산시켜 바닥으로 떨어지거나 또는 탈수 시 세탁물이 빠져나와 손상을 입힐 수 있습니다.

- 쉽게 물에 뜨거나 또는 큰 세탁물의 경우에는 급수 후 일시정지를 한 다음 손으로 눌러 밀어 넣어 세탁물을 수면 아래로 밀어 넣어주세요. 세탁을 진행하고 있는 동안에도 세탁물에 물이 새어들지 않거나 또는 손으로 눌러도 세탁 액이 새어들지 않는 세탁물은 세탁하지 마세요. 탈수 시에 빠져나와 의류 및 세탁기를 손상시킬 수 있습니다.

① 연철 : 자사의 세탁기는 전류용량 상 멀티 탭을 활용하여 15A 이상의 콘센트를 타 전열기구와 함께 사용하는 것이 좋아

② 우진 : 제품에 대한 A/S는 대리점이나 설명서 뒷면을 참조하면 되겠군

③ 규호 : 전원플러그를 뺄 경우에는 손으로 끝단의 전원플러그를 잡아서 빼야해

④ 원모 : 전원플러그 주변의 먼지는 깨끗이 닦아줘야 한다는 것을 잊어서는 안 돼

⑤ 형일 : 세제를 많이 넣게 될 경우에는 이 또한 세탁기 고장의 원인으로 작용할 수 있어

Answer 14.①

15 아래의 내용을 통해 구체적으로 알 수 있는 사실은?

> P화학 약품 생산 공장에 근무하고 있는 M대리. 퇴근 후 가족과 뉴스를 보다가 자신이 근무하고 있는 화학
> 약품 생산 공장에서 발생한 대형화재에 대한 뉴스를 보게 되었다. 수십 명의 사상자를 발생시킨 이 화재의 원
> 인은 노후된 전기 설비로 인한 누전 때문으로 추정된다고 하였다. 불과 몇 시간 전까지 같이 근무했던 사람들
> 의 사망소식에 M대리는 어찌할 바를 모른다. 그렇지 않아도 공장장에게 노후한 전기설비를 교체하지 않으면
> 큰 일이 날지도 모른다고 늘 강조해왔는데 결국에는 돌이킬 수 없는 대형사고를 터트리고 만 것이다.
> "사전에 조금만 주의를 기울였다면 이러한 대형 사고는 충분히 막을 수 있었을 텐데...." "내가 더 적극적
> 으로 공장장을 설득하여 전기설비를 교체했더라면 오늘과 같이 소중한 동료들을 잃는 일은 없었을 텐데...."
> 라며 자책하고 있는 M대리.
> 이와 같은 대형 사고는 사전에 위험 요소에 대한 조그만 관심만 있었더라면 충분히 예방할 수 있는 경우
> 가 매우 많다. 그럼에도 불구하고 끊임없이 반복하여 발생하는 이유는 무엇일까?

① 산업재해는 무조건 예방이 가능하다.
② 산업재해는 어느 정도의 예측이 가능하며 이로 인한 예방이 가능하다.
③ 산업재해는 어떠한 경우라도 예방이 불가능하다.
④ 산업재해는 전문가만이 예방할 수 있다.
⑤ 산업재해는 근무자가 아닌 의사결정자들이 항상 예의주시해야 한다.

16 개발팀의 팀장 B씨는 요즘 신입사원 D씨 때문에 고민이 많다. 입사 시에 높은 성적으로 입사한 D씨가 실제 업무를 담당하자마자 이곳저곳에서 불평이 들려오기 시작했다. 머리는 좋지만 실무경험이 없고 인간관계가 미숙하여 여러 가지 문제가 생겼던 것이다. 업무에 대한 기본적이고 일반적인 내용만을 교육하는 신입사원 집합교육은 부족하다 판단한 B씨는 D씨에게 추가적으로 기술교육을 시키기로 결심했다. 하지만 현재 개발팀은 고양이 손이라도 빌려야 할 정도로 바빠서 B씨는 고민 끝에 업무숙달도가 뛰어나고 사교성이 좋은 입사 5년차 대리 J씨에게 D씨의 교육을 일임하였다. 다음 중 J씨가 D씨를 교육하기 위해 선택할 방법으로 가장 적절한 것은?

① 전문 연수원을 통한 기술교육

② E-learning을 활용한 기술교육

③ 상급학교 진학을 통한 기술교육

④ OJT를 활용한 기술교육

⑤ 오리엔테이션을 통한 기술교육

> **✔ 해설** OJT란 조직 안에서 피교육자인 종업원이 직무에 종사하면서 받게 되는 교육 훈련방법으로 집합교육으로는 기본적·일반적 사항 밖에 훈련시킬 수 없어 피교육자인 종업원에게 '업무 수행의 중단되는 일이 없이 업무수행에 필요한 지식·기술·능력·태도를 가르치는 것'을 말한다. 다른 말로 직장훈련·직장지도·직무상 지도 등이라고도 한다. OJT는 모든 관리자·감독자가 업무수행상의 지휘감독자이자 업무수행 과정에서 부하직원의 능력향상을 책임지는 교육자이어야 한다는 생각을 기반으로 직장 상사나 선배가 지도·조언을 해주는 형태로 훈련이 행하여지기 때문에, 교육자와 피교육자 사이에 친밀감을 조성하며 시간의 낭비가 적고 조직의 필요에 합치되는 교육훈련을 할 수 있다는 장점이 있다.

스위치	기능
☆	1번, 2번 기계를 180° 회전함
★	1번, 3번 기계를 180° 회전함
◇	2번, 3번 기계를 180° 회전함
◆	2번, 4번 기계를 180° 회전함
◑	1번, 3번 기계의 작동상태를 바꿈 (동작 → 정지, 정지 → 동작)
◒	2번, 4번 기계의 작동상태를 바꿈
○	모든 기계의 작동상태를 바꿈

△(○) : 동작, △(●) : 정지

17 처음 상태에서 스위치를 세 번 눌렀더니 다음과 같이 바뀌었다. 어떤 스위치를 눌렀는가?

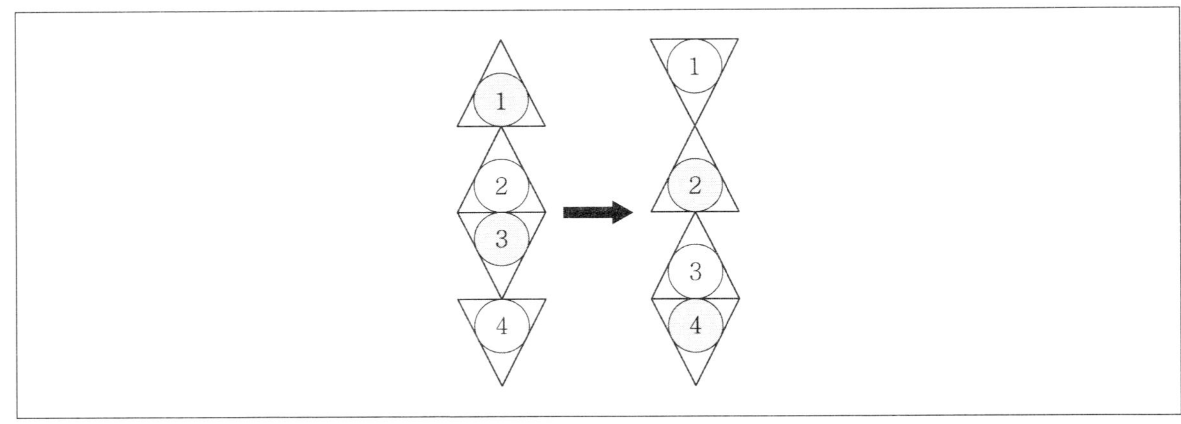

① ◆, ◑, ◒

② ★, ◇, ○

③ ◇, ◑, ◒

④ ☆, ◇, ○

⑤ ☆, ◇, ◒

18 처음 상태에서 스위치를 네 번 눌렀더니 다음과 같이 바뀌었다. 어떤 스위치를 눌렀는가? (단, 회전버튼과 상태버튼을 각 1회 이상씩 눌러야 한다)

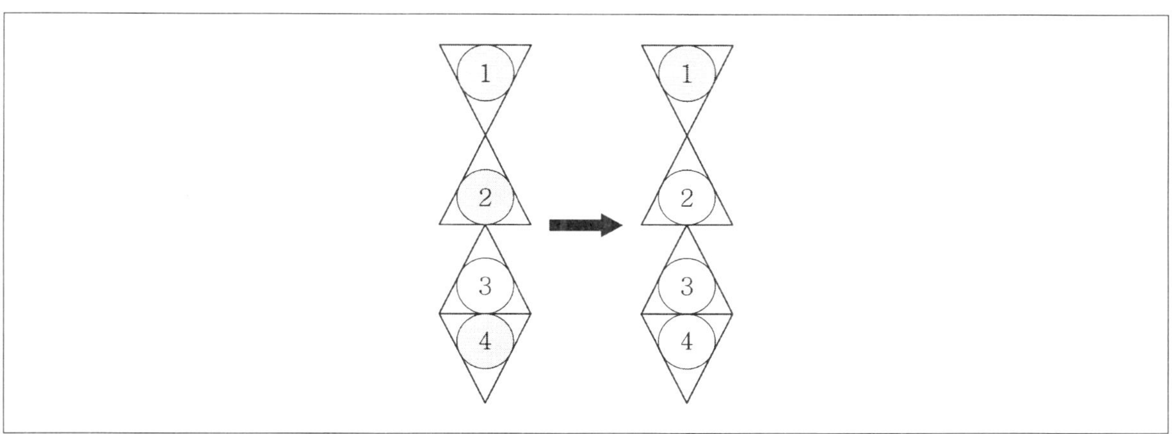

① ◇, ◆, ○, ◖ 　　　　② ☆, ★, ◇, ◖

③ ★, ◇, ◆, ◗ 　　　　④ ★, ★, ○, ◖

⑤ ☆, ◇, ○, ◗

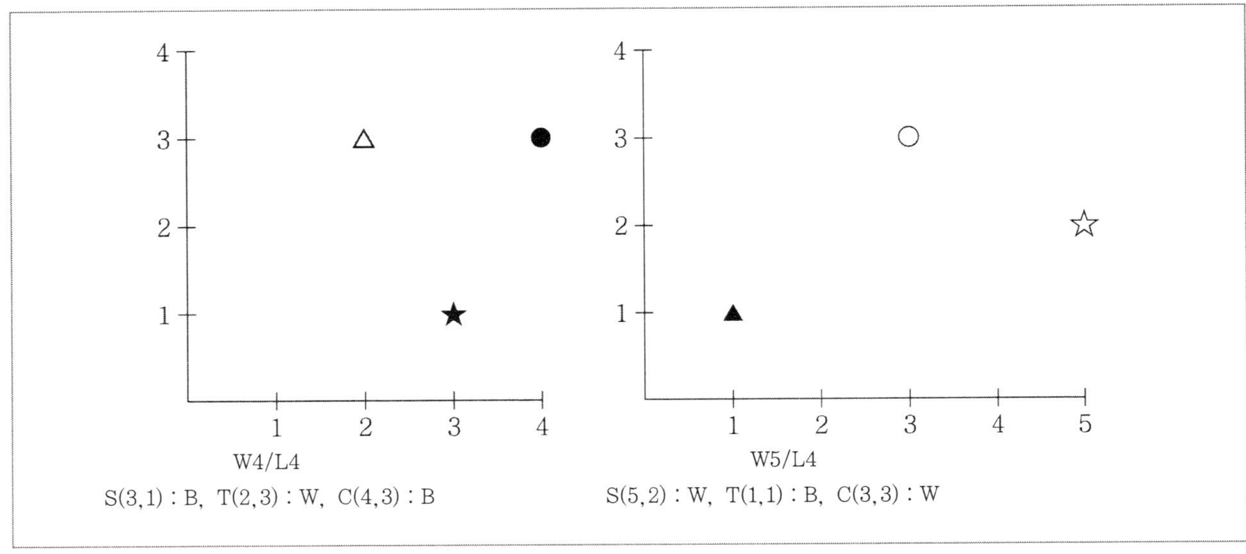

19 W5/L5 S(5,5) : B, T(3,3) : W, C(2,1) : W의 그래프를 다음과 같이 산출할 때, 오류가 발생한 곳은?

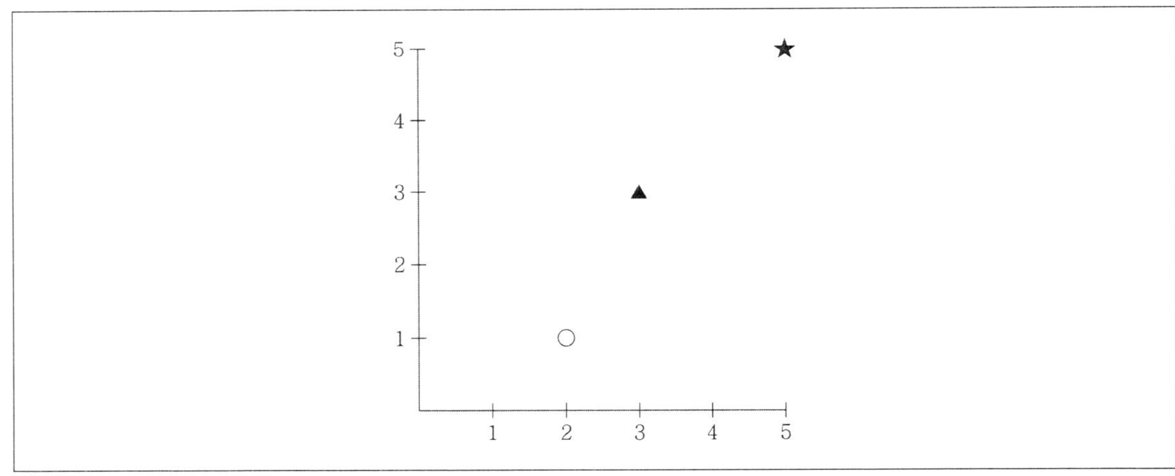

① W5/L5

② S(5,5) : B

③ T(3,3) : W

④ C(2,1) : W

⑤ 오류 없다.

✔해설 삼각형의 색깔이 W이므로 흰색이 되어야 한다.

  다음 그래프에 알맞은 명령어는 무엇인가?

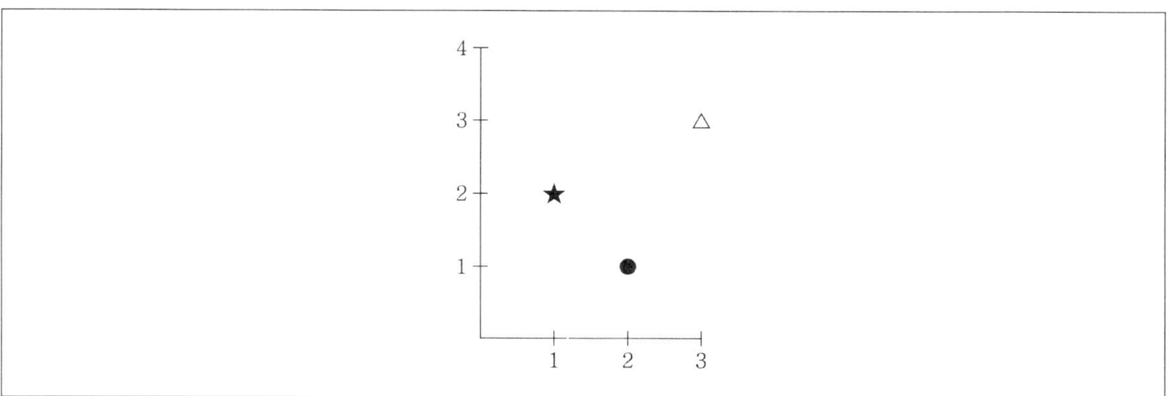

① W3/L4

  S(1,2) : B, T(3,3) : W, C(2,1) : B

② W3/L4

  S(1,2) : W, T(3,3) : B C(2,1) : W

③ W3/L4

  S(2,1) : B, T(3,3) : W, C(1,2) : B

④ W4/L3

  S(2,1) : B, T(3,3) : W, C(1,2) : W

⑤ W4/L3

  S(1,2) : B, T(3,3) : W, C(2,1) : B

해설 예시의 그래프에서 W는 가로축의 눈금 수를 나타내는 것이고, L은 세로축의 눈금수를 나타낸다. S, T, C는 그래프 내의 도형 S(star)＝☆, T(triangle)＝△, C(circle)＝○을 나타내며, 괄호 안의 수는 도형의 가로세로 좌표이다. 좌표 뒤의 B, W는 도형의 색깔로 각각 Black(검정색), White(흰색)을 의미한다.
주어진 조건어 따라 좌표를 나타내면 S(1,2) : B, T(3,3) : W, C(2,1) : B 가 된다.

1 직장생활에서의 대인관계

(1) 대인관계능력

① 의미 … 직장생활에서 협조적인 관계를 유지하고, 조직구성원들에게 도움을 줄 수 있으며, 조직내부 및 외부의 갈등을 원만히 해결하고 고객의 요구를 충족시켜줄 수 있는 능력이다.

② 인간관계를 형성할 때 가장 중요한 것은 자신의 내면이다.

예제 1

인간관계를 형성하는데 있어 가장 중요한 것은?

① 외적 성격 위주의 사고
② 이해득실 위주의 만남
③ 자신의 내면
④ 피상적인 인간관계 기법

출제의도

인간관계형성에 있어서 가장 중요한 요소가 무엇인지 묻는 문제다.

해 설

③ 인간관계를 형성하는데 있어서 가장 중요한 것은 자신의 내면이고 이때 필요한 기술이나 기법 등은 자신의 내면에서 자연스럽게 우러나와야 한다.

답 ③

---

(2) 대인관계 향상 방법

① 감정은행계좌 … 인간관계에서 구축하는 신뢰의 정도

② 감정은행계좌를 적립하기 위한 6가지 주요 예입 수단
　　㉠ 상대방에 대한 이해심
　　㉡ 사소한 일에 대한 관심
　　㉢ 약속의 이행
　　㉣ 기대의 명확화
　　㉤ 언행일치
　　㉥ 진지한 사과

대인관계능력을 구성하는 하위능력

(1) 팀워크능력

① 팀워크의 의미

  ㉠ 팀워크와 응집력

    • 팀워크 : 팀 구성원이 공동의 목적을 달성하기 위해 상호 관계성을 가지고 협력하여 일을 해 나가는 것

    • 응집력 : 사람들로 하여금 집단에 머물도록 만들고 그 집단의 멤버로서 계속 남아있기를 원하게 만드는 힘

예제 2

A회사에서는 격주로 사원 소식지 '우리가족'을 발행하고 있다. 이번 호의 특집 테마는 팀워크에 대한 것으로, 좋은 사례를 모으고 있다. 다음 중 팀워크의 사례로 가장 적절하지 않은 것은 무엇인가?

① 팀원들의 개성과 장점을 살려 사내 직원 연극대회에서 대상을 받을 수 있었던 사례

② 팀장의 갑작스러운 부재 상황에서 팀원들이 서로 역할을 분담하고 소통을 긴밀하게 하면서 팀의 당초 목표를 원만하게 달성할 수 있었던 사례

③ 자재 조달의 차질로 인해 납기 즌수가 어려웠던 상황을 팀원들이 똘똘 뭉쳐 헌신적으로 일한 결과 주문 받은 물품을 성공적으로 납품할 수 있었던 사례

④ 팀의 분위기가 편안하고 인간적이어서 주기적인 직무순환 시기가 도래해도 다른 부서로 가고 싶어 하지 않는 사례

출제의도

팀워크와 응집력에 대한 문제로 각 용어에 대한 정의를 알고 이를 실제 사례를 통해 구분할 수 있어야 한다.

해 설

④ 응집력에 대한 사례에 해당한다.

답 ④

  ㉡ 팀워크의 유형

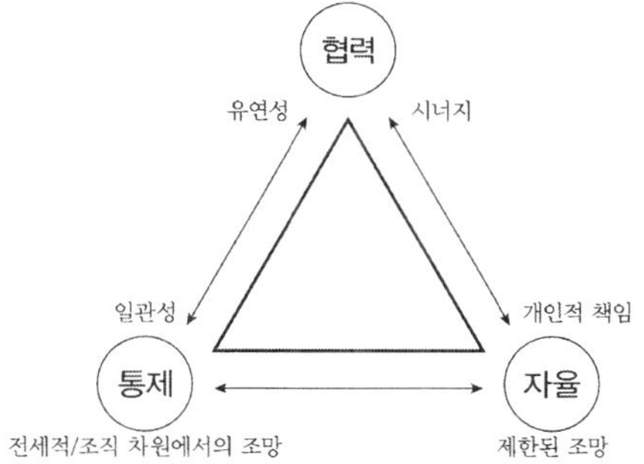

② 효과적인 팀의 특성

  ㉠ 팀의 사명과 목표를 명확하게 기술한다.

  ㉡ 창조적으로 운영된다.

  ㉢ 결과에 초점을 맞춘다.

  ㉣ 역할과 책임을 명료화시킨다.

  ㉤ 조직화가 잘 되어 있다.

ⓑ 개인의 강점을 활용한다.

ⓢ 리더십 역량을 공유하며 구성원 상호간에 지원을 아끼지 않는다.

ⓞ 팀 풍토를 발전시킨다.

ⓩ 의견의 불일치를 건설적으로 해결한다.

ⓒ 개방적으로 의사소통한다.

ⓚ 객관적인 결정을 내린다.

ⓣ 팀 자체의 효과성을 평가한다.

③ 멤버십의 의미

㉠ 멤버십은 조직의 구성원으로서의 자격과 지위를 갖는 것으로 훌륭한 멤버십은 팔로워십(followership)의 역할을 충실하게 수행하는 것이다.

㉡ 멤버십 유형 : 독립적 사고와 적극적 실천에 따른 구분

구분	소외형	순응형	실무형	수동형	주도형
자아상	• 자립적인 사람 • 일부러 반대의견 제시 • 조직의 양심	• 기쁜 마음으로 과업 수행 • 팀플레이를 함 • 리더나 조직을 믿고 헌신함	• 조직의 운영방침에 민감 • 사건을 균형 잡힌 시각으로 봄 • 규정과 규칙에 따라 행동함	• 판단, 사고를 리더에 의존 • 지시가 있어야 행동	• 스스로 생각하고 건설적 비판을 하며 자기 나름의 개성이 있고 혁신적 · 창조적 • 솔선수범하고 주인의식을 가지며 적극적으로 참여하고 자발적, 기대 이상의 성과를 내려고 노력
동료/ 리더의 시각	• 냉소적 • 부정적 • 고집이 셈	• 아이디어가 없음 • 인기 없는 일은 하지 않음 • 조직을 위해 자신과 가족의 요구를 양보함	• 개인의 이익을 극대화하기 위한 흥정에 능함 • 적당한 열의와 평범한 수완으로 업무 수행	• 하는 일이 없음 • 제 몫을 하지 못 함 • 업무 수행에는 감독이 반드시 필요	
조직에 대한 자신의 느낌	• 자신을 인정 안 해줌 • 적절한 보상이 없음 • 불공정하고 문제가 있음	• 기존 질서를 따르는 것이 중요 • 리더의 의견을 거스르는 것은 어려운 일임 • 획일적인 태도 행동에 익숙함	• 규정준수를 강조 • 명령과 계획의 빈번한 변경 • 리더와 부하 간의 비인간적 풍토	• 조직이 나의 아이디어를 원치 않음 • 노력과 공헌을 해도 아무 소용이 없음 • 리더는 항상 자기 마음대로 함	

④ 팀워크 촉진 방법
  ㉠ 동료 피드백 장려하기
  ㉡ 갈등 해결하기
  ㉢ 창의력 조성을 위해 협력하기
  ㉣ 참여적으로 의사결정하기

(2) 리더십능력

① 리더십의 의미 … 리더십이란 조직의 공통된 목적을 달성하기 위하여 개인이 조직원들에게 영향을 미치는 과정이다.
  ㉠ 리더십 발휘 구도 : 산업 사회에서는 상사가 하급자에게 리더십을 발휘하는 수직적 구조였다면 정보 사회로 오면서 하급자뿐만 아니라 동료나 상사에게까지도 발휘하는 정방위적 구조로 바뀌었다.
  ㉡ 리더와 관리자

리더	관리자
• 새로운 상황 창조자	• 상황에 수동적
• 혁신지향적	• 유지지향적 둠.
• 내일에 초점을 둠.	• 오늘에 초점을 둠.
• 사람의 마음에 불을 지핀다.	• 사람을 관리한다.
• 사람을 중시	• 체제나 기구를 중시
• 정신적	• 기계적
• 계산된 리스크를 취한다.	• 리스크를 회피한다.
• '무엇을 할까'를 생각한다.	• '어떻게 할까'를 생각한다.

리더에 대한 설명으로 옳지 않은 것은?

① 사람을 중시한다.
② 오늘에 초점을 둔다.
③ 혁신지향적이다.
④ 새로운 상황 창조자이다.

출제의도

리더와 관리자에 대한 문제로 각각에 대해 완벽하게 구분할 수 있어야 한다.

해 설

② 리더는 내일에 초점을 둔다.

답 ②

---

② 리더십 유형
  ㉠ 독재자 유형 : 정책의사결정과 대부분의 핵심정보를 그들 스스로에게만 국한하여 소유하고 고수하려는 경향이 있다. 통제 없이 방만한 상태, 가시적인 성과물이 안 보일 때 효과적이다.

ⓛ **민주주의에 근접한 유형** : 그룹에 정보를 잘 전달하려고 노력하고 전체 그룹의 구성원 모두를 목표방향으로 설정에 참여하게 함으로써 구성원들에게 확신을 심어주려고 노력한다. 혁신적이고 탁월한 부하직원들을 거느리고 있을 때 효과적이다.

ⓒ **파트너십 유형** : 리더와 집단 구성원 사이의 구분이 희미하고 리더가 조직에서 한 구성원이 되기도 한다. 소규모 조직에서 경험, 재능을 소유한 조직원이 있을 때 효과적으로 활용할 수 있다.

ⓔ **변혁적 리더십 유형** : 개개인과 팀이 유지해 온 업무수행 상태를 뛰어넘어 전체 조직이나 팀원들에게 변화를 가져오는 원동력이 된다. 조직에 있어 획기적인 변화가 요구될 때 활용할 수 있다.

③ **동기부여 방법**

ⓐ 긍정적 강화법을 활용한다.

ⓑ 새로운 도전의 기회를 부여한다.

ⓒ 창의적인 문제해결법을 찾는다.

ⓓ 책임감으로 철저히 무장한다.

ⓔ 몇 가지 코칭을 한다.

ⓕ 변화를 두려워하지 않는다.

ⓖ 지속적으로 교육한다.

④ **코칭**

ⓐ 코칭은 조직의 지속적인 성장과 성공을 만들어내는 리더의 능력으로 직원들의 능력을 신뢰하며 확신하고 있다는 사실에 기초한다.

ⓑ 코칭의 기본 원칙
  - 관리는 만병통치약이 아니다.
  - 권한을 위임한다.
  - 훌륭한 코치는 뛰어난 경청자이다.
  - 목표를 정하는 것이 가장 중요하다.

⑤ **임파워먼트** … 조직성원들을 신뢰하고 그들의 잠재력을 믿으며 그 잠재력의 개발을 통해 High Performance 조직이 되도록 하는 일련의 행위이다.

ⓐ 임파워먼트의 이점(High Performance 조직의 이점)
  - 나는 매우 중요한 일을 하고 있으며, 이 일은 다른 사람이 하는 일보다 훨씬 중요한 일이다.
  - 일의 과정과 결과에 나의 영향력이 크게 작용했다.
  - 나는 정말로 도전하고 있고 나는 계속해서 성장하고 있다.
  - 우리 조직에서는 아이디어가 존중되고 있다.
  - 내가 하는 일은 항상 재미가 있다.
  - 우리 조직의 구성원들은 모두 대단한 사람들이며, 다 같이 협력해서 승리하고 있다.

ⓑ 임파워먼트의 충족 기준
  - 여건의 조건 : 사람들이 자유롭게 참여하고 기여할 수 있는 여건 조성

- 재능과 에너지의 극대화
- 명확하고 의미 있는 목적에 초점

ⓒ 높은 성과를 내는 임파워먼트 환경의 특징

- 도전적이고 흥미 있는 일
- 학습과 성장의 기회
- 높은 성과와 지속적인 개선을 가져오는 요인들에 대한 통제
- 성과에 대한 지식
- 긍정적인 인간관계
- 개인들이 공헌하며 만족한다는 느낌
- 상부로부터의 지원

ⓔ 임파워먼트의 장애요인

- 개인 차원 : 주어진 일을 해내는 역량의 결여, 동기의 결여, 결의의 부족, 책임감 부족, 의존성
- 대인 차원 : 다른 사람과의 성실성 결여, 약속 불이행, 성과를 제한하는 조직의 규범, 갈등처리 능력 부족, 승패의 태도
- 관리 차원 : 통제적 리더십 스타일, 효과적 리더십 발휘 능력 결여, 경험 부족, 정책 및 기획의 실행 능력 결여, 비전의 효과적 전달능력 결여
- 조직 차원 : 공감대 형성이 없는 구조와 시스템, 제한된 정책과 절차

⑥ 변화관리의 3단계 … 변화 이해 → 변화 인식 → 변화 수용

(3) 갈등관리능력

① 갈등의 의미 및 원인

ⓐ 갈등이란 상호 간의 의견차이 때문에 생기는 것으로 당사가 간에 가치, 규범, 이해, 아이디어, 목표 등이 서로 불일치하여 충돌하는 상태를 의미한다.

ⓑ 갈등을 확인할 수 있는 단서

- 지나치게 감정적으로 논평과 제안을 하는 것
- 타인의 의견발표가 끝나기도 전에 타인의 의견에 대해 공격하는 것
- 핵심을 이해하지 못한데 대해 서로 비난하는 것
- 편을 가르고 타협하기를 거부하는 것
- 개인적인 수준에서 미묘한 방식으로 서로를 공격하는 것

ⓒ 갈등을 증폭시키는 원인 : 적대적 행동, 입장 고수, 감정적 관여 등

② 실제로 존재하는 갈등 파악
　　㉠ 갈등의 두 가지 쟁점

핵심 문제	감정적 문제
• 역할 모호성 • 방법에 대한 불일치 • 목표에 대한 불일치 • 절차에 대한 불일치 • 책임에 대한 불일치 • 가치에 대한 불일치 • 사실에 대한 불일치	• 공존할 수 없는 개인적 스타일 • 통제나 권력 확보를 위한 싸움 • 자존심에 대한 위협 • 질투 • 분노

예제 4

갈등의 두 가지 쟁점 중 감정적 문제에 대한 설명으로 적절하지 않은 것은?

① 공존할 수 없는 개인적 스타일
② 역할 모호성
③ 통제나 권력 확보를 위한 싸움
④ 자존심에 대한 위협

출제의도

갈등의 두 가지 쟁점인 핵심문제와 감정적 문제에 대해 묻는 문제로 이 두 가지 쟁점을 구분할 수 있는 능력이 필요하다.

해　설

② 갈등의 두 가지 쟁점 중 핵심 문제에 대한 설명이다.

답 ②

　　㉡ 갈등의 두 가지 유형
　　　• 불필요한 갈등 : 개개인이 저마다 문제를 다르게 인식하거나 정보가 부족한 경우, 편견 때문에 발생한 의견 불일치로 적대적 감정이 생길 때 불필요한 갈등이 일어난다.
　　　• 해결할 수 있는 갈등 : 목표와 욕망, 가치, 문제를 바라보는 시각과 이해하는 시각이 다를 경우에 일어날 수 있는 갈등이다.

③ 갈등해결 방법
　　㉠ 다른 사람들의 입장을 이해한다.
　　㉡ 사람들이 당황하는 모습을 자세하게 살핀다.
　　㉢ 어려운 문제는 피하지 말고 맞선다.
　　㉣ 자신의 의견을 명확하게 밝히고 지속적으로 강화한다.
　　㉤ 사람들과 눈을 자주 마주친다.
　　㉥ 마음을 열어놓고 적극적으로 경청한다.
　　㉦ 타협하려 애쓴다.

ⓞ 어느 한쪽으로 치우치지 않는다.
ⓩ 논쟁하고 싶은 유혹을 떨쳐낸다.
ⓒ 존중하는 자세로 사람들을 대한다.

④ **윈-윈(Win-Win) 갈등 관리법** … 갈등과 관련된 모든 사람으로부터 의견을 받아서 문제의 본질적인 해결책을 얻고자 하는 방법이다.

⑤ **갈등을 최소화하기 위한 기본원칙**
　㉠ 먼저 다른 팀원의 말을 경청하고 나서 어떻게 반응할 것인가를 결정한다.
　㉡ 모든 사람이 거의 대부분의 문제에 대해 나름의 의견을 가지고 있다는 점을 인식한다.
　㉢ 의견의 차이를 인정한다.
　㉣ 팀 갈등해결 모델을 사용한다.
　㉤ 자신이 받기를 원하지 않는 형태로 남에게 작업을 넘겨주지 않는다.
　㉥ 다른 사람으로부터 그러한 작업을 넘겨받지 않는다.
　㉦ 조금이라도 의심이 날 때에는 분명하게 말해 줄 것을 요구한다.
　㉧ 가정하는 것은 위험하다.
　㉨ 자신의 책임이 어디서부터 어디까지인지를 명확히 하고 다른 팀원의 책임과 어떻게 조화되는지를 명확히 한다.
　㉩ 자신이 알고 있는 바를 알 필요가 있는 사람들을 새롭게 파악한다.
　㉲ 다른 팀원과 불일치하는 쟁점이나 사항이 있다면 다른 사람이 아닌 당사자에게 직접 말한다.

(4) 협상능력

① **협상의 의미**
　㉠ **의사소통 차원** : 이해당사자들이 자신들의 욕구를 충족시키기 위해 상대방으로부터 최선의 것을 얻어내려 설득하는 커뮤니케이션 과정
　㉡ **갈등해결 차원** : 갈등관계에 있는 이해당사자들이 대화를 통해서 갈등을 해결하고자 하는 상호작용과정
　㉢ **지식과 노력 차원** : 우리가 얻고자 하는 것을 가진 사람의 호의를 쟁취하기 위한 것에 관한 지식이며 노력의 분야
　㉣ **의사결정 차원** : 선호가 서로 다른 협상 당사자들이 합의에 도달하기 위해 공동으로 의사결정 하는 과정
　㉤ **교섭 차원** : 둘 이상의 이해당사자들이 여러 대안들 가운데서 이해당사자들 모두가 수용 가능한 대안을 찾기 위한 의사결정과정

② 협상 과정

단계	내용
협상 시작	• 협상 당사자들 사이에 상호 친근감을 쌓음 • 간접적인 방법으로 협상의사를 전달함 • 상대방의 협상의지를 확인함 • 협상진행을 위한 체제를 짬
상호 이해	• 갈등문제의 진행상황과 현재의 상황을 점검함 • 적극적으로 경청하고 자기주장을 제시함 • 협상을 위한 협상대상 안건을 결정함
실질 이해	• 겉으로 주장하는 것과 실제로 원하는 것을 구분하여 실제로 원하는 것을 찾아 냄 • 분할과 통합 기법을 활용하여 이해관계를 분석함
해결 대안	• 협상 안건마다 대안들을 평가함 • 개발한 대안들을 평가함 • 최선의 대안에 대해서 합의하고 선택함 • 대안 이행을 위한 실행계획을 수립함
합의 문서	• 합의문을 작성함 • 합의문상의 합의내용, 용어 등을 재점검함 • 합의문에 서명함

③ 협상전략

　㉠ **협력전략** : 협상 참여자들이 협동과 통합으로 문제를 해결하고자 하는 협력적 문제해결전략

　㉡ **유화전략** : 양보전략으로 상대방이 제시하는 것을 일방적으로 수용하여 협상의 가능성을 높이려는 전략이다. 순응전략, 화해전략, 수용전략이라고도 한다.

　㉢ **회피전략** : 무행동전략으로 협상으로부터 철수하는 철수전략이다. 협상을 피하거나 잠정적으로 중단한다.

　㉣ **강압전략** : 경쟁전략으로 자신이 상대방보다 힘에 있어서 우위를 점유하고 있을 때 자신의 이익을 극대화하기 위한 공격적 전략이다.

④ 상대방 설득 방법의 종류

　㉠ **See-Feel-Change 전략** : 시각화를 통해 직접 보고 스스로가 느끼게 하여 변화시켜 설득에 성공하는 전략

　㉡ **상대방 이해 전략** : 상대방에 대한 이해를 바탕으로 갈등해결을 용이하게 하는 전략

　㉢ **호혜관계 형성 전략** : 혜택들을 주고받은 호혜관계 형성을 통해 협상을 용이하게 하는 전략

　㉣ **헌신과 일관성 전략** : 협상 당사자간에 기대하는 바에 일관성 있게 헌신적으로 부응하여 행동함으로서 협상을 용이하게 하는 전략

ⓜ **사회적 입증 전략** : 과학적인 논리보다 동료나 사람들의 행동에 의해서 상대방을 설득하는 전략

ⓗ **연결전략** : 갈등 문제와 갈등관리자를 연결시키는 것이 아니라 갈등을 야기한 사람과 관리자를 연결시킴으로서 협상을 용이하게 하는 전략

ⓢ **권위전략** : 직위나 전문성, 외모 등을 활용하여 협상을 용이하게 하는 전략

ⓞ **희소성 해결 전략** : 인적, 물적 자원 등의 희소성을 해결함으로서 협상과정상의 갈등해결을 용이하게 하는 전략

ⓩ **반항심 극복 전략** : 억압하면 할수록 더욱 반항하게 될 가능성이 높아지므로 이를 피함으로서 협상을 용이하게 하는 전략

(5) 고객서비스능력

① **고객서비스의 의미** ⋯ 고객서비스란 다양한 고객의 요구를 파악하고 대응법을 마련하여 고객에게 양질의 서비스를 제공하는 것을 말한다.

② **고객의 불만표현 유형 및 대응방안**

불만표현유형	대응방안
거만형	• 정중하게 대하는 것이 좋다. • 자신의 과시욕이 채워지도록 뽐내게 내버려 둔다. • 의외로 단순한 면이 있으므로 일단 호감을 얻게 되면 득이 될 경우도 있다.
의심형	• 분명한 증거나 근거를 제시하여 스스로 확신을 갖도록 유도한다. • 때로는 책임자로 하여금 응대하는 것도 좋다.
트집형	• 이야기를 경청하고 맞장구를 치며 추켜세우고 설득해 가는 방법이 효과적이다. • '손님의 말씀이 맞습니다.' 하고 고객의 지적이 옳음을 표시한 후 ' 저도 그렇게 생각하고 있습니다만⋯⋯' 하고 설득한다. • 잠자코 고객의 의견을 경청하고 사과를 하는 응대가 바람직하다.
빨리빨리형	• '글쎄요.', '아마' 하는 식으로 애매한 화법을 사용하지 않는다. • 만사를 시원스럽게 처리하는 모습을 보이면 응대하기 쉽다.

③ 고객 불만처리 프로세스

단계	내용
경청	• 고객의 항의를 경청하고 끝까지 듣는다. • 선입관을 버리고 문제를 파악한다.
감사와 공감표시	• 일부러 시간을 내서 해결의 기회를 준 것에 감사를 표시한다. • 고객의 항의에 공감을 표시한다.
사과	• 고객의 이야기를 듣고 문제점에 대해 인정하고, 잘못된 부분에 대해 사과한다.
해결약속	• 고객이 불만을 느낀 상황에 대해 관심과 공감을 보이며, 문제의 빠른 해결을 약속한다.
정보파악	• 문제해결을 위해 꼭 필요한 질문만 하여 정보를 얻는다. • 최선의 해결방법을 찾기 어려우면 고객에게 어떻게 해주면 만족스러운지를 묻는다.
신속처리	• 잘못된 부분을 신속하게 시정한다.
처리확인과 사과	• 불만처리 후 고객에게 처리 결과에 만족하는지를 물어본다.
피드백	• 고객 불만 사례를 회사 및 전 직원에게 알려 다시는 동일한 문제가 발생하지 않도록 한다.

④ 고객만족 조사

　㉠ 목적 : 고객의 주요 요구를 파악하여 가장 중요한 고객요구를 도출하고 자사가 가지고 있는 자원을 토대로 경영 프로세스의 개선에 활용함으로써 경쟁력을 증대시키는 것이다.

　㉡ 고객만족 조사계획에서 수행되어야 할 것

　　• 조사 분야 및 대상 결정

　　• 조사목적 설정 : 전체적 경향의 파악, 고객에 대한 개별대응 및 고객과의 관계유지 파악, 평가목적, 개선목적

　　• 조사방법 및 횟수

　　• 조사결과 활용 계획

예제 5

고객중심 기업의 특징으로 옳지 않은 것은?

① 고객이 정보, 제품, 서비스 등에 쉽게 접근할 수 있도록 한다.
② 보다 나은 서비스를 제공할 수 있도록 기업정책을 수립한다.
③ 고객 만족에 중점을 둔다.
④ 기업이 행한 서비스에 대한 평가는 한번으로 끝낸다.

출제의도

고객서비스능력에 대한 포괄적인 문제로 실제 고객중심 기업의 입장에서 생각해 보면 쉽게 풀 수 있는 문제다.

해 설

④ 기업이 행한 서비스에 대한 평가는 수시로 이루어져야 한다.

답 ④

출제예상문제

1 아래의 그림은 커뮤니케이션 네트워크의 한 형태를 나타낸 것이다. 이와 관련하여 X 경찰서 민원실에 근무하는 5명의 직원들이 나눈 대화 중 옳은 내용을 말하고 있는 사람을 고르면?

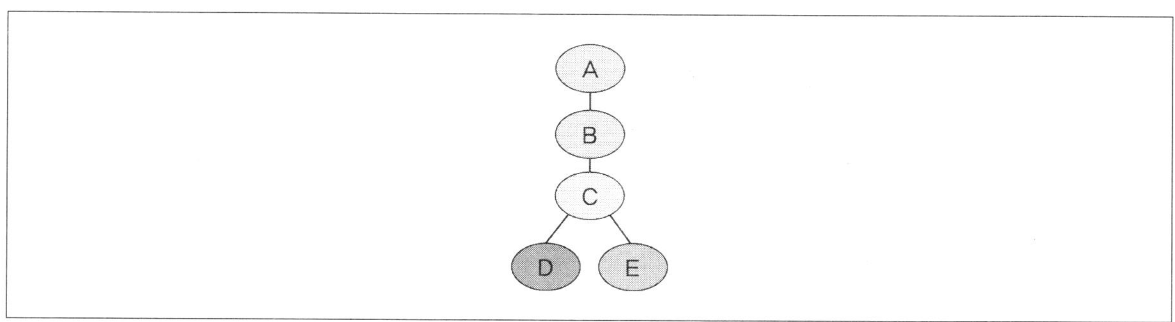

① A 순경 : 지역적으로 분리되어 있거나 또는 자유방임적인 상태에서 함께 일하는 구성원 사이에서 이런 형태의 커뮤니케이션은 흔히 나타납니다.

② B 경장 : 문제의 성격이 간단하면서도 일상적일 시에만 유효하며, 문제가 복잡하면서도 어려운 때에는 그 유효성이 발휘되지 않습니다.

③ C 경사 : 정보수집 및 문제해결 등이 비교적 느리며 중간에 위치한 구성원을 제외하고는 주변에 위치한 구성원들의 만족감이 비교적 낮다는 평가를 받고 있죠

④ D 경위 : 구성원들 사이의 정보교환이 완전히 이루어지는 유형입니다.

⑤ E 경감 : 주로 세력집단의 리더가 커뮤니케이션의 중심적인 역할을 맡고, 비세력 또는 하위집단 등에도 연결되어 전체적인 커뮤니케이션 망을 형성하게 된다는 것을 알 수 있죠

> ✔**해설** 문제의 그림은 커뮤니케이션 네트워크 형태 중 "Y형"을 나타낸 것이다. Y형에서 확고한 중심인은 존재하지 않아도 대다수의 구성원을 대표하는 리더가 존재하는 경우에 나타나는 유형으로써, 라인 및 스탭이 혼합되어 있는 집단에서 흔히 나타난다. ①번은 원 (Circle)형, ②번은 수레바퀴 (Wheel)형, ③번은 쇠사슬 (Chain)형, ④번은 상호연결 (All Channel)형에 대해 각각 설명한 것이다.

Answer 1.⑤

2 다음 글은 A 변호사가 B 의뢰자에게 하는 커뮤니케이션의 스킬을 나타낸 것이다. 대화를 읽고 A 변호사의 커뮤니케이션 스킬에 대한 내용으로 가장 거리가 먼 것을 고르면?

A : "좀 꺼내기 어려운 얘기지만 방금 말씀하신 변호사 보수에 대해 저희 사무실 입장을 솔직히 말씀드려도 실례가 되지 않을까요?"

B : 네, 그러세요

A : "아마 알아보시면 아시겠지만 통상 중형법률사무소 변호사들의 시간당 단가가 20만원 내지 40만 원 정도 사이입니다. 이 사건에 투입될 변호사는 3명이고 그 3명의 시간당 단가는 20만원, 25만원, 30만원이며 변호사별로 약 OO 시간 동안 이 일을 하게 될 것 같습니다. 그렇다면 전체적으로 저희 사무실에서 투여되는 비용은 800만 원 정도인데, 지금 의뢰인께서 말씀하시는 300만 원의 비용만을 받게 된다면 저희들은 약 500만 원 정도의 손해를 볼 수밖에 없습니다."

B : 그렇군요.

A : "그 정도로 손실을 보게 되면 저는 대표변호사님이나 선배 변호사님들께 다른 사건을 두고 왜 이 사건을 진행해서 전체적인 사무실 수익성을 악화시켰냐는 질책을 받을 수 있습니다. 어차피 법률사무소도 수익을 내지 않으면 힘들다는 것은 이해하실 수 있으시겠죠?"

B : 네, 이해가 됩니다.

A : "어느 정도 비용을 보장해 주셔야 저희 변호사들이 힘을 내서 일을 할 수 있고, 사무실 차원에서도 제가 전폭적인 지원을 이끌어낼 수 있습니다. 이는 귀사를 위해서도 바람직할 것이라 여겨집니다."

B : 네

A : "너무 제 입장만 말씀 드린 거 같습니다. 제 의견에 대해 어떻게 생각하시는지요?"

B : 듣고 보니 맞는 말씀이네요.

① 상대에게 솔직하다는 느낌을 전달하게 된다.

② 상대가 나의 입장과 감정을 전달해서 상호 이해를 돕는다.

③ 상대는 나의 느낌을 수용하며, 자발적으로 스스로의 문제를 해결하고자 하는 의도를 가진다.

④ 상대에게 개방적이라는 느낌을 전달하게 된다.

⑤ 상대는 변명하려 하거나 반감, 저항, 공격성을 보인다.

> ✔해설 문제에 제시된 대화에서 A변호사는 I-Message의 대화스킬을 활용하고 있다. ⑤번은 I-Message가 아닌 You-Message에 대한 설명이다. 상대에게 일방적으로 강요, 공격, 비난하는 느낌을 전달하게 되면 상대는 변명하려 하거나 또는 반감, 저항, 공격성 등을 보이게 된다.

3 다음 글에서 나타난 갈등을 해결한 방법은?

> 갑과 을은 일 처리 방법으로 자주 얼굴을 붉힌다. 갑은 처음부터 끝까지 계획에 따라 일을 진행하려고 하고, 을은 일이 생기면 즉흥적으로 해결하는 성격이다. 같은 회사 동료인 병은 이 둘에게 서로의 성향 차이를 인정할 줄 알아야 한다고 중재를 했고, 이 둘은 어쩔 수 없이 포기하는 것이 아닌 서로간의 차이가 있다는 점을 비로소 인정하게 되었다.

① 사람들과 눈을 자주 마주친다.

② 다른 사람들의 입장을 이해한다.

③ 사람들이 당황하는 모습을 자세하게 살핀다.

④ 자신의 의견을 명확하게 밝히고 지속적으로 강화한다.

⑤ 어려운 문제는 피하지 말고 맞선다.

✔해설 갈등해결 방법
　㉠ 다른 사람들의 입장을 이해한다.
　㉡ 사람들이 당황하는 모습을 자세하게 살핀다.
　㉢ 어려운 문제는 피하지 말고 맞선다.
　㉣ 자신의 의견을 명확하게 밝히고 지속적으로 강화한다.
　㉤ 사람들과 눈을 자주 마주친다.
　㉥ 마음을 열어놓고 적극적으로 경청한다.
　㉦ 타협하려 애쓴다.
　㉧ 어느 한쪽으로 치우치지 않는다.
　㉨ 논쟁하고 싶은 유혹을 떨쳐낸다.
　㉩ 존중하는 자세로 사람들을 대한다.

Answer 2.⑤ 3.②

4 다음 상황에서 미루어 볼 때 제시된 내용의 고객 유형에 관한 응대요령으로 가장 적절한 것을 고르면?

> 타인이 보았을 때 유창하게 말하려는 사람은 자신을 과시하는 형태의 고객으로써 자기 자신은 모든 것을 다 알고 있는 전문가인 양 행동할 수 있다. 또한, 자신이 지니고 있는 확신에 대한 고집을 꺾지 않으려 하지 않으며 좀처럼 설득되지 않고 권위적인 느낌을 주어 상대의 판단에 영향을 미치려고 한다. 비록 언어 예절을 깍듯이 지키며 겸손한 듯이 행동하지만 내면에는 강한 우월감을 지니고 있으므로 거만한 인상을 주게 된다.

① 고객이 결정을 내리지 못하는 갈등요소가 무엇인지를 표면화시키기 위해 시기 적절히 질문을 하여 상대가 자신의 생각을 솔직히 드러낼 수 있도록 도와준다.

② 상대의 말에 지나치게 동조하지 말고 항의 내용의 골자를 요약해 확인한 후 문제를 충분히 이해하였음을 알리고 문제 해결에 대한 확실한 결론을 내어 고객에게 믿음을 주도록 한다.

③ 부드러운 분위기를 유지하며 정성스럽게 응대하되 음성에 웃음이 섞이지 않도록 유의한다.

④ 우선적으로 고객의 말을 잘 들으면서 상대의 능력에 대한 칭찬 및 감탄의 말로 응수해 상대를 인정하고 높여주면서 친밀감을 조성해야 한다.

⑤ 대화의 초점을 주제방향으로 유도해서 해결점에 도달할 수 있도록 자존심을 존중해 가면서 응대한다.

✔ **해설** 박스 안의 고객은 전문가처럼 보이고 싶어 하는 고객의 유형에 해당한다. 이러한 유형의 고객에게는 정면 도전을 피하고 고객이 주장하는 내용의 문제점을 스스로 느낄 수 있도록 대안이나 개선에 대한 방안을 유도해 내도록 해야 한다. 또한, 대화중에 반론을 하거나 자존심을 건드리는 행위를 하지 않도록 주의하며 자신의 전문성을 강조하지 말고 문제 해결에 초점을 맞추어 고객의 무리한 요망사항에 대체할 수 있는 사실을 언급한다.

5 다음의 내용은 놀이시설 서비스 기업에서 서비스 향상을 통한 고객만족이라는 결과를 도출해내기 위해 5개 서비스 팀의 팀장들이 모여 모니터링을 하며 분석하고 있다. 이 중 해당 사례에서 다루고 있는 고객에 대한 내용을 정확하게 분석하고 있는 팀장은 누구인가?

〈사례〉

놀이시설을 이용함에 있어 아이들의 신장제한에 대해 단체로 부모와 동반해서 방문하는 아이들이 다른 친구들은 다 놀이시설 이용을 하는데, 내 자녀의 경우에만 키가 작은 관계로 놀이시설을 활용하지 못하게 될 시에 이런 아이들의 신장제한 및 이용권 등에 대한 환불을 요청하게 되는 경우가 많다. 특히 자신의 자녀가 신장이 미달되어 즐겁게 놀이시설을 이용하지 못하게 되는 경우에 해당 부모와 자녀는 깊은 상실감에 빠지며 자녀의 경우에는 스스로의 작은 신장에 대해 억울해하며 다른 자녀들이 즐겁게 즐기는 놀이시설을 내 자녀만 이용하지 못한다는 생각에 그에 대한 화풀이로서 사소한 이유를 갖다 붙이면서 컴플레인을 제기한다. 그런 경우 일선의 직원들은 해당 부모의 마음을 이해하고 이에 대한 공감을 나타내며 상실감에 빠진 부모 및 아이들의 기분을 풀어주고 조언을 한다. 이러한 경우의 고객은 고객 자신의 말을 끝까지 경청하게 되면 어느 정도의 화를 누르게 되며 이성적으로 돌아와서 오히려 해당 컴플레인은 빨리 종료할 수 있게 된다. 하지만 주의할 점은 고객의 말을 가로막거나 회사의 규정을 운운하게 되면 오히려 고객의 화를 부추기며 동시에 회사의 이미지도 실추할 우려가 생기게 되는 것이다.

---

① 유리 : 스스로가 주어진 상황에 대한 의사결정을 하지 못하고 누군가가 해결해 주기만을 바라며 주변만 빙빙 돌면서 요점을 명확하게 말하지 않는 고객이지

② 연철 : 이런 고객들은 대체로 상대에 대해 무조건적으로 비꼬거나 빈정거림으로 인해 허영심이 강하고 꼬투리만을 잡아 작은 문제에 집착하는 고객이지

③ 선아 : 상당히 사교적인 고객이며, 타인이 자신을 좋아해주기를 바라는 욕구가 마음 깊이 내재화된 고객이라 할 수 있어.

④ 지혜 : 이런 고객의 경우에 자신의 방법만이 최선이라 생각하고 타인의 피드백은 받아들이려 하지 않으며 오히려 자신의 주장만을 관철시키기 위해 거만하며 도발적인 상황을 만드는 고객이지

⑤ 원모 : 이것저것 무조건적으로 캐묻고 고개를 갸우뚱거리는 의심이 많은 고객으로 애써서 해당 고객에게 비위를 맞추어주지 않아도 되는 고객이라 할 수 있어

> **✔해설** 위 사례는 저돌적인 고객의 유형으로 자신의 방법만이 최선이라 생각하고 타인의 피드백은 받아들이려 하지 않는다. 또한 이러한 상황의 경우 직원에게 하는 것이 아닌 회사의 서비스에 대해 항의하는 것이므로 일선 직원의 경우 이를 개인적인 것으로 받아들여 논쟁을 하거나 화를 내는 일이 없어야 하며 상대의 화가 풀릴 때까지 이야기를 경청해야 한다. 또한 부드러운 분위기를 연출하며 정성스럽게 응대해 고객 스스로가 감정을 추스릴 수 있도록 유도해야 한다.

Answer 4.④ 5.④

6 실제 고객과의 커뮤니케이션은 아래의 그림과 같은 형태로 대부분이 진행된다. 아래 그림은 커뮤니케이션 과정을 도식화한 것인데 이를 참조하여 설명한 내용 중 가장 옳지 않은 것을 고르면?

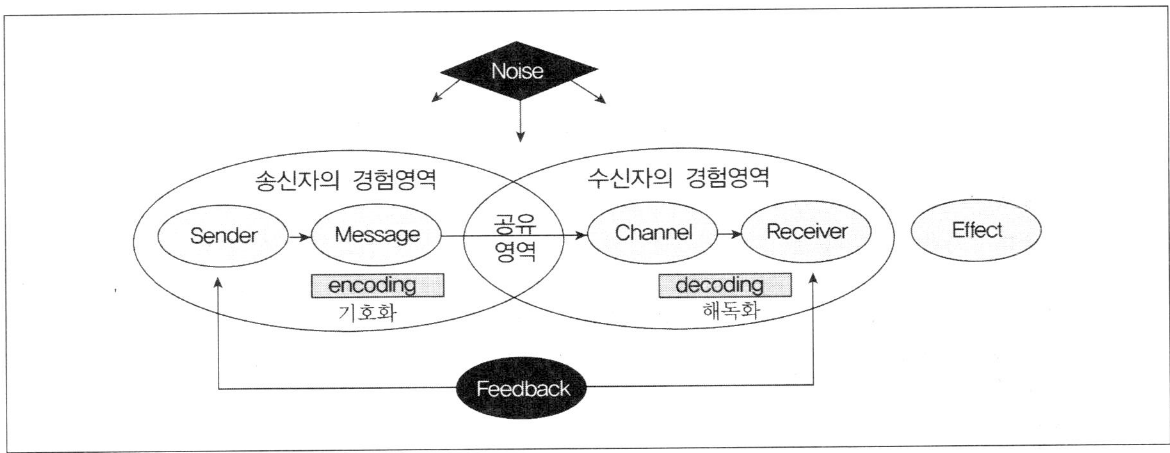

① 커뮤니케이션 행위의 주체(Sender와 Receiver) – 발신자는 과정을 시작하고 메시지를 생성 및 전달하는 주체가 되고, 수신자는 메시지를 받는 사람이자 반응과 피드백을 보이는 주체가 된다.

② 행위의 도구(Message와 Media) – 메시지는 발신자가 수신자에게 "전달하고 싶은 정보"다. 그리고 미디어는 채널이라 해도 무방한, 그 정보가 전달되는 통로가 된다.

③ 커뮤니케이션 과정 내의 기능(Encoding와 Decoding) – 발신자가 메시지를 만들어내는 방법론이 되고, 반대로 해독은 수신자가 메시지를 받아들이는 방법론이 된다.

④ 커뮤니케이션 자체가 의도한 부가효과(Response와 Feedback) – 수신자는 메시지를 해독해서 받아들인다. 그리고 그 메시지에 부합하여 무언가의 행위를 한다. 그러한 행위가 발신자가 의도한 것이었다면 이번 메시지는 비효과적이었다고, 반대로 예상하지 않은 행위였다면 암호화작업이나 메시지 자체가 효과적이 되었다고 알 수 있다.

⑤ 커뮤니케이션 과정의 효율성을 결정하는 외부현상(Noise) – 모든 커뮤니케이션 과정 중에는 그 행위의 성공확률을 저해하는 요소들이 있다. 크게는 환경적인 요소나 문화적인 요소들이 있을 수 있고 언어적인 요소에 의해서도 생겨날 수 있다.

> **✔ 해설** 커뮤니케이션 자체가 의도한 부가효과 – 수신자는 메시지를 해독해서 받아들인다. 그리고 그 메시지에 부합하여 무언가의 행위를 한다. 그러한 행위가 발신자가 의도한 것이었다면 이번 메시지는 효과적이었다고, 반대로 예상하지 않은 행위였다면 암호화작업이나 메시지 자체가 잘못되었다고 알 수 있다.

7 다음 중 대인관계능력에 대한 정의로 옳은 것은?

① 직장생활에서 문서나 상대방이 하는 말의 의미를 파악하고 자신의 의사를 정확하게 표현하며 간단한 외국어 자료를 읽거나 외국인의 의사표시를 이해하는 능력

② 직업인으로서 자신의 능력, 적성, 특성 등을 이해하고 목표성취를 위해 스스로를 관리하며 개발해 나가는 능력

③ 직장생활에서 협조적인 관계를 유지하고 조직구성원들에게 도움을 줄 수 있으며 조직 내·외부의 갈등을 원만히 해결하고 고객의 요구를 충족시켜줄 수 있는 능력

④ 목표와 현상을 분석하고 이 결과를 토대로 과제를 도출하여 최적의 해결책을 찾아 실행하고 평가해 나가는 능력

⑤ 업무를 수행하는데 필요한 도구, 수단 등에 관한 기술의 원리 및 절차를 이해하고, 적절한 기술을 선택하여 업무에 적용하는 능력

> ✔ 해설 ① 의사소통능력
> ② 자기개발능력
> ④ 문제해결능력
> ⑤ 기술능력

8 다음의 2가지 상황을 보고 유추 가능한 내용으로 보기 가장 어려운 것을 고르면?

(상황1)

회계팀 신입사원인 현진이는 맞선임인 수정에게 회계의 기초를 교육 및 훈련받고 있는 상황이다. 이렇듯 현진이의 입장에서는 인내심 있고 성의 있는 선임을 만나는 것이 신입사원인 현진이에게는 중요한 포인트가 된다.

수정 : 여기다 넣어야지. 더하고 더해서 여기에 넣는 거지. 그래, 안 그래?

(상황2)

회사에서 선후배관계인 성수와 지현이는 내기바둑을 두고 있다. 선임인 성수와 후임인 지현이는 1시간째 승부를 가르지 못하는 있었는데, 마침 바둑을 두다 중간중간 졸고 있는 후임인 지현이에게 성수가 말을 하는 상황이다.

성수 : 게으름, 나태, 권태, 짜증, 우울, 분노 모두 체력이 버티지 못해 정신이 몸의 지배를 받아 나타나는 증상이야

지현 : ...

성수 : 네가 후반에 종종 무너지는 이유, 데미지를 입은 후 회복이 더딘 이유, 실수한 후 복구기가 더딘 이유는 모두 체력의 한계 때문이야

지현 : ...

성수 : 체력이 약하면 빨리 편안함을 찾기 마련이고, 그러다 보면 인내심이 떨어지고 그 피로감을 견디지 못하게 되면 승부 따위는 상관없는 지경에 이르지

지현 : 아, 그렇군요

성수 : 이기고 싶다면 충분한 고민을 버텨줄 몸을 먼저 만들어. 네가 이루고 싶은 게 있거든 체력을 먼저 길러라

지현 : 네 선배님 감사합니다.

---

① 부하직원의 능력을 향상시키는 것을 책임지는 교육이어야 한다는 생각으로부터 출발한 방식이다.

② 작업현장에서 상사가 부하 직원에게 업무 상 필요로 하는 능력 등을 중점적으로 지도 및 육성한다.

③ 조직의 필요에 합치되는 교육이 가능하다.

④ 직무 중에 이루어지는 교육훈련을 말하는 것으로 구성원들은 구체적 업무목표의 달성이 가능하다.

⑤ 지도자 및 교육자 사이의 친밀감을 형성하기에 용이하지 않다.

> **✔ 해설** OJT는 종업원이 업무에 대한 기술 및 지식을 현업에 종사하면서 감독자의 지휘 하에 훈련받는 현장실무 중심의 교육훈련 방식이므로 각 종업원의 습득 및 능력에 맞춰 훈련할 수 있으며, 상사 또는 동료 간의 이해 및 협조정신을 높일 수 있다는 이점이 있다.

9 다음 두 사례를 읽고 하나가 가지고 있는 임파워먼트의 장애요인으로 옳은 것은?

〈사례1〉

○○그룹에 다니는 민대리는 이번에 새로 입사한 신입직원 하나에게 최근 3년 동안의 매출 실적을 정리해서 올려달라고 부탁하였다. 더불어 기존 거래처에 대한 DB를 새로 업데이트하고 회계팀으로부터 전달받은 통계자료를 토대로 새로운 마케팅 보고서를 작성하라고 지시하였다. 하지만 하나는 일에 대한 열의는 전혀 없이 그저 맹목적으로 지시받은 업무만 수행하였다. 민대리는 그녀가 왜 업무에 열의를 보이지 않는지, 새로운 마케팅 사업에 대한 아이디어를 내놓지 못하는지 의아해 했다.

〈사례2〉

□□기업에 다니는 박대리는 이번에 새로 입사한 신입직원 희진에게 최근 3년 동안의 매출 실적을 정리해서 올려달라고 부탁하였다. 더불어 기존 거래처에 대한 DB를 새로 업데이트하고 회계팀으로부터 전달받은 통계자료를 토대로 새로운 마케팅 보고서를 작성하라고 지시하였다. 희진은 지시받은 업무를 확실하게 수행했지만 일에 대한 열의는 전혀 없었다. 이에 박대리는 그녀와 함께 실적자료와 통계자료들을 살피며 앞으로의 판매 향상에 도움이 될 만한 새로운 아이디어를 생각하여 마케팅 계획을 세우도록 조언하였다. 그제야 희진은 자신에게 주어진 프로젝트에 대해 막중한 책임감을 느끼고 자신의 판단에 따라 효과적인 해결책을 만들었다.

① 책임감 부족
② 갈등처리 능력 부족
③ 경험 부족
④ 제한된 정책과 절차
⑤ 집중력 부족

> ✔ **해설** 〈사례2〉에서 희진은 자신의 업무에 대해 책임감을 가지고 일을 했지만 〈사례1〉에 나오는 하나는 자신의 업무에 대한 책임감이 결여되어 있다.

10 고객서비스 팀의 과장인 A는 아침부터 제품에 대한 문의를 해오는 여러 유형의 고객들에게 전화로 설명하고 있다. 하지만 모든 고객이 동일하지는 않다는 것을 전화업무를 통해 항상 느끼는 A는 그 동안의 전화업무를 통해 고객의 유형 및 이에 대한 특징을 구체화시키게 되었다. 다음 중 A가 파악한 고객의 유형 및 그 특징의 연결로 가장 바르지 않은 것을 고르면?

① 전문가형 고객 – 자신을 과시하는 스타일의 고객으로 자신이 모든 것을 다 알고 있는 전문가처럼 행동하는 경향이 짙다.

② 호의적인 고객 – 사교적, 협조적이고 합리적이면서 진지한 반면에 자신이 하고 싶지 않거나 할 수 없는 일에도 약속을 해서 상대방을 실망시키는 경우도 있다.

③ 저돌적인 고객 – 상황을 처리하는데 있어 단지 자신이 생각한 한 가지 방법 밖에 없다고 믿도록 타인으로부터의 피드백을 받아들이려 하지 않는 경향이 강하다.

④ 우유부단한 고객 – 타인이 자신을 위해 의사결정을 내려주기를 기다리는 경향이 있다.

⑤ 빈정거리는 고객 – 자아가 강하면서 끈질긴 성격을 가진 사람이다.

> **✔ 해설** 빈정거리는 유형의 고객은 상대에 대해서 빈정거리거나 또는 무엇이든 반대하는 열등감 또는 허영심이 강하고 자부심이 강한 사람이다.

※ 고객유형별 전화응대의 기술

고객의 유형	고객별 특성	응대기술
우유부단한 고객	협조적인 성격이나 또는 다른 사람이 자신을 위해 의사결정을 내려주기를 기다리는 경향이 있다.	몇 가지의 질문을 해서 자신의 생각을 솔직히 드러낼 수 있도록 도와준다.
저돌적인 고객	상황을 처리하는데 있어서 단지 자신이 생각한 한 가지 방법 밖에 없다고 믿도록 타인으로부터의 피드백을 받아들이려 하지 않는다.	침착성을 유지하면서 고객의 친밀감을 이끌어내고 자신감 있는 자세로 고객을 정중하게 맞이한다.
전문가형 고객	자신을 과시하는 타입의 고객으로 자신이 모든 것을 다 알고 있는 전문가처럼 행동할 수 있다.	고객 자신이 주장하는 내용의 문제점을 스스로 느끼게끔 대안 및 개선방안을 제시한다.
빈정거리는 고객	빈정거리거나 또는 무엇이든 반대하는 열등감 또는 허영심이 강하고 자부심이 강한 사람이다.	정중하면서도 의연하게 대처하는 것이 좋지만 상황에 의해 고객들의 행동을 우회해서 지적해 줄 수도 있고, 때로는 가벼운 농담 형식으로 응답하는 노련함이 효과적일 수 있다.
호의적인 그객	사교적, 협조적이고 합리적이면서 진지하다. 때때로 자신이 하고 싶지 않거나 할 수 없는 일에도 약속을 해서 상대방을 실망시키는 경우도 있다.	상대방의 의도에 말려들거나 기분에 사로잡히지 않도록 하며, 말을 절제하고 고객에게 말할 기회를 많이 주어 결론을 도출한다.
동일한 말을 되풀이하는 고객	자아가 강하면서 끈질긴 성격을 가진 사람이다.	상대의 말에 지나치게 동조하지 말고, 고객의 항의 내용을 확인한 후에, 고객의 문제를 충분히 이해하였다는 것을 알리고 이에 대한 확실한 결론을 내어 믿음을 주도록 한다.
과장하거나 또는 가정해서 말하는 고객	콤플렉스를 가진 고객일 수 있다.	상대의 진의를 잘 파악해서 말로 설득하려 하지 말고 객관적인 자료로 응대하는 것이 좋다.
불평불만을 늘어놓는 고객	사사건건 트집 및 불평 등을 잡는 고객이다.	고객의 입장을 인정해 준 후 차근차근 설명하여 이해시킨다.

11 효과적인 팀이란 팀 에너지를 최대로 활용하는 고성과 팀이다. 다음 중 이러한 '효과적인 팀'이 가진 특징으로 적절하지 않은 것은?

① 역할과 책임을 명료화시킨다.

② 결과보다는 과정에 초점을 맞춘다.

③ 개방적으로 의사소통한다.

④ 개인의 강점을 활용한다.

⑤ 팀 자체의 효과성을 평가한다.

> ✔ **해설** 효과적인 팀은 결국 결과로 이야기할 수 있어야 한다. 필요할 때 필요한 것을 만들어 내는 능력은 효과적인 팀의 진정한 기준이 되며, 효과적인 팀은 개별 팀원의 노력을 단순히 합친 것 이상의 결과를 성취하는 능력을 가지고 있다. 이러한 팀의 구성원들은 지속적으로 시간, 비용 및 품질 기준을 충족시켜 준다. 결과를 통한 '최적의 생산성'은 바로 팀원 모두가 공유하는 목표이다.
> 선택지에 주어진 것 이외에도 효과적인 팀의 특징으로는 '팀의 사명과 목표를 명확하게 기술한다.', '창조적으로 운영된다.', '리더십 역량을 공유하며 구성원 상호 간에 지원을 아끼지 않는다.', '팀 풍토를 발전시킨다.' 등이 있다.

12 다음 사례에서 장부장이 취할 수 있는 가장 적절한 행동은 무엇인가?

> 서울에 본사를 둔 T그룹은 매년 상반기와 하반기에 한 번씩 전 직원이 워크숍을 떠난다. 이는 평소 직원들 간의 단체생활을 중시 여기는 T그룹 회장의 지침 때문이다. 하지만 워낙 직원이 많은 T그룹이다 보니 전 직원이 한꺼번에 움직이는 것은 불가능하고 각 부서별로 그 부서의 장이 재량껏 계획을 세우고 워크숍을 진행하도록 되어 있다. 이에 따라 생산부서의 장부장은 부원들과 강원도 태백산에 가서 1박 2일로 야영을 하기로 했다. 하지만 워크숍을 가는 날 아침 갑자기 예약한 버스가 고장이 나서 출발을 못한다는 연락을 받았다.

① 워크숍은 장소보다도 이를 통한 부원들의 단합과 화합이 중요하므로 서울 근교의 적당한 장소를 찾아 워크숍을 진행한다.

② 무슨 일이 있어도 계획을 실행하기 위해 새로 예약 가능한 버스를 찾아보고 태백산으로 간다.

③ 어쩔 수 없는 일이므로 상사에게 사정을 얘기하고 이번 워크숍은 그냥 집에서 쉰다.

④ 각 부원들에게 의견을 물어보고 각자 자율적으로 하고 싶은 활동을 하도록 한다.

⑤ 시간이 늦어지더라도 예정된 강원도로 야영을 간다.

> ✔ **해설** T그룹에서 워크숍을 하는 이유는 직원들 간의 단합과 화합을 키우기 위해서이고 또한 각 부서의 장에게 나름대로의 재량권이 주어졌으므로 위의 사례에서 장부장이 할 수 있는 행동으로 가장 적절한 것은 ①번이다.

13 무역회사에 근무하는 팀장 S씨는 오전 회의를 통해 신입사원 O가 작성한 견적서를 살펴보았다. 그러던 중 다른 신입사원에게 지시한 주문양식이 어떻게 진행되고 있는지를 묻기 위해 신입사원 M을 불렀다. M은 "K가 제대로 주어진 업두를 하지 못하고 있어서 저는 아직까지 계속 기다리고만 있습니다. 그래서 아직 완성하지 못했습니다."라고 하였다. 그래서 K를 불러 물어보니 "M의 말은 사실이 아닙니다."라고 변명을 하고 있다. 팀장 S씨가 할 수 있는 가장 효율적인 대처방법은?

① 사원들 간의 피드백이 원활하게 이루어지는지 확인한다.

② 팀원들이 업무를 하면서 서로 협력을 하는지 확인한다.

③ 의사결정 과정에 잘못된 부분이 있는지 확인한다.

④ 중재를 하고 문제를 무엇인지 확인한다.

⑤ 팀원들이 어떻게 갈등을 해결하는지 지켜본다.

> ✔해설 M과 K 사이의 갈등이 있음을 발견하게 되었으므로 즉각적으로 개입하여 중재를 하고 이를 해결하는 것이 리더의 대처방법이다.

14 조직 사회에서 일어나는 갈등을 해결하는 방법 중 문제를 회피하지 않으면서 상대방과의 대화를 통해 동등한 만큼의 목표를 서로 누리는 두 가지 방법이 있다. 이 두 가지 갈등해결방법에 대한 다음의 설명 중 빈칸에 들어갈 알맞은 말은?

> 첫 번째 유형은 자신에 대한 관심과 상대방에 대한 관심이 중간정도인 경우로서, 서로가 받아들일 수 있는 결정을 하기 위하여 타협적으로 주고받는 방식을 말한다. 즉, 갈등 당사자들이 반대의 끝에서 시작하여 중간 정도 지점에서 타협하여 해결점을 찾는 것이다.
>
> 두 번째 유형은 협력형이라고도 하는데, 자신은 물론 상대방에 대한 관심이 모두 높은 경우로서 '나도 이기고 너도 이기는 방법(win-win)'을 말한다. 이 방법은 문제해결을 위하여 서로 간에 정보를 교환하면서 모두의 목표를 달성할 수 있는 '윈윈' 해법을 찾는다. 아울러 서로의 차이를 인정하고 배려하는 신뢰감과 공개적인 대화를 필요로 한다. 이 유형이 가장 바람직한 갈등해결 유형이라 할 수 있다. 이러한 '윈윈'의 방법이 첫 번째 유형과 다른 점은 (　　　　　　　　　　)는 것이며, 이것을 '윈윈 관리법'이라고 한다.

① 시너지 효과를 극대화할 수 있다.　　　② 상호 친밀감이 더욱 돈독해진다.

③ 보다 많은 이득을 얻을 수 있다.　　　④ 문제의 근본적인 해결책을 얻을 수 있다.

⑤ 대인관계를 넓힐 수 있다.

> ✔해설 첫 번째 유형은 타협형, 두 번째 유형은 통합형을 말한다. 갈등의 해결에 있어서 문제를 근본적·본질적으로 해결하는 것이 가장 좋다. 통합형 갈등해결 방법에서의 '윈윈(Win-Win) 관리법'은 서로가 원하는 바를 얻을 수 있기 때문에 성공적인 업무관계를 유지하는 데 매우 효과적이다.

15 다음 중 이미지 메이킹에 관한 내용으로 옳지 않은 것은?

① 개인이 추구하고자 하는 목표를 이루기 위해서 스스로 자기 이미지를 통합적으로 관리하는 것이다.

② 자기가치를 발견하고 이를 최고의 삶으로 만들어 가기 위한 전 분야에 걸친 자기 삶의 총체적인 경영전략이다.

③ 현대생활예절은 구체적인 방식 및 규칙 등을 여러 다양한 측면에서 제공한다.

④ 비언어적 커뮤니케이션 수단이며, 소극적인 의사소통행위이다.

⑤ 이미지의 체득은 시각 및 청각 등을 총괄한 미적체험 및 미적인식 오감에 호소하는 자기관리의 출발로 감성경영을 포함한다.

> ✔해설 이미지 메이킹은 언어적 및 비언어적인 커뮤니케이션의 수단이면서 동시에 적극적인 의사소통행위이다.

16 협상에 있어 상대방을 설득시키는 일은 필수적이며 그 방법은 상황과 상대방에 따라 매우 다양하게 나타난다. 이에 따라 상대방을 설득하기 위한 협상 전략은 몇 가지로 구분될 수 있다. 협상 시 상대방을 설득시키기 위하여 상대방 관심사에 대한 정보를 확인 후 해당 분야의 전문가를 동반 참석시켜 우호적인 분위기를 이끌어낼 수 있는 전략은 어느 것인가?

① 호혜관계 형성 전략

② 권위 전략

③ 반항심 극복 전략

④ 헌신과 일관성 전략

⑤ 사회적 입증 전략

> ✔해설 권위 전략이란 직위나 전문성, 외모 등을 이용하면 협상 과정상의 갈등해결에 도움이 될 수 있다는 것이다. 설득기술에 있어서 권위란 직위, 전문성, 외모 등에 의한 기술이다. 사람들은 자신보다 더 높은 직위, 더 많은 지식을 가지고 있다고 느끼는 사람으로부터 설득 당하기가 쉽다. 계장의 말씀보다 국장의 말씀에 더 권위가 있고 설득력이 높다. 비전문가보다 전문가의 말에 더 동조하게 된다. 전문성이 있는 사람이 그렇지 않은 사람보다 더 권위와 설득력이 있다.

17 다음 두 조직의 특성을 참고할 때, '갈등관리' 차원에서 본 두 조직에 대한 설명으로 적절하지 않은 것은?

> 감사실은 늘 조용하고 직원들 간의 업무적 대화도 많지 않아 전화도 큰소리로 받기 어려운 분위기다. 다들 무언가를 열심히 하고는 있지만 직원들끼리의 교류나 상호작용은 찾아보기 힘들고 왠지 활기찬 느낌은 없다. 그렇지만 직원들끼리 반목과 불화가 있는 것은 아니며, 부서장과 부서원들 간의 관계도 나쁘지 않아 큰 문제없이 맡은 바 임무를 수행해 나가기는 하지만 실적이 좋지는 않다.
>
> 반면, 빅데이터 운영실은 하루 종일 떠들썩하다. 한쪽에선 시끄러운 전화소리와 고객과의 마찰로 빚어진 언성이 오가며 여기저기 조직원들끼리의 대화가 끝없이 이어진다. 일부 직원은 부서장에게 꾸지람을 듣기도 하고 한쪽에선 직원들 간의 의견 충돌을 해결하느라 열띤 토론도 이어진다. 어딘가 어수선하고 집중력을 요하는 일은 수행하기 힘든 분위기처럼 느껴지지만 의외로 업무 성과는 우수한 조직이다.

① 감사실은 조직 내 갈등이나 의견 불일치 등의 문제가 거의 없어 이상적인 조직으로 평가될 수 있다.

② 빅데이터 운영실에서는 갈등이 새로운 해결책을 만들어 주는 기회를 제공한다.

③ 감사실은 갈등수준이 낮아 의욕이 상실되기 쉽고 조직성과가 낮아질 수 있다.

④ 빅데이터 운영실은 생동감이 넘치고 문제해결 능력이 발휘될 수 있다.

⑤ 두 조직의 차이점에서 '갈등의 순기능'을 엿볼 수 있다.

> **✔해설** 목표를 달성하기 위해 노력하는 팀이라면 갈등은 항상 일어나게 마련이다. 갈등은 의견 차이가 생기기 때문에 발생하게 된다. 그러나 이러한 결과가 항상 부정적인 것만은 아니다. 갈등은 새로운 해결책을 만들어 주는 기회를 제공한다. 중요한 것은 갈등에 어떻게 반응하느냐 하는 것이다. 갈등이나 의견의 불일치는 불가피하며 본래부터 좋거나 나쁜 것이 아니라는 점을 인식하는 것이 중요하다. 또한 갈등수준이 적정할 때는 조직 내부적으로 생동감이 넘치고 변화 지향적이며 문제해결 능력이 발휘되며, 그 결과 조직성과는 높아지고 갈등의 순기능이 작용한다.

18 다음 대인매력 요인의 연결이 바르지 않은 항목을 고르면?

① 매력성 – 매력적인 사람들을 더 좋아하는 경향이 있는 것

② 상호성 – 사람들은 자신을 좋아하는 사람에게 호감을 가지게 되고 서로 호의적인 감정이 이루어지는 것

③ 근접성 – 지리적 또는 공간적으로 가까운 사람에게 매력을 느끼는 것을 말하는 것

④ 친숙성 – 자주 접할수록 좋아지게 되는 경향이 있는 것

⑤ 상보성 – 자기 자신을 좋아하는 사람에게 호혜적으로 매력을 느끼는 경향이 있는 것

> **✔해설** 상보성은 자신들의 결여된 특성을 지니고 있는 타인에게 매력을 느끼는 경향이 있는 것을 의미한다.

19 다음의 사례에서는 변혁적 리더십에 대해 말하고 있는데, 내용을 참조하여 이에 관련한 사항으로 가장 옳지 않은 것을 고르면?

① 이 경우 개방체제적이며 변동지향적인 변화관을 갖추고 있다.

② 적응지향적인 이념을 지니고 있다.

③ 동기부여 입장에서 보면, 영감과 비전 제시 및 조직 구성원 전체가 공유해야 할 가치의 내면화를 지향한다.

④ 업무할당과 할당된 과제의 가치 및 당위성의 주지, 성공에 대한 기대를 제공한다.

⑤ 주로 하급관리층에 그 초점이 맞추어져 있다.

> **✔해설** 위 사례는 변혁적 리더십에 관련한 내용이다. 변혁적 리더십은 조직구성원들로 하여금 리더에 대한 신뢰를 갖게 하는 카리스마는 물론이거니와 조직변화의 필요성을 감지하고 그러한 변화를 이끌어 낼 수 있는 새로운 비전을 제시할 수 있는 능력이 요구되는 리더십을 의미한다. 하지만 ⑤번의 경우 이에 대비되는 개념인 거래적 리더십에 관한 내용을 나타내고 있다. 거래적 리더십은 주로 하급관리자층에 초점이 맞추어져 있으며, 변혁적 리더십은 최고관리층에 초점이 맞추어져 있다.

20 다음 대화를 보고 이 과장의 말이 협상의 5단계 중 어느 단계에 해당하는지 고르면?

> 김 실장 : 이 과장, 출장 다녀오느라 고생했네.
> 이 과장 : 아닙니다. KTX 덕분에 금방 다녀왔습니다.
> 김 실장 : 그래, 다행이군. 오늘 협상은 잘 진행되었나?
> 이 과장 : 그게 말입니다. 실장님. 오늘 협상을 진행하다가 새로운 사실을 알게 되었습니다. 민원인측이 지금껏 주장했던 고가차도 건립계획 철회는 표면적 요구사항이었던 것 같습니다. 오늘 장시간 상대방 측 대표들과 이야기를 나누면서 고가차고 건립자체보다 그로 인한 초등학교 예정부지의 이전, 공사 및 도로 소음 발생, 그리고 녹지 감소가 실질적 불만이라는 걸 알게 되었습니다. 고가차도 건립을 계획대로 추진하면서 초등학교의 건립 예정지를 현행 유지하고, 3중 방음시설 설치, 아파트 주변 녹지 조성 계획을 제시하면 충분히 협상을 진척시킬 수 있을 것 같습니다.

① 협상시작단계
② 상호이해단계
③ 실질이해단계
④ 해결대안단계
⑤ 합의문서단계

✔ 해설 이 과장은 상대방 측 대표들과 만나서 현재 상황과 이들이 원하는 주장이 무엇인지를 파악한 후 김 실장에게 협상이 가능한 안건을 제시한 것이므로 실질이해 전 단계인 상호이해단계로 볼 수 있다.

※ 협상과정의 5단계
　⊙ 협상시작 : 협상 당사자들 사이에 친근감을 쌓고, 간접적인 방법으로 협상 의사를 전달하며 상대방의 협상의지를 확인하고 협상 진행을 위한 체계를 결정하는 단계이다.
　ⓛ 상호이해 : 갈등 문제의 진행 상황과 현재의 상황을 점검하고 적극적으로 경청하며 자기주장을 제시한다. 협상을 위한 협상안건을 결정하는 단계이다.
　ⓒ 실질이해 : 겉으로 주장하는 것과 실제로 원하는 것을 구분하여 실제 원하는 것을 찾아내고 분할과 통합 기법을 활용하여 이해관계를 분석하는 단계이다.
　ⓔ 해결방안 : 협상 안건마다 대안들을 평가하고 개발한 대안들을 평가하며 최선의 대안에 대해 합의하고 선택한 후 선택한 대안 이행을 위한 실행 계획을 수립하는 단계이다.
　ⓜ 합의문서 : 합의문을 작성하고 합의문의 합의 내용 및 용어 등을 재점검한 후 합의문에 서명하는 단계이다.

09 직업윤리

1 윤리와 직업

(1) 윤리의 의미

① 윤리적 인간 … 공동의 이익을 추구하고 도덕적 가치 신념을 기반으로 형성된다.

② 윤리규범의 형성 … 공동생활과 협력을 필요로 하는 인간생활에서 형성되는 공동행동의 룰을 기반으로 형성된다.

③ 윤리의 의미 … 인간과 인간 사이에서 지켜야 할 도리를 바르게 하는 것으로 인간 사회에 필요한 올바른 질서라고 할 수 있다.

예제 1

윤리에 대한 설명으로 옳지 않은 것은?

① 윤리는 인간과 인간 사이에서 지켜져야 할 도리를 바르게 하는 것으로 볼 수 있다.
② 동양적 사고에서 윤리는 인륜과 동일한 의미이며, 엄격한 규율이나 규범의 의미가 배어 있다.
③ 인간은 윤리를 존중하며 살아야 사회가 질서와 평화를 얻게 되고, 모든 사람이 안심하고 개인적 행복을 얻게 된다.
④ 윤리는 세상에 두 사람 이상이 있으면 존재하며, 반대로 혼자 있을 때도 지켜져야 한다.

출제의도

윤리의 의미와 윤리적 인간, 윤리규범의 형성 등에 대한 기본적인 이해를 평가하는 문제이다.

해 설

윤리는 인간과 인간 사이에서 지켜져야 할 도리를 바르게 하는 것으로서 이 세상에 두 사람 이상이 있으면 존재하고 반대로 혼자 있을 때에는 의미가 없는 말이 되기도 한다.

답 ④

---

(2) 직업의 의미

① 직업은 본인의 자발적 의사에 의한 장기적으로 지속하는 일로, 경제적 보상이 따라야 한다.

② 입신출세론 … 입신양명(立身揚名)이 입신출세(立身出世)로 바뀌면서 현대에 와서는 직업 활동의 결과를 출세에 비중을 두는 경향이 짙어졌다.

③ 3D 기피현상 … 힘들고(Difficult), 더럽고(Dirty), 위험한(Dangerous) 일은 하지 않으려고 하는 현상

(3) 직업윤리

① 직업윤리란 직업인이라면 반드시 지켜야 할 공통적인 윤리규범으로 어느 직장에 다니느냐를 구분하지 않는다.

② 직업윤리와 개인윤리의 조화
  ㉠ 업무상 행해지는 개인의 판단과 행동이 사회적 파급력이 큰 기업시스템을 통하여 다수의 이해관계자와 관련된다.
  ㉡ 많은 사람의 고도화 된 협력을 요구하므로 맡은 역할에 대한 책임완수와 투명한 일 처리가 필요하다.
  ㉢ 규모가 큰 공동 재산·정보 등을 개인이 관리하므로 높은 윤리의식이 요구된다.
  ㉣ 직장이라는 특수 상황에서 갖는 집단적 인간관계는 가족관계, 친분관계와는 다른 배려가 요구된다.
  ㉤ 기업은 경쟁을 통하여 사회적 책임을 다하고, 보다 강한 경쟁력을 키우기 위하여 조직원인의 역할과 능력을 꾸준히 향상시켜야 한다.
  ㉥ 직무에 따른 특수한 상황에서는 개인 차원의 일반 상식과 기준으로는 규제할 수 없는 경우가 많다.

예제 2

직업윤리에 대한 설명으로 옳지 않은 것은?

① 개인윤리를 바탕으로 각자가 직업에 종사하는 과정에서 요구되는 특수한 윤리규범이다.
② 직업에 종사하는 현대인으로서 누구나 공통적으로 지켜야 할 윤리기준을 직업윤리라 한다.
③ 개인윤리의 기본 덕목인 사랑, 자비 등과 공동발전의 추구, 장기적 상호이익 등의 기본은 직업윤리도 동일하다.
④ 직업을 가진 사람이라면 반드시 지켜야 할 윤리규범이며, 중소기업 이상의 직장에 다니느냐에 따라 구분된다.

출제의도

직업윤리의 정의와 내용에 대한 올바른 이해를 요구하는 문제이다.

해 설

직업윤리란 직업을 가진 사람이라면 반드시 지켜야 할 공통적인 윤리규범을 말하는 것으로 어느 직장에 다니느냐를 구분하지 않는다.

답 ④

(1) 근로윤리

① 근면한 태도
- ㉠ 근면이란 게으르지 않고 부지런한 것으로 근면하기 위해서는 일에 임할 때 적극적이고 능동적인 자세가 필요하다.
- ㉡ 근면의 종류
  - 외부로부터 강요당한 근면
  - 스스로 자진해서 하는 근면

② 정직한 행동
- ㉠ 정직은 신뢰를 형성하고 유지하는 데 기본적이고 필수적인 규범이다.
- ㉡ 정직과 신용을 구축하기 위한 지침
  - 정직과 신뢰의 자산을 매일 조금씩 쌓아가자.
  - 잘못된 것도 정직하게 밝히자.
  - 타협하거나 부정직을 눈감아 주지 말자.
  - 부정직한 관행은 인정하지 말자.

③ 성실한 자세 … 성실은 일관하는 마음과 정성의 덕으로 자신의 일에 최선을 다하고자 하는 마음자세를 가지고 업무에 임하는 것이다.

예제 3

우리 사회에서 정직과 신용을 구축하기 위한 지침으로 볼 수 없는 것은?

① 정직과 신뢰의 자산을 매일 조금씩 쌓아가도록 한다.
② 잘못된 것도 정직하게 밝혀야 한다.
③ 작은 실수는 눈감아 주고 때론 타협을 하여야 한다.
④ 부정직한 관행은 인정하지 말아야 한다.

출제의도

근로윤리 중에서도 정직한 행동과 성실한 자세에 대해 올바르게 이해하고 있는지 평가하는 문제이다.

해 설

타협하거나 부정직한 일에 대해서는 눈감아주지 말아야 한다.

답 ③

(2) 공동체윤리

① 봉사(서비스)의 의미

ㄱ 직업인에게 봉사란 자신보다 고객의 가치를 최우선으로 하는 서비스 개념이다.

ㄴ SERVICE의 7가지 의미

- S(Smile & Speed) : 서비스는 미소와 함께 신속하게 하는 것
- E(Emotion) : 서비스는 감동을 주는 것
- R(Respect) : 서비스는 고객을 존중하는 것
- V(Value) : 서비스는 고객에게 가치를 제공하는 것
- I(Image) : 서비스는 고객에게 좋은 이미지를 심어 주는 것
- C(Courtesy) : 서비스는 예의를 갖추고 정중하게 하는 것
- E(Excellence) : 서비스는 고객에게 탁월하게 제공되어져야 하는 것

ㄷ **고객접점서비스** : 고객과 서비스 요원 사이에서 15초 동안의 짧은 순간에 이루어지는 서비스로, 이 순간을 진실의 순간(MOT ; Mcment of Truth) 또는 결정적 순간이라고 한다.

② **책임의 의미** … 책임은 모든 결과는 나의 선택으로 인한 결과임을 인식하는 태도로, 상황을 회피하지 않고 맞닥뜨려 해결하는 자세가 필요하다.

③ **준법의 의미** … 준법은 민즈 시민으로서 기본적으로 지켜야 하는 의무이며 생활 자세이다.

④ **예절의 의미** … 예절은 일정한 생활문화권에서 오랜 생활습관을 통해 하나의 공통된 생활방법으로 정립되어 관습적으로 행해지는 사회계약적 생활규범으로, 언어문화권에 따라 다르고 같은 언어문화권이라도 지방에 따라 다를 수 있다.

⑤ **직장에서의 예절**

ㄱ **직장에서의 인사예절**

- 악수
- –악수를 하는 동안에는 상대에게 집중하는 의미로 반드시 눈을 맞추고 미소를 짓는다.
- –악수를 할 때는 오른손을 사용하고, 너무 강하게 쥐어짜듯이 잡지 않는다.
- –악수는 힘 있게 해야 하지만 상대의 뼈를 부수듯이 손을 잡지 말아야 한다.
- –악수는 서로의 이름을 말하고 간단한 인사 몇 마디를 주고받는 정도의 시간 안에 끝내야 한다.
- 소개
- –나이 어린 사람을 연장자에게 소개한다.
- –내가 속해 있는 회사의 관계자를 타 회사의 관계자에게 소개한다.
- –신참자를 고참자에게 소개한다.
- –동료임원을 고객, 손님에게 소개한다.
- –비임원을 임원에게 소개한다.

-소개받는 사람의 별칭은 그 이름이 비즈니스에서 사용되는 것이 아니라면 사용하지 않는다.

-반드시 성과 이름을 함께 말한다.

-상대방이 항상 사용하는 경우라면, Dr. 또는 Ph.D. 등의 칭호를 함께 언급한다.

-정부 고관의 직급명은 퇴직한 경우라도 항상 사용한다.

-천천히 그리고 명확하게 말한다.

-각각의 관심사와 최근의 성과에 대하여 간단한 언급을 한다.

• 명함 교환

-명함은 반드시 명함 지갑에서 꺼내고 상대방에게 받은 명함도 명함 지갑에 넣는다.

-상대방에게서 명함을 받으면 받은 즉시 호주머니에 넣지 않는다.

-명함은 하위에 있는 사람이 먼저 꺼내는데 상위자에 대해서는 왼손으로 가볍게 받쳐 내는 것이 예의이 며, 동위자, 하위자에게는 오른손으로만 쥐고 건넨다.

-명함을 받으면 그대로 집어넣지 말고 명함에 관해서 한 두 마디 대화를 건네 본다.

-쌍방이 동시에 명함을 꺼낼 때는 왼손으로 서로 교환하고 오른손으로 옮겨진다.

ⓛ 직장에서의 전화예절

• 전화걸기

-전화를 걸기 전에 먼저 준비를 한다. 정보를 얻기 위해 전화를 하는 경우라면 얻고자 하는 내용을 미리 메모하도록 한다.

-전화를 건 이유를 숙지하고 이와 관련하여 대화를 나눌 수 있도록 준비한다.

-전화는 정상적인 업무가 이루어지고 있는 근무 시간에 걸도록 한다.

-당신이 통화를 원하는 상대와 통화할 수 없을 경우에 대비하여 비서나 다른 사람에게 메시지를 남길 수 있도록 준비한다.

-전화는 직접 걸도록 한다.

-전화를 해달라는 메시지를 받았다면 가능한 한 48시간 안에 답해주도록 한다.

• 전화받기

-전화벨이 3~4번 울리기 전에 받는다.

-당신이 누구인지를 즉시 말한다.

-천천히, 명확하게 예의를 갖추고 말한다.

-밝은 목소리로 말한다.

-말을 할 때 상대방의 이름을 함께 사용한다.

-메시지를 받아 적을 수 있도록 펜과 메모지를 곁에 둔다.

-주위의 소음을 최소화한다.

-긍정적인 말로서 전화 통화를 마치고 전화를 건 상대방에게 감사를 표시한다.

• 휴대전화

-당신이 어디에서 휴대전화로 전화를 하든지 간에 상대방에게 통화를 강요하지 않는다.

-상대방이 장거리 요금을 지불하게 되는 휴대전화의 사용은 피한다.

－운전하면서 휴대전화를 하지 않는다.

－친구의 휴대전화를 빌려 달라고 부탁하지 않는다.

－비상시에만 휴대전화를 사용하는 친구에게는 휴대전화로 전화하지 않는다.

ⓒ 직장에서의 E-mail 예절

• E-mail 보내기

－상단에 보내는 사람의 이름을 적는다.

－메시지에는 언제나 제목을 넣도록 한다.

－메시지는 간략하게 만든다.

－요점을 빗나가지 않는 제목을 잡도록 한다.

－올바른 철자와 문법을 사용한다.

• E-mail 답하기

－원래 이-메일의 내용과 관련된 일관성 있는 답을 하도록 한다.

－다른 비즈니스 서신에서와 마찬가지로 화가 난 감정의 표현을 보내는 것은 피한다.

－답장이 어디로, 누구에게로 보내는지 주의한다.

⑥ 성예절을 지키기 위한 자세 … 직장에서 여성의 특징을 살린 한정된 업무를 담당하던 과거와는 달리 여성과 남성이 대등한 동반자 관계로 동등한 역할과 능력발휘를 한다는 인식을 가질 필요가 있다.

　　㉠ 직장 내에서 여성이 남성과 동등한 지위를 보장받기 위해서 그만한 책임과 역할을 다해야 하며, 조직은 그에 상응하는 여건을 조성해야 한다.

　　㉡ 성희롱 문제를 사전에 예방하고 효과적으로 처리하는 방안이 필요한 것이다.

　　㉢ 남성 위주의 가부장적 문화와 성 역할에 대한 과거의 잘못된 인식을 타파하고 남녀공존의 직장문화를 정착하는 노력이 필요하다.

예제 4

예절에 대한 설명으로 옳지 않은 것은?

① 예절은 일정한 생활문화권에서 오랜 생활습관을 통해 하나의 공통된 생활방식으로 정립되어 관습적으로 행해지는 사회계약적인 생활규범이라 할 수 있다.

② 예절은 언어문화권에 따라 다르나 동일한 언어문화권일 경우에는 모두 동일하다.

③ 무리를 지어 하나의 문화를 형성하여 사는 일정한 지역을 생활문화권이라 하며, 이 문화권에 사는 사람들이 가장 편리하고 바람직한 방법이라고 여겨 그렇게 행하는 생활방법이 예절이다.

④ 예절은 한 나라에서 통일되어야 국민들이 생활하기가 수월하며, 올바른 예절을 지키는 것이 바른 삶을 사는 것이라 할 수 있다.

출제의도

공동체윤리에 속하는 여러 항목 중 예절의 의미와 특성에 대한 이해능력을 평가하는 문제이다.

해 설

예절은 언어문화권에 따라 다르고, 동일한 언어문화권이라도 지방에 따라 다를 수 있다. 예를 들면 우리나라의 경우 서울과 지방에 따라 예절이 조금씩 다르다.

답 ②

CHAPTER 09

출제예상문제

1 원모는 이번에 새로 입사한 회사에서 회식을 하게 되어 팀 동료들과 식사를 할 만한 곳을 알아보고 있다. 그러나 사회초년생인 원모는 회사 회식을 거의 해 본 경험이 없었고, 회사 밖의 많은 선택 가능한 대안 (회식장소) 중에서도 상황 상 주위의 가까운 팀 내 선배들이 강력하게 추천하는 곳을 선택하기로 했는데, 이는 소비자 구매의사결정 과정에서 대안의 평가에 속하는 한 부분으로써 어디에 해당한다고 볼 수 있는가?

① 순차식
② 분리식
③ 결합식
④ 사전편집식
⑤ 휴리스틱 기법

> ✔**해설** 휴리스틱 기법은 여러 가지 요인을 체계적으로 고려하지 않고 경험, 직관에 의해서 문제해결과정을 단순화시키는 규칙을 만들어 평가하는 것을 의미한다. 다시 말해, 어떠한 문제를 해결하거나 또는 불확실한 상황에서 판단을 내려야 할 때 정확한 실마리가 없는 경우에 사용하는 방법이다.

2 직업인은 외근 등의 사유로 종종 자동차를 활용하곤 한다. 다음은 자동차 탑승 시에 대한 예절 및 윤리에 관한 설명이다. 이 중 가장 옳지 않은 것을 고르면?

① 승용차에서는 윗사람이 먼저 타고 아랫사람이 나중에 타며 아랫사람은 윗사람의 승차를 도와준 후에 반대편 문을 활용해 승차한다.
② Jeep류의 차종인 경우(문이 2개)에는 운전석의 뒷자리가 상석이 된다.
③ 운전자의 부인이 탈 경우에는 운전석 옆자리가 부인석이 된다.
④ 자가용의 차주가 직접 운전을 할 시에 운전자의 오른 좌석에 나란히 앉아 주는 것이 매너이다.
⑤ 상석의 위치에 관계없이 여성이 스커트를 입고 있을 경우에는 뒷좌석의 가운데 앉지 않도록 배려해 주는 것이 매너이다.

> ✔**해설** Jeep류의 차종인 경우(문이 2개)에는 운전석의 옆자리가 상석이 된다.

3 다음은 면접 시 경어의 사용에 관한 내용이다. 이 중 가장 옳지 않은 항목은?

① 직위를 모르는 면접관을 지칭할 시에는 "면접위원"이 무난하고 직위 뒤에는 "님"자를 사용하지 않는다.

② 친족이나 친척 등을 지칭할 때는 "아버지", "어머니", "언니", "조부모" 등을 쓰고 특별한 경칭을 붙이지 않는다.

③ 극존칭은 사용하지 않으며 지원회사명을 자연스럽게 사용한다.

④ 지망하고자 하는 회사의 회장, 이사, 과장 등을 지칭할 시에는 '님'자를 붙인다.

⑤ 자신을 지칭할 때는 "나"라는 호칭 대신에 "저"를 사용한다.

> **✔ 해설** 통상적으로 직위를 모르는 면접관을 지칭할 때는 "면접위원님"이 무난하고 직위 뒤에는 "님"자를 사용한다.
>
> ※ 경어의 구분
>
> ㉠ 겸양어 : 상대나 화제의 인물에 대해서 경의를 표하기 위해 사람에게 관계가 되는 자신의 행위나 또는 동작 등을 낮추어서 하는 말을 의미한다.
>
> 예 저희, 저희들, 우리들
>
> 예 기다리실 줄 알았는데…
>
> 예 설명해 드리겠습니다.
>
> 예 여쭈어 본다, 모시고 간다, 말씀 드린다.
>
> ㉡ 존경어 : 상대나 화제의 인물에 대해서 경의를 표하기 위해 그 사람의 행위나 동작 등을 높여서 하는 말을 의미한다.
>
> 예 안녕하세요(×) ⇒ 안녕하십니까(○)
>
> 예 사용하세요(×) ⇒ 사용하십시오(○)
>
> ㉢ 공손어 : 상대방에게 공손한 마음을 표현할 때나 자신의 품위를 지키기 위하여 사용하는 말이다.

4 다음 중 이메일 네티켓에 관한 설명으로 부적절한 것은?

① 대용량 파일의 경우에는 압축해서 첨부해야 한다.

② 메일을 발송할 시에는 발신자를 명확하게 표기해야 한다.

③ 메일을 받을 수신자의 주소가 정확한지 확인을 해야 한다.

④ 영어는 일괄적으로 대문자로 표기해야 한다.

⑤ 상대로부터 수신 받은 메일은 24시간 내에 신속하게 답변을 해야 한다.

> **✔ 해설** 영어의 경우에는 대소문자를 명확히 구분해서 표기해야 한다.

5 다음에서 설명하고 있는 개념으로 적절한 것은?

> 이것은 일정한 생활문화권에서 오랜 생활습관을 통해 하나의 공통된 생활방법으로 정립되어 관습적으로 행해지는 사회계약적 생활규범으로, 언어문화권에 따라 다르고 같은 언어문화권이라도 지방에 따라 다를 수 있다.

① 봉사 ② 책임
③ 준법 ④ 예절
⑤ 문화

> **✔ 해설** ① 봉사 : 직업인에게 봉사란 자신보다 고객의 가치를 최우선으로 하는 서비스 개념이다.
> ② 책임 : 책임은 모든 결과는 나의 선택으로 인한 결과임을 인식하는 태도로, 상황을 회피하지 않고 맞닥뜨려 해결하는 자세가 필요하다.
> ③ 준법 : 준법은 민주 시민으로서 기본적으로 지켜야 하는 의무이며 생활 자세이다.
> ④ 예절 : 예절은 일정한 생활문화권에서 오랜 생활습관을 통해 하나의 공통된 생활방법으로 정립되어 관습적으로 행해지는 사회계약적 생활규범으로, 언어문화권에 따라 다르고 같은 언어문화권이라도 지방에 따라 다를 수 있다.

6 다음 중 악수 예절로 적절한 것은?

① 악수를 하는 동안에 상대의 눈을 쳐다보지 않는다.

② 악수를 할 때는 왼손을 사용한다.

③ 악수는 인사 몇 마디를 주고받는 정도의 시간 안에 끝내야 한다.

④ 악수는 상대보다 더 힘 있게 해야 한다.

⑤ 악수는 되도록 길게 해야 한다.

> **✔ 해설** 악수 예절
> • 악수를 하는 동안에는 상대에게 집중하는 의미로 반드시 눈을 맞추고 미소를 짓는다.
> • 악수를 할 때는 오른손을 사용하고, 너무 강하게 쥐어짜듯이 잡지 않는다.
> • 악수는 힘 있게 해야 하지만 상대의 뼈를 부수듯이 손을 잡지 말아야 한다.
> • 악수는 서로의 이름을 말하고 간단한 인사 몇 마디를 주고받는 정도의 시간 안에 끝내야 한다.

7 다음 중 직장에서의 전화걸기 예절로 옳지 않은 것은?

① 전화를 건 이유를 숙지하고 이와 관련하여 대화를 나눌 수 있도록 준비한다.

② 전화는 정상적인 업무가 이루어지고 있는 근무 시간이 종료된 뒤에 걸도록 한다.

③ 정보를 얻기 위해 전화를 하는 경우라면 얻고자 하는 내용을 미리 메모하도록 한다.

④ 전화를 해달라는 메시지를 받았다면 가능한 한 48시간 안에 답해주도록 한다.

⑤ 전화는 직접 걸도록 한다.

> **✔ 해설** 전화걸기
> • 전화를 걸기 전에 먼저 준비를 한다. 정보를 얻기 위해 전화를 하는 경우라면 얻고자 하는 내용을 미리 메모하도록 한다.
> • 전화를 건 이유를 숙지하고 이와 관련하여 대화를 나눌 수 있도록 준비한다.
> • 전화는 정상적인 업무가 이루어지고 있는 근무 시간에 걸도록 한다.
> • 당신이 통화를 원하는 상대와 통화할 수 없을 경우에 대비하여 비서나 다른 사람에게 메시지를 남길 수 있도록 준비한다.
> • 전화는 직접 걸도록 한다.
> • 전화를 해달라는 메시지를 받았다면 가능한 한 48시간 안에 답해주도록 한다.

8 다음 중 개인윤리와 직업윤리에 대한 올바른 설명을 모두 고른 것은?

> ㉠ 직업윤리는 개인윤리에 비해 특수성을 갖고 있다.
> ㉡ 개인윤리가 보통 상황에서의 일반적 윤리규범이라고 한다면, 직업윤리는 좀 더 구체적 상황에서의 실천 규범이다.
> ㉢ 모든 사람은 근로자라는 공통점 속에서 모두 같은 직업윤리를 가지게 된다.
> ㉣ 직업윤리는 개인윤리를 바탕으로 성립되는 규범이기 때문에, 항상 개인윤리보다 우위에 있다.

① ㉠㉡
② ㉠㉢
③ ㉠㉣
④ ㉡㉢
⑤ ㉡㉣

> ✔**해설** 직업윤리는 특정 직업에서 보이는 특수하고 구체적인 윤리를 말한다. 개인윤리의 경우에는 일반적인 상황에 대한 윤리를 의미한다.
> ㉢ 모든 사람은 근로자라는 공통점을 가질 수도 있겠지만, 어떤 직업을 갖느냐에 따라 서로 다른 직업윤리를 가질 수 있다.
> ㉣ 직업윤리는 개인윤리를 바탕으로 성립되고 조화가 필요하며, 항상 직업윤리가 개인윤리보다 우위에 있다고 말할 수 없다.

9 다음 설명은 직업윤리의 덕목 중 무엇에 해당하는가?

> 자신의 일이 누구나 할 수 있는 것이 아니라 해당 분야의 지식과 교육을 밑바탕으로 성실히 수행해야만 가능한 것이라 믿고 수행하는 태도를 말한다.

① 소명의식
② 직분의식
③ 전문가의식
④ 봉사의식
⑤ 천직의식

> ✔**해설** ① 소명의식 : 자신이 맡은 일은 하늘에 의해 맡겨진 일이라고 생각하는 태도
> ② 직분의식 : 자신이 하고 있는 일이 사회나 기업을 위해 중요한 역할을 하고 있다고 믿고 자신의 활동을 수행하는 태도
> ④ 봉사의식 : 직업 활동을 통해 다른 사람과 공동체에 대해 봉사하는 정신을 갖추고 실천하는 태도

10 다음 중 근로윤리에 관한 설명으로 옳지 않은 것은?

① 정직은 신뢰를 형성하는 데 기본적인 규범이다.

② 정직은 부정직한 관행을 인정하지 않는다.

③ 신용을 위해 동료와 타협하여 부정직을 눈감아준다.

④ 신용을 위해 잘못된 것도 정직하게 밝혀야 한다.

⑤ 성실은 자신의 일에 최선을 다하고자 하는 마음자세를 가지고 일하는 것이다.

✔해설 ③ 타협하거나 부정직을 눈감아 주지 말아야 한다.

11 다음은 직장 내 SNS 활용에 있어서의 매너에 관한 사항이다. 잘못 설명된 것을 고르면?

① 대화시작은 인사로 시작하고 마무리 또한 인사를 하는 습관을 들여야 한다.

② 메신저 등을 사용함에 있어서 매너에도 특별히 신경을 써야 한다.

③ 불필요한 내용은 근지하고 업무에 대한 내용으로 간략히 활용해야 한다.

④ 메신저 사용 시 상대를 확인하고 대화를 시작해야 한다.

⑤ 직급이 높은 상사라 하더라도 업무의 효율성을 높이기 위해 메신저로 업무 보고하는 것이 좋다.

✔해설 아무리 빠른 정보화 사회이고 업무 효율성을 높인다 하더라도 상사에게 주요 내용을 보고할 시에는 직접 찾아가서 보고하는 것이 좋다. 더불어 상사의 입장에서는 부하 직원이 예의 없어 보일 수도 있다.

12 다음은 비즈니스 매너 중 업무상 방문 및 가정방문에 관한 설명이다. 이 중 가장 바르지 않은 항목을 고르면?

① 사전에 회사 방문에 대한 약속을 정한 후에 명함을 준비해서 방문해야 한다.

② 회사를 방문할 시에는 오후 3~5시 사이가 적정하며, 사전에 초대를 받지 않은 사람과의 동행이라 하더라도 그 전에 회사를 방문한다고 약속을 했으므로 미초대자와 동행을 해도 이는 매너에 어긋나지 않는다.

③ 가정을 방문할 시에는 정시에 도착해야 한다.

④ 가정방문 초청을 받고 도착해서 레인 코트 및 모자 등은 벗어야 하지만, 외투는 벗지 않아도 된다.

⑤ 손님용으로 1인 소파는 앉아도 되지만, 상석의 경우에는 권하지 않는 이상 먼저 앉지 않는 것이 예의이다.

> **✔해설** 사전에 초대받지 않은 사람과의 동행은 매너에 어긋나는 행동이 된다.

13 다음은 직장 내 예절에 관한 내용 중 퇴근할 시에 관한 설명이다. 이 중 바르지 않은 것은?

① 사무실의 업무 상 보안을 위해 책상 서랍이나 또는 캐비닛 등에 대한 잠금장치를 해야 한다.

② 가장 마지막에 퇴근하는 사람의 경우에는 사무실 내의 컴퓨터 및 전등의 전원을 확인하고 문단속을 잊지 말아야 한다.

③ 상사보다 먼저 퇴근하게 될 경우에는 "지시하실 업무는 없으십니까? 없다면 먼저 퇴근 하겠습니다"라고 인사를 해야 한다.

④ 사용했던 책상 위는 깨끗이 정리하며 비품, 서류 등을 지정된 장소에 두어야 한다.

⑤ 다른 직원들보다 먼저 퇴근할 시에는 잔업을 하고 있는 사람에게 방해가 될 수 있으므로 조용히 사무실을 빠져나가야 한다.

> **✔해설** 타 직원들보다 먼저 퇴근을 할 경우에는 잔무처리를 하는 사람들에게 "먼저 들어가 보겠습니다."라고 인사를 건네야 한다.

14 다음 중 사무실 매너로써 가장 바르지 않은 것은?

① 어려울 시에는 서로를 위로하며 격려한다.

② 업무가 끝나면 즉각적으로 보고를 하고 중간보고는 생략한다.

③ 내방객 앞에서는 직원 간 상호 존대의 표현을 한다.

④ 서로를 존중하고 약속을 지킨다.

⑤ 가까울수록 예의를 갖추고 언행을 주의한다.

> **✔해설** 업무가 끝나면 즉각적으로 보고하고 경우에 따라 중간보고를 해야 한다. 그럼으로써 업무의 진행 상황을 파악할 수 있으며 수정을 할 수 있기 때문이다. 또한 긍정적인 자세로 지시받고 기한 및 수량 등을 정확히 파악해야 한다.

15 SERVICE의 7가지 의미에 대한 설명으로 옳은 것은?

① S : 서비스는 감동을 주는 것

② V : 서비스는 고객에게 좋은 이미지를 심어주는 것

③ C : 서비스는 미소와 함께 신속하게 하는 것

④ R : 서비스는 고객을 존중하는 것

⑤ I : 서비스는 예의를 갖추고 정중하게 하는 것

> **✔해설** ERVICE의 7가지 의미
> ㉠ S(smile & speed) : 서비스는 미소와 함께 신속하게 하는 것
> ㉡ E(emotion) : 서비스는 감동을 주는 것
> ㉢ R(respect) : 서비스는 고객을 존중하는 것
> ㉣ V(value) : 서비스는 고객에게 가치를 제공하는 것
> ㉤ I(image) : 서비스는 고객에게 좋은 이미지를 심어 주는 것
> ㉥ C(courtesy) : 서비스는 예의를 갖추고 정중하게 하는 것
> ㉦ E(excellence) : 서비스는 고객에게 탁월하게 제공되어져야 하는 것

Answer 12.② 13.⑤ 14.② 15.④

16 다음 전화응대에 대한 내용 중 회사의 위치를 묻는 경우의 응대로 가장 거리가 먼 것을 고르면?

① 먼저 응대 중인 사람에게 양해의 말을 전한 뒤에 전화를 받는다.
② 전화를 건 상대가 있는 현재 위치를 묻는다.
③ 회사까지 어떠한 교통수단을 활용할 것인지를 묻는다.
④ 회사로 전화를 한 사람의 위치에서 좌우전후방으로 방향을 명확하게 안내한다.
⑤ 전화를 건 상대가 알아듣기 쉽도록 전철역 출구, 큰 건물 등을 중심으로 해서 알려준다.

> ✔해설 ①번은 전화 응대 중에 전화가 걸려온 경우에 해당하는 응대방법이다.

17 다음 근무예절에 관한 내용으로 바르지 않은 것은?

① 결근이나 지각을 할 시에는 출근 시간 전에 상사에게 전화상으로 사정을 말하고 양해를 구해야 한다.
② 문서 및 서류 등은 보관함에 넣고 집기류는 제자리에 두어야 한다.
③ 만약 외출한 곳에서 퇴근시간을 넘겨도 사무실로 들어와 늦은 시간이더라도 상사에게 보고를 해야 한다.
④ 슬리퍼는 팀 내에서만 착용하고, 상사에게 보고할 시에는 구두를 착용해야 한다.
⑤ 외출 시에는 행선지, 목적지, 소요시간 등을 보고한 후에 상사의 허가를 얻는다.

> ✔해설 외출한 곳에서 퇴근시간을 넘길 시에는 상사에게 현지퇴근 보고를 해야 한다.

18 다음 중 바르지 않은 용모 및 복장에 대한 내용은?

① 용모는 직업의식의 적극적인 표현이다.
② 옷차림만으로도 사람의 인품, 생활태도 등을 평가할 수 있다.
③ 사복을 입을 경우에 복장 선택은 자유지만, 그 자유로 인해 엉뚱한 평가를 받을 수 있다.
④ 겉으로 보이는 용모는 인격의 일부분이 아니다.
⑤ 단정한 몸차림은 상대에게 신뢰를 주고, 나아가 좋은 대인관계의 바탕이 되며, 일의 성과에도 영향을 미친다.

> ✔해설 겉으로 보이는 용모도 인격의 일부분이다. 더불어서 옷차림은 사람의 이미지 형성에 있어서 영향을 미친다. 그러므로 직업, 상황 등에 맞는 옷차림이 중요하다.

19 다음은 호칭에 관련한 내용들이다. 아래의 내용을 읽고 가장 옳지 않은 것을 고르면?

① 이름을 모를 시에는 직위에 "님" 존칭을 붙인다.

② 상사에게는 성, 직위 다음에 "님"의 존칭을 붙인다.

③ 상급자에게 그 하급자이면서 자기에게는 상급자를 말할 때는 '님'을 붙여야 한다.

④ 타 부서의 상급자는 부서명을 위에 붙인다.

⑤ 상사에게 내 자신을 호칭할 시에는 "저" 또는 성과 직위, 직명 등을 사용한다.

> ✔해설 상급자에게 그 하급자이면서 자기에게는 상급자를 말할 때는 "님"을 붙이지 않고 직책과 직급명만을 말해야 한다.

20 다음과 같은 직업윤리의 덕목을 참고할 때, 빈칸에 공통으로 들어갈 알맞은 말은 어느 것인가?

> 사회시스템은 구성원 서로가 신뢰하는 가운데 운영이 가능한 것이며, 그 신뢰를 형성하고 유지하는데 필요한 가장 기본적이고 필수적인 규범이 바로 (   )인 것이다.
>
> 그러나 우리 사회의 (   )은(는) 아직까지 완벽하지 못하다. 거센 역사의 소용돌이 속에서 여러 가지 부당한 핍박을 받은 경험이 있어서 그럴 수도 있지만, 원칙보다는 집단내의 정과 의리를 소중히 하는 문화적 정서도 그 원인이라 할 수 있다.

① 성실 ② 정직

③ 인내 ④ 희생

⑤ 도전

> ✔해설 이러한 정직과 신용을 구축하기 위한 4가지 지침으로 다음과 같은 것들이 있다.
> - 정직과 신뢰의 자산을 매일 조금씩 쌓아가자.
> - 잘못된 것도 정직하게 밝히자.
> - 정직하지 못한 것을 눈감아 주지 말자.
> - 부정직한 관행은 인정하지 말자.

PART 03

인성검사

01 인성검사의 이해

① 인성검사의 목적

(1) 조직 적합성 평가

인성검사는 지원자의 성품을 알고자 하는 것이 아니다. 인사 담당자는 지원자의 어떠한 특성이 발달했는지를 알아보고, 해당 직무의 특성과 조직의 가치관에 얼마나 합치하는지를 평가한다. 직무 수행 능력과 더불어 조직과의 조화, 가치 공유 여부 등이 특히 중요하게 평가된다. 결국 인성검사는 지원자가 조직에 장기적으로 적합한 인재인지 판단하기 위한 목적을 갖는다.

(2) 조직 리스크 관리

인성검사는 문제 행동 가능성이나 스트레스 대처 방식 등을 파악하는 데에 활용된다. 책임감, 정직성, 협업 태도 등은 조직의 안정성과 직결되는 요소이기 때문에 내부 갈등, 윤리 문제, 조기 퇴사 등과 같은 잠재적인 리스크를 줄이기 위해서 시행된다.

(3) 면접과의 연계

인성검사 결과는 이후 면접에서도 긴밀하게 활용된다. 면접관은 인성검사에서 나타난 지원자의 특징과 응답 경향을 바탕으로 실제 행동이 일관되게 나타나는지를 확인한다. 즉, 인성검사는 면접 단계에서 지원자 답변의 진정성을 검증할 기초 자료를 확보하려는 목적을 내포한다.

(4) 공정하고 객관적인 평가 보완

면접은 주관적인 요소가 개인될 수 있다. 인성검사는 이를 보완하기 위한 객관적인 지표의 역할을 한다. 동일한 기준으로 다수의 지원자를 비교할 수 있기 때문에 선발 과정에서 공정성을 높이는 데에 기여를 할 수 있다. 또한 서류나 면접에서 볼 수 없었던 지원자의 성향을 추가적으로 확인이 가능하다.

(5) 인재 관리 및 배치 참고 자료 확보

채용 이후에 인성검사 결과를 통해서 인재를 배치하고 교육 방향을 설정하는 데에 활용이 가능하다. 팀 구성 시 성향을 고려하여 배치하거나 개인별 강·약점을 파악하여 맞춤형 교육설계가 가능하다.

② 인성검사 준비 전략

(1) 기업 인재상 분석

지원 기업의 인재상과 핵심 가치를 사전에 확인해야 한다. 인성검사는 기업 문화 적합도를 평가하는 도구이므로, 기업이 중시하는 성향과 자신의 특성을 비교하는 과정이 필요하다. 이를 통해 과도한 연출 없이도 방향성 있는 응답 기준을 설정할 수 있다.

(2) 직무 성향 파악

같은 기업이라도 직무에 따라 요구되는 성향은 다르다. 예를 들어 영업 직무는 대인관계 적극성과 목표지향성이, 연구 직무는 집중력과 안정성이 상대적으로 중요하다. 지원 직무의 특성을 이해하면 응답 기준을 보다 명확히 정립할 수 있다.

(3) 자기 성향 점검

시험 전 자신의 성향을 객관적으로 정리해보는 과정이 필요하다. 평소 갈등 상황에서의 대응 방식, 규칙 준수 태도, 스트레스 관리 방식 등을 점검하면 응답 일관성을 유지하는 데 도움이 된다. 자기 이해가 부족한 상태에서 시험에 응시할 경우 즉흥적 판단이 늘어날 가능성이 높다.

(4) 모의 문항 연습

유형을 미리 경험하면 시험 당일 긴장을 줄일 수 있다. 특히 반복 문항 구조와 역문항 패턴을 이해하는 연습이 필요하다. 다만 정답을 외우는 방식이 아니라, 자신의 기준을 점검하는 방식으로 연습해야 한다.

(5) 컨디션 관리

인성검사는 장시간 집중을 요구하므로 체력과 집중력 관리가 중요하다. 수면 부족이나 과도한 긴장은 응답 패턴을 흔들 수 있다. 시험 전 충분한 휴식과 안정된 심리 상태를 유지하는 것이 바람직하다.

❸ 인성검사 주요 평가 요소

(1) 성실성

규칙을 잘 지키고 일을 계획적으로 할 수 있는 태도를 말한다. 주요 문항으로는 "하기 싫더라도 주어진 일은 참고 한다", "인내심이 강하다는 말을 듣는다" 등이 있다. 인사 담당자는 성실성이 높은 지원자를 긍정적으로 평가한다. 인내심이 강하고 어려운 업무를 받아도 포기하지 않을 것이라고 생각하기 때문이다.

(2) 이타성

개인보다 공동체의 이익을 강조하는 성향으로, 협동을 중요시하는 조직에서 특히 선호하는 요소이다. "내 일을 끝내면 다른 사람을 돕는다", "봉사나 기부를 하면 뿌듯하다" 등의 문항이 이타성을 평가하는 데 사용된다. 이타성이 높으면 주로 긍정적인 평가를 받는다. 그러나 과할 경우 타인을 돕는 데 집중하다가 본인의 업무가 지연되거나 처리 효율이 떨어질 수 있다는 우려를 받는다.

(3) 허위성

응답 시 자기 특성을 과도하게 미화하여 표현하려는 성향으로, 입사를 위해 자신을 과장되게 좋은 사람으로 포장하는 경우가 이에 해당한다. 주로 '항상', '한 번도', '언제나' 등의 극단적인 표현이 들어가는 것이 특징이다. 지나치게 꾸며낸 답변은 이후 중복되거나 모순된 문항에 걸리기 쉬우므로 주의한다. 검사에서는 현재의 자신보다 조금 성장한 자신을 표현하는 정도가 적당하다.

> **TIP** 허위성을 판별하는 질문
>
> 실제 인성검사에서는 아래와 같은 문항을 통해 지원자가 현실적으로 불가능한 완벽함을 추구하지 않는지 판별한다. 과하게 이상적이거나 인간이라면 있을 수밖에 없는 감정과 실수를 부정하는 질문이 이에 해당한다.
> • 늘 기분이 좋다.
> • 화를 낸 적이 한 번도 없다.
> • 나는 어떤 실수도 반복하지 않는다.
> • 절대 충동적으로 행동하지 않는다.
> • 다른 사람을 부럽다고 생각해 본 적이 없다.

(4) 책임감

자신의 행동이 조직에 미치는 영향을 이해하고 주어진 일을 끝까지 해내는 성향을 의미한다. 주요 문항으로는 "맡은 일은 끝까지 해내려고 하는 편이다", "해야 할 일을 미루지 않으려고 노력한다" 등이 있다. 책임감은 일반적으로 성실성과 신뢰성을 보여주는 지표이므로 긍정적으로 평가된다. 그러나 지나치게 높을 경우 강박적으로 보이기도 한다.

(5) 자기주도성

적극적인 업무 태도와 향상성, 자기 개발 능력 등을 나타내는 정신적 활동력을 말한다. 주요 문항으로는 "하고 싶은 일을 좀처럼 실행할 수 없는 편이다", "새로운 것을 만나면 도전하고 싶다" 등이 있다. 자기주도성이 높은 것은 조직 내 성장 가능성과 책임감을 나타내는 긍정적인 요인이다. 그러나 과도하게 높으면 독단적이거나 의사소통에 문제가 있어 보일 수 있다.

(6) 정서안정성

잦은 감정 기복이나 불안 수준 등의 심리적 안정도를 측정한다. 주요 문항으로는 "실수할까 봐 어떤 일을 시작하는 것이 두렵다", "힘들다고 생각하면 쉽게 그만둔다" 등이 있다. 정서안정성이 높을 경우 감정의 폭이 일정하고 상황을 받아들이는 폭이 넓어 업무 적응력 면에서 긍정적인 요인으로 작용한다.

(7) 조직적응력

조직의 규칙과 문화를 이해하고 협동성을 바탕으로 원활한 사내 관계를 유지할 수 있는지를 측정한다. 주요 문항으로는 "팀의 목표를 위해 개인 의견을 조정할 수 있다", "새로운 환경에 빠르게 적응하는 편이다" 등이 있다. 점수가 높으면 조직 생활과 협업에 유리하게 작용한다.

(8) 준법성

업무를 공정하고 투명하게 처리하며 규칙과 절차를 성실히 따르는 성향으로, 공기업이나 공공기관에서 특히 중요시하는 성향이다. 주요 문항으로는 "규칙보다 개인의 편의를 우선시하는 것은 바람직하지 않다", "법에 어긋나더라도 관행이면 상사의 지시를 따른다" 등이 있다. 점수가 높을수록 신뢰감을 얻지만, 과할 경우 융통성이 부족하다는 인상을 줄 수 있다.

(9) 대인관계능력

타인과 원만하고 협조적인 관계를 형성할 수 있는지를 보여주는 지표이다. 주요 문항으로는 "새로운 사람들과 적응하는 시간이 짧다", "갈등이 생기면 대화를 통해 해결하는 것이 좋다" 등이 있다. 대인관계능력이 높으면 원만한 조직 생활이 가능하므로 긍정적인 평가를 받는다. 하지만 사교적으로 보이기 위해 지나치게 꾸며낸 답변은 오히려 진정성을 의심받을 수 있다.

(10) 문제해결능력

난관이나 갈등 상황에서 원인을 분석하고 현실적인 대안을 모색하여 문제를 해결하는 능력을 측정한다. 주요 문항으로는 "예상치 못한 문제에도 침착하게 대응할 수 있다", "일이 해결될 때까지 어려워도 버텨내는 편이다" 등이 있다. 이러한 능력은 도전적이고 책임감 있는 사람으로 평가받는 데 영향을 준다.

④ 인성검사 불합격 요인

(1) 직무부적합

지원 직무를 수행하는 데 필요한 성향이나 역량이 부족하다고 판단되는 경우이다. 세밀함이 요구되는 업무에서 충동적인 성향이나 낮은 주의력이 나타나는 경우가 이에 해당한다. 검사 전 지원 직무에 어울리는 성향을 정확히 이해하는 것이 중요하다.

(2) 조직에 부적합한 성향

조직의 가치관이나 문화와 조화를 이루기 어렵다고 평가되는 경우이다. 협력보다 경쟁을 선호하거나, 규율을 중시하는 환경에서 자유로운 분위기를 선호하는 경우가 이에 해당한다. 지원하는 조직이 원하는 인재상을 미리 파악해 두는 것이 좋다.

(3) 일관적이지 않은 답변

동일하거나 유사한 문항에 상반된 답을 반복적으로 제시한 경우이다. 이는 자신의 성향을 정확히 인식하지 못했거나, 인위적으로 '좋은 인상'을 주려는 의도로 답변했을 가능성을 의미한다. 앞서 언급했듯 최대한 꾸밈없이 일관된 답변을 하는 것이 중요하다.

(4) 극단적 성향

성격 특성이 한쪽으로 지나치게 치우친 경우이다. 자신감이 지나쳐 독단적으로 보이거나, 소극적인 태도가 지나쳐 단호함이 부족해 보이는 경우가 이에 해당한다. 특정 성향이 과도하게 드러나도록 답변하는 것은 바람직하지 않다.

(5) 과도하게 이상적인 인간인 것

과도하게 이상적인 인물로 답하면 문항 간 응답 일관성이 무너져 신뢰도 점수가 낮아질 수 있다. 모든 항목에 극단적으로 긍정 응답을 선택할 경우, 사회적 바람직성 왜곡으로 판단되어 감점 요인이 된다. 완벽한 사람이 아니라 예측 가능한 사람을 선호하기 때문에 과장된 응답은 오히려 탈락 위험을 높인다.

⑤ 인성검사 대응 전략

(1) 솔직하게 답변한다.

인성검사에는 정답 대신 조직에서 바라는 인재상 또는 기대하는 답변이 있을 뿐이다. 이를 염두에 두되, 자신을 과도하게 가공하여 표현하지 않도록 주의한다. 솔직함이 일관성과 진정성을 유지하는 가장 중요한 요소가 된다.

(2) 신속하게 답변한다.

인성검사의 문항 수는 대개 150 ~ 300문항 정도이다. 너무 곰곰이 생각하다가는 문항을 다 읽지 못한 채 시간이 끝나거나, 시간에 쫓겨 대충 답하게 될 수도 있다. 이 점에 유의하여 문항을 본 순간 떠오른 첫 생각을 신속히 마킹하는 것이 바람직하다.

(3) 일관성 있게 답변한다.

실제 인사 담당자 인터뷰에 따르면, 인성검사에서 일관성 없는 답변을 한 지원자가 감점되어 탈락한 사례가 많다. 과장되거나 거짓된 응답은 결국 문항 간 모순으로 드러난다. 따라서 상기한 대로 솔직하고 일관성 있게 대답하는 것이 좋다.

(4) 반복해서 연습한다.

인성검사는 세세한 부분은 달라도 전체 구조나 패턴이 유사하다. 긴 시간 집중력을 유지하고 체력을 분배하기 위해 사전에 다양한 모의고사를 치러보며 마킹까지 끝낼 수 있도록 반복해서 연습하는 것이 좋다. 반복 연습은 사고의 일관성과 반응 속도를 높이는 데 도움이 된다.

(5) 인재상에 맞는 방향성을 설정한다.

인성검사는 기업이 추구하는 인재상과의 적합도를 확인하는 과정인 만큼 해당 기업의 핵심가치, 기업 철학 등을 파악하고 그에 부합하는 성격을 설정하는 것이 도움이 된다. 실제로 일부 지원자는 모니터 옆에 지원하는 기업의 인재상을 붙여 두고, 해당 기준에 따라 일관된 태도를 유지하며 답변하는 전략을 사용한다. 다만 주지하다시피 현실적인 범위 내에서 진정성을 유지하는 것이 중요하다.

(6) 면접에 적용한다.

인성검사 결과는 면접에 사용된다. 만일 정직성이 의심된다면 면접에서 그 부분을 기반으로 한 질문을 받게 될 것이다. 인성검사에서 자신을 어떤 사람으로 표현했는지 잘 기억하며 면접에서도 같은 방향성을 유지하는 것이 좋다. 기업의 인재상과 자신의 인성검사 답변을 정리하여 면접 준비에 활용하도록 한다.

성향별 대응 전략

1 심리적 측면

(1) 민감성

① 특징 : 꼼꼼함, 섬세함 등의 요소를 통해 얼마나 정서적으로 안정되었는지를 측정한다. 적당한 민감성은 세심하고 감수성이 풍부하다는 장점으로 이어질 수 있다.

② 면접 시 유의점

   ㉠ 민감성이 높은 경우 : 인사 담당자는 동료와의 관계 유지나 스트레스 대응력 등을 우려할 수 있다. 따라서 타인의 감정에 잘 공감하고 배려하는 소통 능력을 강조하는 것이 좋다.

   ㉡ 민감성이 낮은 경우 : 주변의 변화나 타인의 감정에 둔감하다는 인상을 줄 수 있다. 상대의 의견을 충분히 경청하고 상황 변화에 유연하게 대응해 온 경험을 드러내는 것이 좋다.

(2) 과민성

① 특징 : 예상치 못한 어려움이 발생했을 때 부정적인 감정을 얼마나 크게 받아들이는지를 측정한다. 문제에 예민하게 반응하거나 스스로를 비난하고 책망하는 경향 등이 포함된다.

② 면접 시 유의점

   ㉠ 과민성이 높은 경우 : 비관적인 성격으로 예상될 가능성이 있다. 문제 상황에서 침착하게 대처하고 스트레스를 균형 있게 조절할 수 있음을 어필하는 것이 좋다.

   ㉡ 과민성이 낮은 경우 : 감정에 흔들리지 않고 안정된 대인 관계를 유지할 수 있는 사람으로 평가받을 수 있다. 그러나 과도하게 낮다면 자기중심적으로 보일 수 있으므로 사교적이고 긍정적인 태도를 어필하는 것이 좋다.

(3) 불안성

① 특징 : 기분의 굴곡이 얼마나 큰지 측정하는 항목이다. 새로운 상황이나 예기치 못한 변화가 발생했을 때 정서적으로 얼마나 흔들리는지를 파악하고자 한다.

② 면접 시 유의점

    ㉠ 불안성이 높은 경우 : 불안성이 높은 사람은 의지보다 감정에 따라 행동하기 쉽다. 그러므로 불안성 점수가 높은 지원자는 감정 조절 능력을 강조하고 차분한 태도로 면접에 임하는 것이 좋다.

    ㉡ 불안성이 낮은 경우 : 쉽게 일비일희하지 않아 안정적으로 성과를 낼 수 있는 지원자로 보일 수 있다. 그러므로 면접에서도 이러한 장점을 적절히 부각하여 신뢰감을 주는 것이 좋다.

(4) 독자성

① 특징 : 주변에 대한 견해나 관심보다는 자신의 관점과 느낌을 중요하게 생각하는 개인성의 정도를 측정한다. 주로 독자성이 낮을수록 상식적이며 일반적인 판단 기준에 따라 행동한다고 본다.

② 면접 시 유의점

    ㉠ 독자성이 높은 경우 : 독창적이고 자율적인 사고를 강조할 수 있지만, 규범이나 절차를 중시하는 조직 환경에서는 적응에 어려움을 겪을 가능성이 있다. 해당 경우 협업 과정에서 타인의 의견을 수용하고 조직의 기준을 존중하는 태도를 보이는 것이 좋다.

    ㉡ 독자성이 낮은 경우 : 지나치게 수동적으로 보이지 않아야 한다. 필요한 상황에서는 스스로 판단하고 의견을 제시할 수 있음을 함께 어필하는 것이 좋다.

(5) 자신감

① 특징 : 자신의 능력과 가치를 얼마나 긍정적으로 인식하고 있는지 측정한다. 적정 수준의 자신감 표출은 도전 의지와 안정된 자기 효능감으로 이어질 수 있다.

② 면접 시 유의점

    ㉠ 자신감이 높은 경우 : 자신감 점수가 너무 높으면 오만하게 보일 수 있다. 따라서 겸손한 태도와 함께 타인의 의견을 존중하며 협력한 경험을 제시해 균형 잡힌 인상을 주는 것이 좋다.

    ㉡ 자신감이 낮은 경우 : 소극적이거나 쉽게 좌절할 것으로 평가될 수 있다. 이때는 맡은 일을 책임감 있게 완수한 경험과 꾸준히 발전해 온 모습을 강조하는 것이 좋다.

(6) 고양성

① 특징 : 자유분방함, 명랑함 등과 같은 정서적 활성도를 측정한다. 기본적인 정서적 에너지 수준과 대인 상황에서의 자기표현 방식을 파악하고자 한다.

② 면접 시 유의점

    ㉠ 고양성이 높은 경우 : 착실함과 집중력이 요구되는 직무에서 산만하다는 인상을 남길 수 있으므로 주의가 필요하다. 필요할 때는 착실하고 책임감 있게 업무를 수행할 수 있음을 어필하는 것이 좋다.

    ㉡ 고양성이 낮은 경우 : 안정적인 태도와 일관된 업무 수행력이 기대되나, 지나치게 낮은 경우에는 감정표현이 다소 부족해 보일 수 있다. 차분한 모습으로 소통 면에서의 신뢰감을 주면 좋다.

(7) 진위성

① 특징 : 자신을 필요 이상으로 좋게 포장하거나 기업체가 바라는 이상적인 대답을 하고 있지는 않은지 측정한다. 지원자의 진정성과 일관성을 파악하고자 한다.

② 면접 시 유의점

    ㉠ 진위성이 높은 경우 : 정직하고 외부의 압력과 스트레스에도 흔들리지 않는 사람으로 평가받을 수 있다. 이러한 긍정적인 면을 일관되게 유지하여 면접에 임하는 것이 좋다.

    ㉡ 진위성이 낮은 경우 : 과장되거나 인위적인 답변을 했다는 인상을 줄 수 있다. 솔직하고 꾸며내지 않은 경험을 제시하여 진정성을 드러내고 신뢰를 회복하는 것이 중요하다.

2 행동적 측면

(1) 신중성

① 특징 : 의사결정이나 행동을 취하기 전에 얼마나 면밀히 사고하고 판단하는지를 측정하며, 계획적이고 체계적으로 접근하려 하는 성향을 포함한다.

② 면접 시 유의점

ㄱ 신중성이 높은 경우 : 완벽주의 성향으로 인해 업무 효율성이 저하되거나 변화 대응력이 부족할 것이라는 인상을 줄 수 있다. 신중성뿐만 아니라 추진력 또한 갖추었음을 어필하는 것이 좋다.

ㄴ 신중성이 낮은 경우 : 빠른 실행력을 장점으로 제시하되, 충동적이고 경솔한 유형이라는 평가를 받지 않도록 중요한 결정 시에는 충분한 검토 과정을 거친다는 점을 함께 설명하는 것이 좋다.

(2) 지속성

① 특징 : 목표를 설정한 후 그것을 달성하기 위해 지속적으로 노력을 기울이는 정도를 측정한다. 난관이나 장애물에 직면했을 때도 쉽게 포기하지 않고 끝까지 과업을 완수하려는 태도가 이에 해당한다.

② 면접 시 유의점

ㄱ 지속성이 높은 경우 : 인내심이 많지만 특정 업무에만 몰두하여 유연한 업무 처리가 어려울 것이라는 우려를 남긴다. 상황에 따라 우선순위를 조정하는 유연성을 어필하는 것이 좋다.

ㄴ 지속성이 낮은 경우 : 쉽게 포기하거나 끈기가 부족하다는 인상을 줄 수 있다. 그러므로 맡은 일을 끝까지 책임지고 마무리할 의지가 있다는 점을 분명하게 전달하는 것이 좋다.

(3) 침착성

① 특징 : 예상치 못한 상황이나 압박 속에서도 감정 동요 없이 차분하게 행동할 수 있는지를 측정한다. 위기 상황에서 냉정함을 유지하며 합리적인 판단을 내리는 능력과 관련이 있다.

② 면접 시 유의점

ㄱ 침착성이 높은 경우 : 신중하게 계획을 세워 안정적으로 업무를 수행할 것이라고 평가된다. 차분하게 면접에 임하여 이러한 강점을 입증하되, 소극적이거나 열정이 부족해 보이지 않도록 주의한다.

ㄴ 침착성이 낮은 경우 : 충분한 검토 없이 즉각적으로 행동하는 유형으로 해석될 수 있다. 인사 담당자에게 경솔하다는 인상을 줄 수 있으므로 사려 깊고 신중한 태도를 충분히 드러내는 것이 좋다.

(4) 신체활동성

① 특징 : 신체적인 에너지를 활용하는 활동에 대한 선호와 의지 정도를 측정한다. 활동적 환경과 정적인 환경 중 어떤 상황에서 더 안정적으로 행동하는지를 파악한다.

② 면접 시 유의점
- ㉠ 신체활동성이 높은 경우 : 적극적이고 추진력 있다는 인상을 줄 수 있다. 그러나 집중력과 신중함이 필요한 업무에서는 부정적인 요인으로 평가될 수도 있다. 활동을 통해 얻은 구체적인 성과를 강조하고, 상황에 따라 유연하게 대응하는 능력을 어필하는 것이 좋다.
- ㉡ 신체활동성이 낮은 경우 : 차분하고 안정적인 태도를 지닐 것으로 기대되지만, 자칫 에너지가 부족해 보일 수도 있다. 맡은 일에 적극적으로 성과를 내고자 하는 태도를 강조해 균형 잡힌 이미지를 전달하는 것이 좋다.

(5) 사회적 내향성

① 특징 : 대인 관계 시 나타나는 개방성과 사교성 등을 측정한다. 낯선 상황에서 타인과 상호작용하는 방식, 의사 표현의 적극성, 협업 시 보이는 관계 형성 패턴 등을 파악한다.

② 면접 시 유의점
- ㉠ 사회적 내향성이 높은 경우 : 조용하고 신중한 태도를 보이는 경향이 있다. 과묵하게 보이지 않도록 배려와 경청을 기반으로 한 의사소통 방식을 자연스럽게 드러내어 협업에 문제없다는 인상을 주는 것이 좋다.
- ㉡ 사회적 내향성이 낮은 경우 : 자기주장이 강하거나 협조성이 부족하다는 평가를 받을 수 있다. 면접 상황에서 발언 비중을 조절하고 경청의 태도를 보이면 안정감을 줄 수 있다.

③ 의욕적 측면

(1) 달성의욕

① 특징 : 자신이 설정한 목표를 이루기 위해 노력하고자 하는 성취 지향적인 태도를 측정한다. 높은 이상이나 뚜렷한 목적의식을 가졌는지를 판별한다.

② 면접 시 유의점

　㉠ 달성의욕이 높은 경우 : 자기 계발 의지 및 경쟁심 등으로 연결될 수 있어 대부분의 조직에서 긍정적으로 평가된다. 다만 점수가 지나치게 높은 경우 독단적이거나 고집이 세 보일 수 있으므로 수용적인 태도를 함께 갖추는 것이 좋다.

　㉡ 달성의욕이 낮은 경우 : 도전 의지가 부족하거나 목표 설정에 소극적인 인상을 줄 수 있다. 주어진 역할을 꾸준히 수행하여 안정적인 성취를 이룬 경험을 드러내는 것이 좋다.

(2) 활동의욕

① 특징 : 목표를 위해 정신적인 에너지를 발휘하고 적극적으로 행동하려는 활동력 및 추진력을 측정한다. 새로운 일을 마주했을 때 빠르게 움직이고, 상황을 주도적으로 이끄는 것이 이에 해당한다.

② 면접 시 유의점

　㉠ 활동의욕이 높은 경우 : 대개 상황 판단이 빠르고 실행 능력이 뛰어나다고 평가받는다. 다만 상황에 맞춰 의욕을 조절할 수 있음을 함께 보여 이러한 성향이 과도한 성급함으로 해석되지 않도록 하는 것이 좋다.

　㉡ 활동의욕이 낮은 경우 : 신중하고 차분한 특성이 강조된다. 소극적인 인재로 해석될 가능성이 있으므로 업무 진행 과정에서 즈도성을 발휘할 수 있다는 태도를 보이는 것이 좋다.

TIP 인재상과 나의 실제 성격이 다를 때

기업체의 인재상과 나의 실제 성격이 다를 수 있다. 그럴 때는 자신의 성향을 해석하고 전달하는 방식을 바꾸어 인재상과 연결 짓도록 한다.

• 사회적 내향성이 높은 성격이지만 협동력과 대인관계능력을 중요시하는 인재상을 요구받을 수 있다. 이 경우 내성적이지만 경청을 잘해 갈등 중재에 뛰어나다는 점을 강조한다.

• 사회적 내향성이 낮고 신체활동성이 높아서 성실성을 강조하는 인재상에 맞지 않는 경우가 있다. 이 경우 체력을 기반으로 꾸준히 노력할 수 있는 인재라는 점을 어필한다.

1 인성검사 유형

(1) 복합형

복합형 인성검사는 하나의 문항 안에 서로 다른 성향을 암시하는 질문을 제시하여 응답자가 어떤 특성을 우선시하는지 확인하는 유형이다. 즉, 응답자의 성향이 얼마나 일관된 기준을 중심으로 정리되어 있는지를 통해 응답자의 균형감각과 우선순위 설정 능력 등을 확인하는 데에 활용된다.

(2) 생각일치형

생각일치형 인성검사는 개인의 가치관, 신념, 사고방식이 어떤 형태를 띠고 있는지 판단하는 유형이다. 주로 업무 태도, 인간관계, 문제 해결 방식과 같이 인지적 판단이 개입되는 영역을 다루는 문항이 출제된다. 이를 통해 지원자의 생각이 상황에 따라 쉽게 바뀌는지, 혹은 일정한 기준에 따라 논리적으로 사고하는지를 확인하고자 한다.

(3) 행동일치형

행동일치형 인성검사는 지원자의 실제 행동 경향을 중심으로 성향을 판단하는 유형이다. 생각이나 태도와 달리 행동은 비교적 꾸며내기 어렵다는 점에서 중요한 평가 자료로 활용될 수 있다. 이 유형은 '어떻게 생각하는가'보다는 '실제로 어떻게 행동해 왔는가'를 기준으로 성향을 파악한다. 즉, 지원자의 실천 가능성과 지속성 등을 중점적으로 평가한다.

(4) 진위형

진위형 인성검사는 문항에 대해 '그렇다/아니다'와 같은 구조로 이분법적 선택을 요구하는 유형이다. 문항 자체는 비교적 단순해 보일 수 있으나, 동일하거나 유사한 내용이 반복적으로 제시되며 응답의 진실성과 일관성을 검증하는 데에 자주 활용된다.

② 복합형 응답 요령과 예시

(1) 응답 요령

복합형 응답법

- 응답 Ⅰ : 각각의 문항에 대해 자신이 동의하는 정도를 ① (전혀 그렇지 않다) ~ ⑤ (매우 그렇다)로 표시한다.
- 응답 Ⅱ : 제시된 문항들을 비교하여 상대적으로 자신의 성격과 가장 가까운 문항 하나와 가장 거리가 먼 문항 하나를 선택한다. 응답 Ⅱ는 가깝다 한 개, 멀다 한 개, 무응답 두 개여야 한다.

(2) 예시 및 해설

질문	응답 Ⅰ ① ② ③ ④ ⑤	응답 Ⅱ 멀다 가깝다
A. 무슨 일도 좀처럼 시작하지 못 한다.		
B. 초면인 사람과도 바로 친해질 수 있다.		
C. 행동하고 나서 생각하는 편이다.		
D. 쉬는 날은 집에 있는 경우가 많다		

〈문항 해설〉

A. 자신감을 구분하는 문항이다.
B. 사회적 내향성을 구분하는 문항이다.
C. 신중성을 구분하는 문항이다.
D. 신체활동성을 구분하는 문항이다.

(3) 응답 전략

① 다양한 응답 유형 사이에서도 일관성을 유지하는 것이 중요하다. 문항 전체에서 흔들리지 않는 핵심 가치를 하나 잡고 응답을 이어 나가는 것이 도움 될 수 있다.

② 모든 항목에서 '매우 그렇다/매우 아니다'를 선택하면 신뢰도가 떨어지고 진정성을 의심받을 수 있다. 너무 이상적이거나 완벽한 사람처럼 보이는 응답은 되도록 피한다.

③ 상황에 따라 유연하게 판단할 수 있다는 인상을 주되, 책임 회피형 응답은 피한다.

(1) 응답 요령

생각일치형 응답법

제시된 네 가지 질문 중에서 자신과 가장 가깝다고 생각하는 질문에 '가깝다', 자신과 가장 멀다고 생각하는 질문에 '멀다'로 각각 선택한다. 응답은 가깝다 한 개, 멀다 한 개, 무응답 두 개여야 한다.

(2) 예시 및 해설

질문	가깝다	멀다
나는 계획적으로 일을 하는 것을 좋아한다.		
나는 꼼꼼하게 일을 마무리하는 편이다.		
나는 새로운 방법으로 문제를 해결하는 것을 좋아한다.		
나는 빠르고 신속하게 일을 처리해야 마음이 편하다.		

〈문항 해설〉

질문 : 업무 수행에서의 방식 · 태도 · 정밀도 · 속도에 대한 선호를 비교하여 신중성의 수준을 구분하는 문항이다.

(3) 응답 전략

① 유사한 맥락의 문항을 반복적으로 물어 일관성을 확인하는 유형이다. 비슷한 문항은 의미 단위로 기억하여 일관적인 답변을 제시하도록 한다.

② 의미상 양극단의 문항(ex. 나는 꼼꼼하게 일을 마무리하는 편이다/나는 세심하지 못한 편이다)에 모순되는 답변을 하지 않도록 특히 주의한다.

③ 너무 극단적으로 보일 수 있는 문항은 되도록 선택을 피하는 것이 좋다.

④ 행동일치형 응답 요령과 예시

(1) 응답 요령

행동일치형 응답법

제시된 ① ~ ④ 질문 중에서 자신과 가장 가깝다고 생각하는 것은 ㄱ에 표시하고, 자신과 가장 멀다고 생각하는 것은 ㅁ에 표시한다.

(2) 예시 및 해설

1	① 아무것도 생각하지 않을 때가 많다.	ㄱ ①②③④
	② 스포츠는 하는 것보다 보는 게 좋다.	
	③ 성격이 급한 편이다.	ㅁ ①②③④
	④ 비가 오지 않으면 우산을 가지고 가지 않는다.	

〈문항 해설〉

① 활동의욕을 구분하는 문항이다.
② 신체활동성을 구분하는 문항이다.
③ 침착성을 구분하는 문항이다.
④ 신중성을 구분하는 문항이다.

(3) 응답 전략

① 행동 양상을 분석해서 생각과의 일관성을 판단하는 유형이다. 생각과 행동이 일치할 때 설득력이 높아짐에 유의한다.

② 지원하는 직무의 역할과 맥락을 고려하여, 태도에서 강조한 강점이 행동 사례에서도 입증되도록 응답한다.

③ 너무 극단적인 표현이나 단정 짓는 어조를 가진 문항에 주의하여 응답한다.

5 진위형 응답 요령과 예시

(1) 응답 요령

진위형 응답법

제시된 질문을 읽은 다음 자신에게 해당하는 것이라면 YES를 선택하고, 해당하지 않는다면 NO를 선택한다.

(2) 예시 및 해설

질문	YES	NO
1. 집에 머무는 시간보다 밖에서 활동하는 시간이 더 많은 편이다.		
2. 자주 생각이 바뀌는 편이다.		
3. 사람들과 관계 맺는 것을 잘하지 못한다.		
4. 끈기가 있는 편이다.		
5. 인생의 목표는 큰 것이 좋다.		

<문항 해설>

1. 신체활동성을 구분하는 문항이다.
2. 신중성을 구분하는 문항이다.
3. 사회적 내향성을 구분하는 문항이다.
4. 지속성을 구분하는 문항이다.
5. 달성의욕을 구분하는 문항이다.

(3) 응답 전략

① 단순 양자택일의 유형이므로 극단적인 진술이 되지 않도록 특히 주의한다.

② 조직의 인재상에 부합하는 중요한 가치에는 일관된 긍정 답변을 제시하는 것이 좋다.

③ 약한 수준의 부정적 성향을 묻는 문항(ex. 나는 <u>가끔</u> 우울하다)에는 솔직하게 긍정해서 진정성을 드러내는 것이 좋다.

6 상황판단형 응답 요령과 예시

(1) 응답 요령

상황판단형 응답법

상황판단형은 개인의 감정보다 조직 기준에 부합하는 행동을 선택하는 것이 중요하다. 무조건적인 반항, 무조건적인 복종과 같은 극단적인 행동은 감점 요인이 될 수 있다. 문항에서 제시된 상황의 맥락을 먼저 파악한 뒤, 책임성과 협업성을 동시에 고려해야 한다.

(2) 예시 및 해설

문항 질문 : 상사가 규정을 다소 위반하는 방식으로 업무를 처리하라고 지시하였다. 당신의 행동으로 가장 적절한 것은 무엇인가?
① 지시에 따르되, 문제 발생 시 책임은 상사에게 전가한다.
② 규정 위반이므로 즉시 거부하고 문제를 외부 기관에 신고한다.
③ 우선 상사에게 규정 위반 가능성을 설명하고 대안을 제시한다.
④ 지시에 따르되, 별다른 의견은 제시하지 않는다.

〈문항 해설〉
① 책임 회피적 태도로 판단될 수 있으며 조직 신뢰성 측면에서 부정적으로 평가될 가능성이 있다.
② 원칙 중심적 태도는 긍정적이나, 조직 내 해결 노력 없이 즉각 외부 신고를 선택하는 것은 협업성 부족으로 해석될 수 있다.
③ 규정을 존중하면서도 상사와의 소통을 통해 해결을 시도하는 방식으로, 책임감 · 의사소통 능력 · 조직 적응성을 동시에 보여주는 선택이다.
④ 갈등을 회피하고 수동적으로 따르는 태도로 평가될 수 있으며, 문제 해결 능력이 낮게 판단될 가능성이 있다.

(3) 응답 전략

① 상황의 핵심 갈등 요소를 먼저 파악해야 한다.

② 조직 질서를 존중하되 소통과 문제 해결 노력을 포함한 선택지를 우선 고려한다.

③ 감정적 대응이나 책임 회피형 선택은 지양하고, 책임 · 협업 · 합리성이 균형을 이루는 답안을 선택하는 것이 바람직하다.

※ 인성검사는 개인의 인성 및 성향을 알아보기 위한 검사로 별도의 답이 존재하지 않습니다.

┃1~160┃ 다음 제시된 문항이 당신에게 해당한다면 YES, 그렇지 않다면 NO를 선택하시오.

YES NO

1. 조금이라도 나쁜 소식은 절망의 시작이라고 생각해 버린다. ····················( )( )

2. 언제나 실패가 걱정이 되어 어쩔 줄 모른다. ····························( )( )

3. 다수결의 의견에 따르는 편이다. ································( )( )

4. 혼자서 커피숍에 들어가는 것은 전혀 두려운 일이 아니다. ···············( )( )

5. 승부근성이 강하다. ··································( )( )

6. 자주 흥분해서 침착하지 못하다. ·······························( )( )

7. 지금까지 살면서 타인에게 폐를 끼친 적이 없다. ···················( )( )

8. 소곤소곤 이야기하는 것을 보면 자기에 대해 험담하고 있는 것으로 생각된다. ·········( )( )

9. 무엇이든지 자기가 나쁘다고 생각하는 편이다. ····················( )( )

10. 자신을 변덕스러운 사람이라고 생각한다. ·······················( )( )

11. 고독을 즐기는 편이다. ·······························( )( )

12. 자존심이 강하다고 생각한다. ·····························( )( )

13. 금방 흥분하는 성격이다. ·······························( )( )

14. 거짓말을 한 적이 없다. ·······························( )( )

15. 신경질적인 편이다. ································( )( )

16. 끙끙대며 고민하는 타입이다. ·····························( )( )

17. 감정적인 사람이라고 생각한다. ·························( )( )

18. 자신만의 신념을 가지고 있다. ·····························( )( )

19. 다른 사람을 바보 같다고 생각한 적이 있다. ·····································(　)(　)

20. 금방 말해버리는 편이다. ··(　)(　)

21. 싫어하는 사람이 없다. ··(　)(　)

22. 대재앙이 오지 않을까 항상 걱정을 한다. ·····································(　)(　)

23. 쓸데없는 고생을 사서 하는 일이 많다. ··(　)(　)

24. 자주 생각이 바뀌는 편이다. ··(　)(　)

25. 문제점을 해결하기 위해 여러 사람과 상의한다. ··························(　)(　)

26. 내 방식대로 일을 한다. ··(　)(　)

27. 영화를 보고 운 적이 많다. ··(　)(　)

28. 어떤 것에 대해서도 화낸 적이 없다. ···(　)(　)

29. 사소한 충고에도 걱정을 한다. ··(　)(　)

30. 자신은 도움이 안되는 사람이라고 생각한다. ······························(　)(　)

31. 금방 싫증을 내는 편이다. ··(　)(　)

32. 개성적인 사람이라고 생각한다. ··(　)(　)

33. 자기주장이 강한 편이다. ··(　)(　)

34. 산만하다는 말을 들은 적이 있다. ···(　)(　)

35. 학교를 쉬고 싶다고 생각한 적이 한 번도 없다. ·························(　)(　)

36. 사람들과 관계 맺는 것을 보면 잘하지 못한다. ··························(　)(　)

37. 사려 깊은 편이다. ··(　)(　)

38. 몸을 움직이는 것을 좋아한다. ··(　)(　)

39. 끈기가 있는 편이다. ··(　)(　)

40. 신중한 편이라고 생각한다. ··(　)(　)

41. 인생의 목표는 큰 것이 좋다. ··(　)(　)

YES　　NO

42. 어떤 일이라도 바로 시작하는 타입이다. ·······························(　)(　)

43. 낯가림을 하는 편이다. ···(　)(　)

44. 생각하고 나서 행동하는 편이다. ··(　)(　)

45. 쉬는 날은 밖으로 나가는 경우가 많다. ·································(　)(　)

46. 시작한 일은 반드시 완성시킨다. ··(　)(　)

47. 면밀한 계획을 세운 여행을 좋아한다. ·································(　)(　)

48. 야망이 있는 편이라고 생각한다. ··(　)(　)

49. 활동력이 있는 편이다. ···(　)(　)

50. 많은 사람들과 왁자지껄하게 식사하는 것을 좋아하지 않는다. ······(　)(　)

51. 돈을 허비한 적이 없다. ···(　)(　)

52. 운동회를 아주 좋아하고 기대했다. ···(　)(　)

53. 하나의 취미에 열중하는 타입이다. ···(　)(　)

54. 모임에서 회장에 어울린다고 생각한다. ·································(　)(　)

55. 입신출세의 성공이야기를 좋아한다. ·······································(　)(　)

56. 어떠한 일도 의욕을 가지고 임하는 편이다. ···························(　)(　)

57. 학급에서는 존재가 희미했다. ··(　)(　)

58. 항상 무언가를 생각하고 있다. ··(　)(　)

59. 스포츠는 보는 것보다 하는 게 좋다. ·····································(　)(　)

60. '참 잘했네요'라는 말을 듣는다. ···(　)(　)

61. 흐린 날은 반드시 우산을 가지고 간다. ·································(　)(　)

62. 주연상을 받을 수 있는 배우를 좋아한다. ······························(　)(　)

63. 공격하는 타입이라고 생각한다. ··(　)(　)

64. 리드를 받는 편이다. ···(　)(　)

YES   NO

65. 너무 신중해서 기회를 놓친 적이 있다. ·······························( )( )

66. 시원시원하게 움직이는 타입이다. ·································( )( )

67. 야근을 해서라도 업무를 끝낸다. ··································( )( )

68. 누군가를 방문할 때는 반드시 사전에 확인한다. ················( )( )

69. 노력해도 결과가 따르지 않으면 의미가 없다. ··················( )( )

70. 무조건 행동해야 한다. ···( )( )

71. 유행에 둔감하다고 생각한다. ····································( )( )

72. 정해진 대로 움직이는 것은 시시하다. ··························( )( )

73. 꿈을 계속 가지고 있고 싶다. ····································( )( )

74. 질서보다 자유를 중요시 하는 편이다. ·························( )( )

75. 혼자서 취미에 몰두하는 것을 좋아한다. ·······················( )( )

76. 직관적으로 판단하는 편이다. ····································( )( )

77. 영화나 드라마를 보면 등장인물의 감정에 이입된다. ···········( )( )

78. 시대의 흐름에 역행해서라도 자신을 관철하고 싶다. ···········( )( )

79. 다른 사람의 소문에 관심이 없다. ·······························( )( )

80. 창조적인 편이다. ···( )( )

81. 비교적 눈물이 많은 편이다. ·····································( )( )

82. 융통성이 있다고 생각한다. ······································( )( )

83. 친구의 휴대전화 번호를 잘 모른다. ····························( )( )

84. 스스로 고안하는 것을 좋아한다. ································( )( )

85. 정이 두터운 사람으로 남고 싶다. ·······························( )( )

86. 조직의 일원으로 별로 안 어울린다. ····························( )( )

87. 세상의 일에 별로 관심이 없다. ·································( )( )

88. 변화를 추구하는 편이다. ···(　)(　)

89. 업무는 인간관계로 선택한다. ···(　)(　)

90. 환경이 변하는 것에 구애되지 않는다. ·····························(　)(　)

91. 불안감이 강한 편이다. ···(　)(　)

92. 인생은 살 가치가 없다고 생각한다. ·································(　)(　)

93. 의지가 약한 편이다. ··(　)(　)

94. 다른 사람이 하는 일에 별로 관심이 없다. ·····················(　)(　)

95. 사람을 설득시키는 것은 어렵지 않다. ·····························(　)(　)

96. 심심한 것을 못 참는다. ···(　)(　)

97. 다른 사람을 욕한 적이 한 번도 없다. ·····························(　)(　)

98. 다른 사람에게 어떻게 보일지 신경을 쓴다. ·····················(　)(　)

99. 금방 낙심하는 편이다. ···(　)(　)

100. 다른 사람에게 의존하는 경향이 있다. ·····························(　)(　)

101. 그다지 융통성이 있는 편이 아니다. ·································(　)(　)

102. 다른 사람이 내 의견에 간섭하는 것이 싫다. ·····················(　)(　)

103. 낙천적인 편이다. ···(　)(　)

104. 숙제를 잊어버린 적이 한 번도 없다. ·······························(　)(　)

105. 밤길에는 발소리가 들리기만 해도 불안하다. ·····················(　)(　)

106. 상냥하다는 말을 들은 적이 있다. ····································(　)(　)

107. 자신은 유치한 사람이다. ···(　)(　)

108. 잡담을 하는 것보다 책을 읽는 게 낫다. ···························(　)(　)

109. 나는 영업에 적합한 타입이라고 생각한다. ·······················(　)(　)

110. 술자리에서 술을 마시지 않아도 흥을 돋울 수 있다. ·············(　)(　)

YES　　NO

111. 한 번도 병원에 간 적이 없다. ·······························(　)(　)

112. 나쁜 일은 걱정이 되어서 어쩔 줄을 모른다. ··············(　)(　)

113. 금세 무기력해지는 편이다. ·······························(　)(　)

114. 비교적 고분고분한 편이라고 생각한다. ··················(　)(　)

115. 독자적으로 행동하는 편이다. ····························(　)(　)

116. 적극적으로 행동하는 편이다. ····························(　)(　)

117. 금방 감격하는 편이다. ··································(　)(　)

118. 어떤 것에 대해서는 불만을 가진 적이 없다. ··············(　)(　)

119. 밤에 못 잘 때가 많다. ··································(　)(　)

120. 자주 후회하는 편이다. ··································(　)(　)

121. 뜨거워지기 쉽고 식기 쉽다. ····························(　)(　)

122. 자신만의 세계를 가지고 있다. ··························(　)(　)

123. 많은 사람 앞에서도 긴장하는 일은 없다. ················(　)(　)

124. 말하는 것을 아주 좋아한다. ····························(　)(　)

125. 인생을 포기하는 마음을 가진 적이 한 번도 없다. ··········(　)(　)

126. 어두운 성격이다. ······································(　)(　)

127. 금방 반성한다. ··(　)(　)

128. 활동범위가 넓은 편이다. ································(　)(　)

129. 자신을 끈기 있는 사람이라고 생각한다. ··················(　)(　)

130. 좋다고 생각하더라도 좀 더 검토하고 나서 실행한다. ········(　)(　)

131. 위대한 인물이 되고 싶다. ·······························(　)(　)

132. 한 번에 많은 일을 떠맡아도 힘들지 않다. ················(　)(　)

133. 사람과 만날 약속은 부담스럽다. ························(　)(　)

YES   NO

134. 질문을 받으면 충분히 생각하고 나서 대답하는 편이다. ·······( )( )

135. 머리를 쓰는 것보다 땀을 흘리는 일이 좋다. ·······( )( )

136. 결정한 것에는 철저히 구속받는다. ·······( )( )

137. 외출 시 문을 잠갔는지 몇 번을 확인한다. ·······( )( )

138. 이왕 할 거라면 일등이 되고 싶다. ·······( )( )

139. 과감하게 도전하는 타입이다. ·······( )( )

140. 자신은 사교적이 아니라고 생각한다. ·······( )( )

141. 무심코 도리에 대해서 말하고 싶어진다. ·······( )( )

142. '항상 건강하네요'라는 말을 듣는다. ·······( )( )

143. 단념하면 끝이라고 생각한다. ·······( )( )

144. 예상하지 못한 일은 하고 싶지 않다. ·······( )( )

145. 파란만장하더라도 성공하는 인생을 걷고 싶다. ·······( )( )

146. 활기찬 편이라고 생각한다. ·······( )( )

147. 소극적인 편이라고 생각한다. ·······( )( )

148. 무심코 평론가가 되어 버린다. ·······( )( )

149. 자신은 성급하다고 생각한다. ·······( )( )

150. 꾸준히 노력하는 타입이라고 생각한다. ·······( )( )

151. 내일의 계획이라도 메모한다. ·······( )( )

152. 리더십이 있는 사람이 되고 싶다. ·······( )( )

153. 열정적인 사람이라고 생각한다. ·······( )( )

154. 다른 사람 앞에서 이야기를 잘 하지 못한다. ·······( )( )

155. 통찰력이 있는 편이다. ·······( )( )

156. 엉덩이가 가벼운 편이다. ·······( )( )

157. 여러 가지로 구애됨이 있다. ·······································(   )(   )

158. 돌다리도 두들겨 보고 건너는 쪽이 좋다. ····················(   )(   )

159. 자신에게는 권력욕이 있다. ·····································(   )(   )

160. 업무를 할당받으면 기쁘다. ···································(   )(   )

면접

면접의 이해

❶ 면접 목적

(1) 역량 검증

면접은 다양한 기법을 활용하여 지원자가 직무에 필요한 능력을 보유하고 있는지 확인하는 절차이다. 지원자는 직무 수행에 필요한 요건과 관련한 자신의 경험, 관심사, 성취 등을 기업에 직접 어필하고, 인사 담당자는 기업은 서류만으로는 알 수 없는 지원자의 정보를 직접적으로 판단하고 평가한다.

(2) 강점 어필

면접은 보통 대면으로 이루어지며, 즉흥적인 질문을 포함하기 때문에 지원자가 완벽하게 준비하기 어렵다. 그러나 지원자에게는 서류 전형에서 미처 보이지 못한 실제 외국어 능력이나 커뮤니케이션 능력, 비즈니스 매너 등을 인사 담당자에게 추가로 어필하는 기회가 될 수 있다.

(3) 가치관 및 태도 확인

지원자의 성실성, 책임감, 윤리 의식 등 기본적인 인성 요소를 종합적으로 판단한다. 위기 상황에서의 태도, 실패 경험에 대한 인식 등을 통해 가치관의 방향성을 확인한다. 이는 장기 근속 가능성과도 밀접하게 연결되는 평가 요소이다.

(4) 의사소통 능력 평가

면접은 질문을 이해하고 핵심을 구조화하여 전달하는 능력을 평가하는 과정이다. 논리 전개력, 표현의 명확성, 경청 태도 등을 종합적으로 본다. 특히 조직 내 보고 · 협업 환경에서 원활한 소통이 가능한지를 판단한다.

(5) 성장 가능성 탐색

현재 역량뿐 아니라 향후 발전 가능성을 함께 평가한다. 피드백 수용 태도, 자기 성찰 능력, 학습 의지를 통해 잠재력을 확인한다. 즉시 투입 가능한 인재와 동시에 장기적으로 성장할 수 있는 인재를 선별하고자 한다.

② 평가 요소

(1) 경험에 대한 이해와 성찰

면접 평가에서는 지원자가 제시한 경험 그 자체보다 해당 경험을 통해 무엇을 느꼈고 어떤 발전을 이루어냈는지가 더 중요하게 고려된다. 동일한 경험이라 하더라도 문제 인식의 깊이, 판단의 기준, 성찰 정도에 따라 평가가 달라질 수 있다.

(2) 태도와 잠재력

면접관은 지원자의 의사소통 방식, 질문에 대한 반응 등을 통해 협업 능력과 발전 의지를 파악한다. 완벽한 답변보다는 겸손하면서도 주도적인 자세, 피드백을 수용하는 열린 태도, 그리고 조직의 가치관과 부합하는 직업관을 가지고 있을 때 좋은 평가를 받을 수 있다.

(3) 직무 역량

지원 직무와 관련된 이해도, 문제 해결 능력, 실무 적용 가능성을 평가한다. 경험 기반 답변이 구체적일수록 높은 평가를 받을 가능성이 크다.

(4) 의사소통 능력

질문 의도를 정확히 이해하고 구조적으로 답변하는지를 본다. 논리 전개, 핵심 전달력, 태도의 안정성이 중요한 요소이다.

(5) 조직 적합성

기업 문화와의 조화 가능성을 평가한다. 협업 태도, 갈등 해결 방식, 규범 수용 태도 등이 관찰 대상이다.

(6) 태도 및 인성

자신감, 성실성, 책임감, 예의 등을 종합적으로 판단한다. 지나친 과장이나 방어적 태도는 감점 요인이 될 수 있다.

(7) 성장 가능성

현재 능력뿐 아니라 학습 의지와 발전 가능성을 함께 평가한다. 피드백 수용 태도와 자기 성찰 능력도 중요한 요소이다.

① 면접 전 준비 사항

(1) 복장 및 스타일

최근 면접 복장을 점차 자율화하는 추세지만, 인사 담당자와 처음으로 만나는 자리이므로 예의를 갖춰 단정하게 입는 것이 좋다.

- 깔끔한 셔츠나 블라우스에 슬랙스를 매치하는 것이 가장 무난하다. 여성의 경우 단정한 원피스도 좋은 선택지가 될 것이다.
- 너무 화려한 액세서리와 넥타이, 높은 구두는 피하는 것이 좋다.
- 헤어스타일 역시 복장의 일부이기에 단정하게 정돈한다. 앞머리가 있다면 눈을 가리지 않도록 정리한다. 여성의 경우 묶이지 않는 길이가 아니라면 깔끔하게 묶는 것을 권장한다.

(2) 조직 정보 확인

지원한 조직의 홈페이지에서 비전과 경영 목표 등을 미리 확인한다. 조직마다 지향점이 다르고, 그 지향점에 따라 지원자에게 바라는 인재상 또한 달라지기 때문이다. 조직에서 제시하는 핵심 가치나 인재상에 자신의 경험과 강점을 연결 지어 답변할 수 있도록 준비한다.

(3) 시간 준수

예절의 기본은 시간이다. 지각할 경우 면접에 응시할 수 없거나 불이익을 받을 가능성이 높다. 면접 시간과 장소가 결정되면 가장 먼저 교통편과 소요 시간을 미리 확인하도록 한다. 가능하면 사전에 방문해 본다. 면접 당일 여유를 가지고 20 ~ 30분 전에 도착하는 것이 좋다.

(4) 지원서와 자기소개서 숙지

인성 면접은 지원서와 자기소개서에 관한 내용을 바탕으로 진행하기 마련이다. 그러므로 작성했던 지원서와 자기소개서를 사전에 충분히 숙지하도록 한다. 특히 자신이 작성한 경험이나 성과에 대해 '왜 그렇게 했는지', '그 과정에서 무엇을 배웠는지' 등의 세부 내용을 명확히 알고 있어야 꼬리 질문에 대비할 수 있다.

(5) 최신 뉴스와 시사상식 파악

사회 이슈에 대한 견해나 시사상식에 관한 질문에 대비하기 위해, 지원한 분야와 관련된 최신 뉴스와 시사상식을 알아 두는 것이 좋다. 이런 부분에서 해당 조직에 대한 관심, 입사 의지, 직무 이해도 등을 보일 수 있다.

(6) 예상 질문 및 답변 준비

사전에 다빈도 기출 질문 리스트를 만들고 예상 답변을 정리해 본다. 다소 긴장한 상태에서도 자연스럽게 답할 수 있도록 반복해서 연습한다. 거울을 보며 말하거나 답변하는 자신의 모습을 동영상으로 촬영해 보는 것도 도움이 될 수 있다.

(7) 면접 점검표

점검사항	확인
① 면접 장소를 확인했다.	
② 면접 장소까지의 교통편과 소요 시간을 확인했다.	
③ 지원한 조직의 비전과 목표를 확인했다.	
④ 지원한 조직의 인재상을 확인했다.	
⑤ 면접 자리에 알맞은 복장을 준비했다.	
⑥ 헤어스타일을 단정하게 정돈했다.	
⑦ 지원서와 자기소개서를 숙지했다.	
⑧ 지원한 조직의 보도 자료를 확인했다.	
⑨ 지원 분야와 관련된 최신 뉴스를 확인했다.	
⑩ 지원 분야와 관련된 시사상식을 숙지했다.	
⑪ 다빈도 기출 질문 리스트를 만들고 예상 답변을 정리했다.	

(1) 자세

① 인사를 할 때는 목만 숙인다거나 흐트러진 상태가 되지 않도록 주의한다.

② 걸을 때는 상체를 곧게 유지하고 발끝은 평행이 되게 하며 무릎은 스치듯 11자로 걷는다. 보폭은 어깨너비만큼이 적당하지만, 스커트를 입은 경우 보폭을 줄인다.

③ 서 있을 때는 팔을 자연스럽게 내리고 양손을 가볍게 쥐어 바지 옆선에 붙인다. 스커트를 입은 경우 공수 자세를 유지한다.

④ 앉아 있을 때 시선은 정면을 바라보며 턱은 가볍게 당기고 미소를 짓는다.

⑤ 앉고 일어날 때는 자세가 흐트러지지 않도록 의식해서 행동한다.

(2) 언어적 표현

① 인사말을 할 때는 밝고 친근감 있는 목소리로 또박또박 발성하며, 이름과 응시직렬, 수험번호 등을 간략하게 소개한다.

② 면접은 면접관과 지원자가 서로 이야기를 나누는 과정이므로 목소리가 미치는 영향력이 상당히 크다. 때문에 적절한 답변을 하더라도 자신감 없는 작은 목소리나 콧소리를 동반하면 신뢰감이 떨어질 수 있다. 부드러우면서 명확한 목소리를 유지하는 것이 바람직하다.

(3) 비언어적 표현

① 표정은 감정을 가장 잘 표현할 수 있는 의사소통 도구이며, 면접에서 지원자의 첫인상을 결정하는 중요한 요소 중 하나이다. 따라서 면접 중에는 밝은 표정으로 미소를 지어 호감을 형성할 수 있도록 한다.

② 시선은 면접관과 고르게 맞추고 생기 있는 눈빛을 띠도록 한다. 인사 시에는 상대방의 눈을 보며 하는 것이 가장 중요하지만, 너무 빤히 쳐다본다는 느낌이 들지 않도록 주의한다.

③ 면접관의 감점 포인트

(1) 질문 의도 파악 실패

질문과 무관한 답변을 장황하게 이어가는 경우 감점 요인이 된다. 면접은 말하기 시험이 아니라 질문에 정확히 답하는 능력을 평가하는 과정이다. 질문의 핵심을 파악하지 못하면 직무 이해도와 사고력에 대한 신뢰가 낮아질 수 있다.

(2) 경험의 구체성 부족

추상적인 표현이나 일반론적 답변은 실제 역량 검증이 어렵다. 열심히 했다, 최선을 다했다와 같은 표현은 설득력이 낮다. 구체적인 상황·행동·결과가 제시되지 않으면 직무 수행 가능성에 의문이 생길 수 있다.

(3) 책임 회피형 태도

실패 경험을 설명하면서 타인이나 환경 탓으로 돌리는 태도는 부정적으로 평가된다. 조직은 완벽한 인재보다, 문제를 인식하고 개선하는 인재를 선호한다. 책임을 인정하고 학습한 점을 제시하지 못하면 성장 가능성 점수가 낮아질 수 있다.

(4) 과도한 자기 연출

지나치게 이상적이거나 완벽한 모습만을 강조하면 진정성이 의심될 수 있다. 실제 경험과 동떨어진 과장된 답변은 추가 질문에서 쉽게 드러난다. 완벽한 사람보다 예측 가능한 사람을 선호한다는 점을 이해해야 한다.

(5) 비언어적 태도의 불안정성

시선 처리, 표정, 자세, 말의 속도는 신뢰감 형성에 영향을 미친다. 과도한 긴장으로 인한 급한 말투나 불안정한 태도는 준비 부족으로 해석될 수 있다. 안정된 자세와 일정한 말하기 속도는 내용 이상의 평가 요소가 된다.

① STAR

(1) 정의 및 특징

상황과 경험 면접에서 주로 사용한다. 어려운 상황을 극복했던 경험, 갈등을 중재했던 경험 등을 묻는 질문에 답하기 좋다.

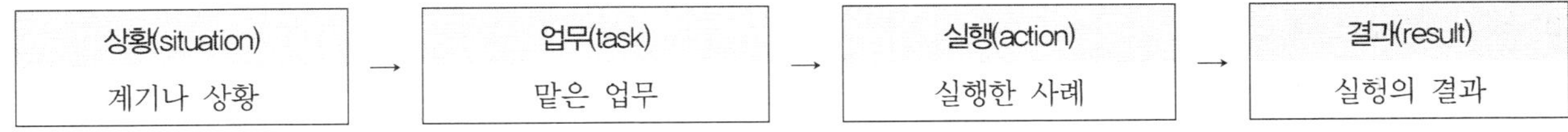

(2) 질문 답변 예시

> Q. 가장 힘들었던 때와 그때를 극복해 낸 경험을 말해 보십시오.

① S : 고등학교 이 학년 때 동아리 회장직을 맡게 되었습니다. 그런데 내부 갈등으로 인원과 여산이 줄어 동아리를 폐쇄해야 할 위기에 직면했습니다.

　　TIP 당시 상황과 맥락을 들어 사건의 시발점을 간결하게 제시한다.

② T : 저는 동아리 재건에 도전하기로 마음먹었습니다. 동아리 활성화를 위해 가장 중요한 것은 사람이라고 생각했고, 새로운 동아리 회원을 모집하고자 했습니다.

　　TIP 주어진 책임이나 목표를 언급하며, 해결해야 했던 핵심 과제 또는 맡은 업무를 중심으로 답변한다.

③ A : 그래서 동아리 홍보 포스터를 만들어 일 학년 게시판이나 복도에 중심적으로 게시하고, 점심시간과 쉬는 시간에 선생님들께 양해를 얻어 일 학년 교실에서 동아리 홍보를 하기도 했습니다.

　　TIP 중심이 되는 부분이므로 명확하게 전달한다. 문제 해결을 위해 취한 행동을 구체적으로 설명하며, 능동 표현을 사용하는 것이 좋다.

④ R : 그 결과 폐쇄 위기였던 저희 동아리는 일 년 만에 학교에서 신입생이 가장 많은 동아리가 되었고, 이후 다양한 활동을 하며 동아리를 활성화했습니다. 이 경험으로 문제 해결을 위해 주도적으로 행동하는 자세의 중요성을 배울 수 있었습니다.

　　TIP 구체적인 성과를 언급하며 마무리한다. 가능하다면 수치나 객관적 지표를 제시하는 것이 효과적이다. 배운 점 또는 느낀 점을 덧붙이면 더 좋은 인상을 남길 수 있다.

② SCAR

(1) 정의 및 특징

압박이나 개별 면접에서 주로 사용한다. 갈등이나 위기, 도전 경험을 설명하는 데 유용하게 사용할 수 있다.

상황(situation) 상황 설명	→	위기(crisis) 위기 상황	→	행동(action) 위기 해결 행동	→	결과(result) 행동의 결과

(2) 질문 답변 예시

> Q. 갈등 상황을 중재한 적이 있습니까? 있다면 경험을 말해 보십시오.

① S : 팀 프로젝트에서 자료 분석 방향을 두고 두 명이 서로 다른 해석을 주장하며 큰 의견 차이를 보인 적이 있었습니다.

TIP 지원 분야와 관련한 전문적인 과제 및 업무 상황의 내용을 제시하면 유리하다.

② C : 가벼운 토의에서 시작했지만 분석 기준과 책임 범위를 두고 감정적인 논쟁으로까지 번졌고, 이에 따라 프로젝트가 무산될 위험까지 생겼습니다.

TIP 위기 또는 갈등 상황을 구체적으로 설명한다. 예상되었던 부정적인 결과를 덧붙이면 상황의 심각성을 더욱 설득력 있게 전달할 수 있다.

③ A : 저는 우선 갈등 악화를 막기 위해 회의를 중단하고, 이후 중립적인 기준을 바탕으로 두 주장을 정리한 뒤, 타협안을 도출해서 다음 회의 때 제시했습니다.

TIP 자신의 역할과 행동을 중심으로 답변한다. 가능한 경우 문제의 접근 방법과 합리적인 판단의 근거 등을 함께 설명하면 좋다.

④ R : 그 결과, 의견이 원만하게 통일되어 프로젝트에서 만족스러운 결과를 얻을 수 있었습니다. 저는 이를 통해 양측의 입장을 헤아려 합리적인 해결책을 제시하는 중재자의 역할을 경험했습니다.

TIP 앞서 언급한 행동의 긍정적인 결과를 제시하고, 그로 인해 얻은 교훈이나 역량으로 마무리한다.

(1) 정의 및 특징

토론이나 발표 면접에서 주로 사용한다. 논리적인 이유와 실제 사례 및 데이터에 기반하므로 설득력 있는 주장을 펼칠 수 있다.

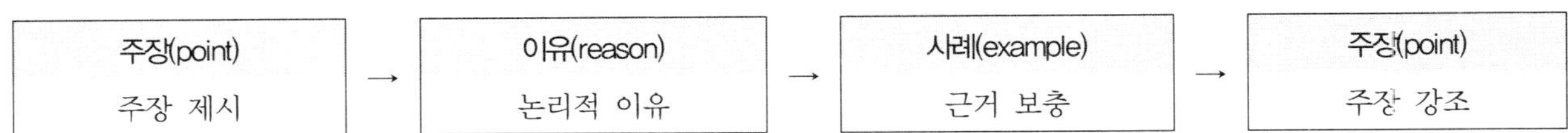

(2) 질문 답변 예시

> Q. 재택근무 제도에 대해 어떻게 생각하십니까?

① P : 저는 재택근무 제도에 찬성합니다. 재택근무를 확대하는 것이 조직의 발전에 도움이 된다고 생각합니다.

TIP 주장과 주장의 핵심이 되는 내용을 시작으로 답변을 전개한다. 짧고 간결한 표현을 사용하면 좋다.

② R : 업무 특성에 따라 유연한 근무 환경을 제공하면 직원들의 업무 집중도와 조직 전체의 효율성이 높아질 수 있기 때문입니다.

TIP 주관적인 판단보다는 주제를 객관적으로 파악하는 관점을 가지는 것이 좋다.

③ E : 실제로 근래에 많은 기업이 재택근무를 도입하기 시작했는데, 출퇴근 시간 단축과 자율적인 근무 환경으로 만족도와 생산성이 동시에 향상되었다는 조사 결과가 있었습니다.

TIP 근거와 직접적으로 연결되는 부연 설명을 덧붙인다. 연구 결과, 기사, 통계 등을 활용하면 신뢰성과 설득력을 높일 수 있다.

④ P : 그러므로 재택근무 제도를 적극 도입해 근무자의 업무 수행력을 높일 수 있도록 도와야 한다고 생각합니다.

TIP 마무리 단계에서 처음 주장을 반복함으로써 자신의 의견을 강조할 수 있다. 제안이나 기대 효과 등을 함께 언급하면 논리의 전문성을 높이는 데 도움이 된다.

④ OREO

(1) 정의 및 특징

토론이나 발표 면접에서 주로 사용한다. 설득보다는 설명과 이해를 좀 더 중시한다는 특징이 있다.

주장(opinion) 주장 명시	→	이유(reason) 논리적 이유	→	예시(example) 구체적 예시	→	주장(opinion) 주장 강조

(2) 질문 답변 예시

> Q. 현재 동물 학대 처벌 수준에 대해 어떻게 생각하십니까?

① O : 저는 동물 학대에 대한 처벌을 크게 강화해야 한다고 생각합니다.

> **TIP** 도입부에서 자신의 주장을 명확하게 제시한다. 추상적이거나 애매한 입장은 피하고 확실한 태도를 갖는 편이 더욱 신뢰감을 줄 수 있다.

② R : 동물 또한 감정과 고통을 가진 존재이기 때문에 윤리적으로 충분히 보호받아야 할 필요가 있습니다. 그러나 현행 처벌 수준으로는 동물 학대의 실질적인 억제 효과가 부족합니다.

> **TIP** 의견을 뒷받침하는 논리적 근거를 중심으로 답변한다. 이때 주장과 이유의 인과관계를 분명히 하여, 타당하고 듣는 이가 납득하기 쉽게 구성하는 것이 좋다.

③ E : 일부 국가에서는 동물 학대에 대한 처벌을 강화한 후, 관련 범죄가 감소하고 동물 복지 의식이 높아졌다는 보고가 있습니다. 예를 들어, 독일은 헌법에 동물 보호를 명시하고 학대자에 대해 최대 3년의 징역형을 집행하면서, 동물 학대가 매우 드문 국가가 된 사례가 있습니다.

> **TIP** 구체적인 사례나 통계를 제시하여 주장과 이유를 보다 자세히 설명한다. 이때 검증할 수 있고 신뢰가 가는 자료를 채택하는 것이 좋다.

④ O : 따라서 동물 학대에 대한 처벌을 대폭 강화해 실질적인 동물 복지를 개선하고 사회 전반의 윤리적 수준을 높여야 한다고 생각합니다.

> **TIP** 핵심 의견을 다시 강조하며 마무리한다. 가능하다면 예상되는 결과나 미래 전망 등을 함께 언급해서 결론을 더 강조할 수 있다.

면접 유형 및 준비전략

1 인성면접

(1) 평정 요소

① 대인관계능력

> • 처음 만나는 사람과 쉽게 친해지는 편입니까?
> • 생각이 다른 동료와 함께 일했을 때 어떻게 협업했습니까?
> • 업무 중 동료와 갈등이 생긴다면 어떻게 하겠습니까?

㉠ 협조성과 갈등 중재 능력, 팀워크 등을 심사하는 질문이다. 인사 담당자로서는 동료들과 얼마나 원활한 관계를 형성하고 유지해 나가는지도 중요한 평정요소이다.

㉡ 대인관계능력은 의사소통에서 시작한다. 의사소통능력은 단순히 조리 있게 말을 잘 하는 것뿐만 아니라 경청하는 자세, 문서를 읽고 쓰는 능력, 기초 외국어 능력까지 포함한다.

② 자기계발능력

> • 가장 힘들었던 때와 그때를 극복해 낸 경험을 말해 보십시오.
> • 입사 후 전문성을 키우기 위해 어떤 자기 계발을 할 계획입니까?
> • 새로운 업무 시스템이나 절차가 도입되었을 때 빠르게 이해하고 적응했던 경험이 있습니까?

㉠ 과거에 자기 계발을 했던 경험, 또는 입사 후 포부 등 다양한 형태로 질문한다.

㉡ 과거의 경험은 자신의 부족한 점이나 약점을 인식한 후 어떤 노력을 통해 극복했는지, 입사 후 포부는 자신의 부족한 점을 어떻게 더욱 개발할지를 묻는다.

③ 스트레스 관리

> • 취미가 무엇입니까?
> • 자신만의 스트레스 관리법이 있습니까?
> • 평소 여가시간을 어떻게 보내는 편입니까?

㉠ 스트레스를 어떻게 관리하고 해소하는지를 통해 인사 담당자는 해당 지원자가 압박 상황에서 어떻게 대처하는지를 알 수 있다.

㉡ 취미나 여가 시간을 묻는 단순한 질문에도 자신의 직무 역량과 연결해 답하는 것이 중요하다.

④ 성실성

> • 장기간 꾸준히 노력했던 경험을 말씀해 주십시오.
> • 마감 기한이 촉박했던 상황에서 어떻게 대응했는지 구체적으로 설명해 보십시오.
> • 반복적이고 단조로운 업무를 맡았을 때 어떻게 동기를 유지했습니까?

㉠ 성실하게 근무를 했었던 경험에 대해서 질문한다.

㉡ 장기 근속 여부 및 맡은 업무를 성실하게 할 수 있는 가를 중요하게 확인한다.

⑤ **책임감**

> • 본인의 실수로 문제가 발생했던 경험과 그 해결 과정을 설명해 보십시오.
> • 팀 프로젝트에서 갈등이 발생했을 때 본인은 어떤 역할을 했습니까?
> • 맡은 역할 이상으로 추가적인 책임을 수행했던 경험이 있다면 말씀해 주십시오.

㉠ 업무에 책임감을 확인하는 평정요소이다.

㉡ 문제 해결을 한 경험에 대해서 빈번하게 묻는다.

⑥ **가치관 및 조직적합성**

> • 조직 내에서 규정과 개인의 판단이 충돌한다면 어떻게 행동하시겠습니까?
> • 본인이 중요하게 생각하는 직장인의 덕목은 무엇입니까?
> • 상사의 지시가 본인의 생각과 다를 경우 어떻게 대응하겠습니까?

㉠ 가치관을 확인하는 질문을 하는 평정요소이다.

㉡ 인성검사 결과와 연관되는 질문을 빈번하게 하는 편이다.

⑦ **의사소통 태도 및 안정성**

> • 본인의 의견이 받아들여지지 않았던 경험을 설명해 보십시오.
> • 예상치 못한 질문을 받았을 때 어떻게 대응하시겠습니까?
> • 면접과 같은 긴장 상황에서 본인을 어떻게 조절합니까?

㉠ 의사소통 및 소통능력을 확인하는 평정요소이다.

㉡ 동료들과 의사소통을 통해서 갈등을 해결한 경험을 주요하게 물어본다.

(2) 준비전략

인성면접은 지원자의 인품을 넘어 상기 평정 요소들을 평가하는 일종의 구술시험이다. 따라서 인성 평가라는 사고에 갇혀 무난한 모범 대답만 반복하는 것은 피해야 한다. 질문의 의도를 파악하고 그것을 조리 있게 말하는 능력이 중요하다. 주로 지원서나 자기소개서에 기반으로 하는 질문 또는 사회적으로 쟁점이 되는 뉴스와 시사상식에 대한 견해를 묻기 때문에 해당 내용을 사전에 숙지해야 한다.

② 직무면접

(1) 평정 요소

① 직무상식

> • A 프로그램을 사용할 수 있습니까?
> • 해당 업무를 수행할 때 바람직한 태도는 무엇입니까?
> • 직무와 관련해 개인적으로 학습하거나 준비한 것이 있습니까?

㉠ 직무를 수행할 최소한의 학습 경험과 이해도·관심도를 갖추었는지를 평가한다.

㉡ 해당 직무를 담당할 때 필요한 기초 지식과 태도 등의 이해를 필요로 한다.

㉢ 전공 개론 수준의 이론 또는 사용하는 툴이나 프로그램 등을 묻는다.

② 응용능력

> • 업무 과정에서 비효율적인 부분을 발견하고 개선한 경험이 있습니까?
> • 업무에서 실수를 줄이고 정확성을 유지하기 위한 자신만의 방법이 있습니까?
> • 업무 마감 시간이 얼마 남지 않았는데 시스템 오류가 발생했다면 어떻게 하겠습니까?

㉠ 직무 지식을 실제 현장에서 응용할 수 있는지 파악하기 위한 질문이다.

㉡ 직무와 관련된 상황을 분석하고 해결 전략을 제시하는 논리적 사고를 필요로 한다.

㉢ 어떠한 상황을 주고 그 상황에서 본인이라면 어떻게 할 것인지를 묻는 경우가 많다.

③ 직무이해도

> • 이 직무를 수행하는 데 가장 중요한 역량은 무엇이라고 생각합니까?
> • B 법이 다음 달부터 개정 발효되는데 이유를 알고 있습니까?
> • C 안건을 본인이 한다면 어떤 순서로 하겠습니까?

㉠ 지원하는 업무를 정확히 이해하고 있는지를 확인하기 위한 질문이다.

㉡ 자신이 어떤 일을 해야 하는지 알고 해당 직종의 정책 및 지향점을 명확히 파악하는 것이 중요하다.

㉢ 직무에 대한 세부적인 질문을 받았을 때, 기업의 비전 또는 미션과 해당 직무의 역할을 연결 지어 답변하는 것 또한 좋은 어필이 된다.

(2) 준비전략

직무면접은 지원자의 직무 적합성을 검증하기 위한 면접이므로, 지원하는 직무에 대한 기본 이론부터 응용 상식까지 포괄적인 내용을 숙지하는 것이 중요하다. 채용 공고의 직무 설명, 홈페이지의 기업의 직무 소개, NCS 직무기술서 등을 토대로 필요 역량과 툴 등을 명확하게 파악하도록 한다.

③ AI 면접

(1) 특징

AI가 면접관 역할을 대신하는 비대면 면접 유형 중 하나이다. 화상 카메라, 마이크 등을 준비해야 한다는 번거로움이 있지만, 시간과 장소의 제약이 없다는 것이 장점이다. AI가 지원자의 시선, 말투, 표정, 제스처까지 전부 분석하고 많은 인원의 면접을 빠르게 치를 수 있다는 점에서 AI 면접을 선호하는 곳이 늘고 있다.

(2) 준비전략

① AI 면접에서는 시선처리와 발음, 응답속도가 중요한 평가 요소로 작용한다. 많은 지원자가 카메라가 아닌 화면을 보는 실수를 하는데, AI 면접 시에는 화면이 아닌 카메라를 정확히 보는 연습을 하는 것이 좋다.

② 음성 인식 정확도를 높이기 위해서는 또박또박 천천히 말하고, 질문이 끝난 뒤 2 ~ 3초 정도의 간격을 두고 대답한다.

④ 개별면접

(1) 특징

한 명 또는 여러 명의 면접관과 한 명의 지원자가 면접을 치르는 것이다. 지원자가 한 명인 만큼 심층적인 질문과 다양한 꼬리 질문을 받는다. 지원자의 사고 과정과 태도를 집중적으로 검증할 수 있다는 특징이 있다.

(2) 준비전략

① 심화 질문에 대비하기 의해서는 채용 공고, 기업의 비전과 미션, 보도 자료, 직종과 관련된 시사상식, 최근 이슈, 지원서와 자기소개서 등을 모두 꼼꼼하게 숙지하도록 한다.

② 다 대 일 면접의 경우 심리적 압박감이 강할 수 있으므로 모의 면접을 통해 여러 면접관의 질문에 차분히 대응하는 연습을 해두는 것이 좋다.

③ 한 면접관의 질문에 답변할 때도 다른 면접관들과 자연스럽게 시선을 나누며 소통하는 자세를 유지해야 한다.

⑤ 토론면접

(1) 특징

면접자들을 조별로 나누어 특정 주제를 주고 찬반 토론을 하도록 하는 면접이다. 토론을 통해 도출해 낸 최종안도 중요하지만, 결론을 도출하는 과정에서의 의사소통능력 및 갈등 상황에서 의견을 조정하는 대처 능력 등도 중요하게 평가된다.

(2) 준비전략

① 적극적으로 나의 의견을 주장하는 것도 중요하지만, 경청하고 조정하는 능력도 평정 요소 중 하나라는 사실에 유념하여 토론에 임해야 한다. 다른 사람이 발언할 때 고개를 끄덕이거나 적절한 반응을 보이며 경청하는 비언어적 커뮤니케이션을 잊지 않도록 한다.

② 주제는 주로 최근 사회 이슈나 업계 관련 쟁점 중에서 나오는 경우가 많으므로 이를 중심으로 공부하는 것이 좋다.

⑥ 상황면접

(1) 특징

실제 업무 중 마주할 수 있는 상황을 제시하고 어떻게 행동할 것인지를 묻는 방식으로 진행하는 면접이다. 현장에서 겪을 수 있는 상황을 제시함으로써 입사 이후의 실제적인 업무 수행 능력을 중점적으로 평가한다.

(2) 준비전략

① 상황면접 특성상 면접 질문이 길다는 점에 유의한다. 질문의 핵심 의도를 짚어내고 적절한 답을 제시할수록 높은 점수를 얻을 수 있다.

② 다양한 관점을 고려하여 어려운 문제 상황에 대한 답을 미리 생각해 보고 구조화된 면접 답변을 준비하는 것이 좋다.

⑦ 비대면 면접

(1) 특징

면접관과 지원자가 대면하지 않은 상태에서 진행하는 면접이다. 화상 프로그램을 통해 면접관과 질의문답을 주고받는 것과, 주어진 주제나 질문에 답하는 모습을 녹화하여 제출하는 것 두 종류로 나뉜다. 면접관이 사람이라는 점에서 AI 면접과는 차이가 있다.

(2) 준비전략

① 카메라와 마이크가 잘 작동하는지, 프로그램 설치나 설정이 맞게 되어있는지를 사전에 반드시 점검하도록 한다.

② 화면이 아닌 카메라 렌즈를 향해서 자연스러운 시선 처리를 유지하고, 질문이 끝난 뒤 2 ~ 3초의 간격을 두고 또렷하게 답변하는 것이 좋다.

③ 시스템 오류 등의 예상치 못한 상황이 벌어지더라도 당황하지 않고 침착하게 담당자의 안내에 따르도록 한다.

⑧ 외국어 면접

(1) 특징

외국어로 진행되는 면접으로, 외국계 기업이나 업무상 외국어를 많이 사용하는 직종에서 주로 시행한다. 전문용어나 비즈니스 매너 등까지 전반적으로 갖춰야 하므로, 원어민 면접관이 면접을 진행하는 때도 많다.

(2) 준비전략

① 중요한 건 자신감이다. 면접장에서 외국어를 완벽하게 구사해야 한다는 사실을 부담스러워하는 지원자가 많다. 그러나 완벽하지 않더라도 자신감 있게 나를 표현하는 모습이 좋은 평가를 받을 수 있다.

② 문화권마다 예의범절이나 비즈니스 매너 등이 다르다는 점에 유의하고 미리 숙지하도록 한다.

9 **발표면접 (PT면접)**

(1) 특징

지원자가 제시된 특정 주제와 자료를 토대로 자기 생각을 발표하는 면접이다. 주어진 자료에서 핵심 주제와 맥락을 짚어낼 수 있는 능력과, 그것들을 기반으로 문제를 해결할 수 있는 능력 등이 주요 평정 요소이다.

(2) 준비전략

① 주제와 상황을 명징하게 파악하는 것이 가장 중요하다. 강조하고자 하는 핵심을 찾아내고, 서론 – 본론 – 결론의 체계적인 구조를 사용하여 이를 드러내는 것이 좋다.

② 발표할 때는 주어진 시간을 엄수하여 명확하고 자신 있는 태도로 한다.

10 **다(多) 대 다(多) 면접**

(1) 특징

다수의 면접관과 다수의 지원자가 함께 면접을 보는 것이다. 개별 역량뿐만 아니라 다른 지원자들과의 상호작용, 경쟁 상황에서의 태도 등을 종합적으로 평가한다. 제한된 시간 내에 자신을 효과적으로 드러내야 하는 점이 어렵지만, 다른 지원자와 비교하여 자신의 취약점이나 강점을 파악할 수 있다는 장점도 있다.

(2) 준비전략

① 사람들 사이에서 자신을 보여주는 것도 중요하지만, 다른 지원자들을 향한 태도도 중요하다. 다른 지원자가 답변할 때는 그 지원자를, 면접관이 질문할 때는 그 면접관을 바라보며 경청하는 태도를 보인다.

② 다른 지원자와 답변이 겹치지 않도록 한 질문에 다양한 답변을 준비하는 것이 좋다.

다빈도 기출 질문

> **Q. 자기소개를 간단하게 해 보세요.**

A. 안녕하십니까, A사 B계열에 지원한 OOO(이)라고 합니다. 저는 제 핵심 강점인 책임감을 바탕으로, 어느 조직에서나 끈질긴 분석과 협업을 통해 목표 달성에 기여하고자 노력해 왔습니다. 이 과정에서 업무에 필요한 문제 해결 능력과 추진력 또한 키울 수 있었습니다. 실제로 여러 프로젝트에 참여하여 직접 제안한 아이디어로 성과 개선에 기여한 경험이 있습니다. 입사 후에도 이러한 역량과 경험을 바탕으로 빠르게 업무에 적응하고, 장기적으로는 A사의 핵심 인재로 성장할 수 있도록 노력하겠습니다. 감사합니다.

> **TIP** 블라인드 면접 시 학교명이나 나이 등의 신상정보를 빼고, 직무와 관련된 강점 중심으로만 답변해야 한다. 자신의 성향을 한 문장으로 요약하고, 이어서 간단한 경험으로 근거를 제시한 뒤, 그 역량이 지원 직무에 어떻게 도움이 되는지 언급하며 마무리하면 좋다.

> **Q. 우리 회사를 지원한 이유는 무엇입니까?**

A. 회사의 성장 방향성 및 추구하는 목표가 제 가치관과 역량에 잘 맞는다고 생각했기 때문입니다. 저는 조직의 성격과 구성원의 역량이 맞닿을 때 가장 큰 성과를 만든다고 믿습니다. A사가 명확한 목표를 갖고 체계적으로 성장 전략을 실천하는 조직 문화를 갖추고 있으며, 구성원들이 도전하면서도 협업을 중시하는 환경에서 일하고 있다는 점이 인상 깊었습니다. 저 또한 A사에서 책임감 있게 협업하고 결과를 내는 사람으로 성장하고 싶어 지원했습니다.

> **TIP** 홈페이지나 채용 공고에서 언급되는 핵심 가치 또는 인재상을 파악하고, 이를 자신의 성향과 연결 지어 기업과 자신의 지향점이 일치함을 강조하는 것이 바람직하다. 마무리는 능동적이고 미래지향적인 표현을 사용해 입사 의지를 드러내면 좋다.

Q. 해당 직무에 지원한 이유는 무엇입니까?

A. 저는 문제를 해결하고 가치를 창출하는 과정에서 큰 성취를 느끼는 사람입니다. 해당 직무가 분석을 바탕으로 명확한 결과를 만들어내며, 팀과 조직 목표 달성에 직접적으로 기여할 수 있다는 점이 매력적으로 다가왔습니다. 이전에도 주어진 과제를 체계적으로 분석하고 접근하여 성과를 낸 경험이 많이 있습니다. 때문에 해당 직무에서 제 흥미와 역량을 가장 효과적으로 발휘할 수 있다고 생각했습니다.

TIP 직무에 대한 지원자의 이해도와 직무 적합성을 파악하기 위한 질문이다. 효과적인 답변을 위해서는 지원하는 직무의 핵심 역할을 정확히 파악하고 있다는 사실을 드러내고, 그 안에서 자신의 역량을 발휘할 수 있다는 점을 어필하는 것이 좋다. 해당 역량을 효과적으로 발휘한 사례를 더하면 설득력을 높일 수 있다.

Q. 자신의 장·단점은 무엇이라고 생각합니까?

A. 저의 장점은 인내심입니다. 어렵고 힘든 문제를 만나도 쉽게 포기하지 않고 해결할 때까지 끊임없이 노력하기 때문입니다. 단점은 목표가 없으면 쉽게 나태해진다는 점입니다. 이를 극복하기 위해서 평소에도 맡은 일에 단계별로 구체적인 목표와 계획을 세우고 점검하는 습관을 만들었습니다.

TIP 장·단점을 묻는 질문은 자신의 약점을 어떻게 관리하고 성장의 계기로 삼는지를 평가하기 위한 목적이 있다. 따라서 단점을 언급할 때는 너무 사소하거나 추상적인 것보다는 개선 가능성과 보완 의지를 드러낼 수 있는 현실적인 문제를 제시하는 것이 좋다.

Q. 취미가 무엇입니까?

A. 제 취미는 조깅입니다. 운동을 하면 몸과 마음이 개운해질 뿐만 아니라 생각도 정리할 수 있기 때문입니다. 건강관리에 큰 도움이 되고 있기 때문에 조금 바쁘거나 피곤하더라도 시간을 내 꾸준히 조깅이나 산책을 하고 있습니다.

TIP 취미를 통한 지원자의 성실성, 자기관리 태도 등을 파악하려는 의도를 내포한다. 따라서 단순히 '운동을 좋아한다', '독서를 한다'처럼 열거식으로 답하기보다, 해당 취미가 자신에게 어떤 긍정적 영향을 주는지를 들어 답변하는 것이 바람직하다.

A. 여가 시간에는 주로 취미인 조깅을 하면서 보내는 편입니다. 하지만 밤이거나 날씨가 안 좋을 때는 책이나 영화를 보기도 합니다. 중요한 것은 균형 있는 활동과 휴식을 통해 체력을 관리하며 업무 시간에 필요한 집중력을 확보하는 것이라고 생각합니다.

TIP 시간 분배와 자기관리에 대한 체계적인 태도나 긍정적으로 업무 에너지를 회복하는 모습을 보이면 좋은 인상을 남길 수 있다. 이는 주어진 자원을 효율적으로 활용하고 장기적인 업무 수행에서도 안정적인 성과를 낼 수 있는 사람으로 평가 받는 데 도움을 준다.

A. 스트레스를 받는 상황이 생기면 우선 감정적으로 반응하기보다 이성적으로 상황을 정리하고 마음을 다스릴 수 있도록 노력합니다. 보통 짧은 산책이나 조깅으로 생각을 환기하는 것이 도움 되었습니다. 스트레스 해소는 감정 배출이 아닌 문제를 해결하기 위한 정리 과정이라고 생각하고 있습니다.

TIP 긍정적이며 건강한 방법을 제시하고, 구체적인 예시를 들어 자신만의 스트레스 해소법을 언급하는 것이 좋다. 이를 통해 압박 상황에서도 일의 균형과 효율을 유지할 수 있는 안정적인 지원자로 인식될 가능성이 높다.

A. 카시와기의 「데이터 문해력」을 읽었습니다. 데이터를 어떻게 해석하고 업무 의사결정에 활용할 것인지에 대한 책입니다. 데이터 활용 능력이 더욱 중요해지고 있는 시대인 만큼 데이터를 통해 실제 문제를 해결하는 방법을 더 잘 이해해야 한다고 생각했습니다. 책을 읽으며 데이터를 다루는 기술적 역량뿐만 아니라 그 속의 맥락을 이해하는 능력도 함께 키워야겠다고 느꼈습니다.

TIP 자기 계발과 직무 역량 향상을 위해 노력하는 태도를 어필할 수 있는 질문이다. 단순히 책의 줄거리나 내용 요약을 말하기보다, 그 책을 통해 무엇을 느꼈고 어떤 점을 배우게 되었는지를 중심으로 답변하면 설득력이 높아진다.

Q. 자신을 리더라고 생각합니까, 팔로워라고 생각합니까?

A. 저는 팔로워에 좀 더 가깝다고 생각합니다. 지금까지 상황을 분석하고 소통하는 능력을 통해 리더의 아래에서 팀을 하나로 만든 경험이 많았기 때문입니다. 그러나 좋은 팔로워의 경험이 있어야 좋은 리더도 될 수 있다고 생각합니다. 조율이 필요한 순간에는 앞장서서 의견을 모으고 정리하는 리더 역할도 마다하지 않고자 합니다. 팀의 성과를 위해 두 역할을 유연하게 수행하는 사람이 되겠습니다.

> **TIP** 자신의 강점과 역량에 대해 충분히 이해하고 있는 것이 중요하다. 구체적인 경험을 근거로 들어, 적절한 자리에서 스스로의 역할을 충실히 수행할 수 있는 인재라는 점을 설명한다. 가능하다면 한쪽만 일방적으로 강조하기보다 두 역할을 상황에 따라 조화롭게 수행할 수 있는 유연성을 보여주어도 좋다.

Q. 자신보다 어린 상사에 대해 어떻게 생각합니까?

A. 나이보다는 개인이 가진 전문성과 역량이 더 중요하다고 생각하므로 개의치 않습니다. 실제로 인턴 활동 중 저보다 어린 선배와 함께 일했던 적이 있습니다. 그분은 업무 경험이 많고 문제 해결 능력이 뛰어났기 때문에 옆에서 많이 여쭤보고 배울 수 있었습니다. 조직에서 상사라는 사실은 그만큼 인정받은 경력이 있다는 의미이기 때문에, 나이와 관계없이 존중하며 배우는 자세로 임하겠습니다.

> **TIP** 조직 내 위계에 대한 이해도와 관계 유연성을 파악하기 위한 목적이 있다. 합리적인 근거와 경험을 토대로 연령보다 역량을 중시하는 성숙한 사고방식을 드러내는 것이 좋다.

Q. 상사가 업무와 무관한 사적인 일을 시킨다면 어떻게 하겠습니까?

A. 먼저 지시받은 일의 목적과 필요성을 여쭤보겠습니다. 신입사원인 만큼 제가 해당 지시의 의미를 제대로 파악하지 못했을 수 있다고 생각하기 때문입니다. 그럼에도 명백히 업무와 무관한 사적인 일이라고 판단되면, 현재 더 필요한 업무에 집중하기 위해서 정중하게 거절하겠습니다.

> **TIP** 지원자의 문제 대처 능력, 윤리관 등을 평가할 수 있는 질문이다. 우선 상황을 객관적으로 파악하려는 시도 이후 합리적인 결정을 내리는 모습을 보이면 보다 긍정적인 평가를 받을 수 있다. 언행에서는 예의와 조직 존중의 자세를 잃지 않는 태도 또한 중요하다.

Q. 원하지 않는 지방이나 외국으로 발령을 받는다면 어떻게 하겠습니까?

A. 지원할 때 순환근무에 대한 사실을 충분히 숙지했기 때문에 기꺼이 받아들일 준비가 되어있습니다. 저는 환경이 바뀌는 것을 어려워하지 않고, 새로운 일에 도전하는 것을 좋아하는 편입니다. 물론 처음에는 낯설 수도 있지만, 그만큼 다양한 경험을 쌓고 폭넓은 시각을 갖춰 보다 성장하는 기회로 삼고자 합니다.

TIP 기업의 인사 정책을 존중하면서도 변화에 긍정적으로 대응하려는 자세로 답변하는 것이 바람직하다. 즉, 곤란하다거나 어렵다고 단정 짓기보다는 이를 성장의 기회로 삼아 조직에 기여하겠다는 의지를 드러내는 것이 좋다.

Q. 과도한 업무가 주어져서 일과 개인 시간의 밸런스가 무너진다면 어떻게 하겠습니까?

A. 우선은 저의 업무 처리 방식을 점검해보겠습니다. 업무에 요령이 부족하거나 서툴러서 생긴 문제일 수 있으므로 이를 개선해야 한다고 생각합니다. 선배님께 효율적인 방법을 여쭤보고 불필요한 시간을 줄이는 법을 익힐 계획입니다. 그런데도 업무량이 과다하다고 느껴진다면, 팀 내 상급자분께 상담을 요청해 조율하겠습니다.

TIP 먼저 스스로 업무를 완수하려는 의지를 보이고, 개인의 역량을 넘는 불가피한 상황임을 인지했을 때는 구체적인 해결 전략을 제시하여 원만한 문제 해결 능력과 소통 능력을 갖추었음을 밝히는 것이 바람직하다.

Q. 만약 이번 채용에 불합격한다면 어떻게 하겠습니까?

A. 겸허히 결과를 받아들이고 준비 과정에서 부족했던 부분을 점검하는 계기로 삼겠습니다. 특히 면접을 준비하며 느꼈던 제 역량의 한계나 보완이 필요하다고 생각한 부분을 중심으로 다시 정리하고, 관련 경험과 역량을 보완해 나가겠습니다.

TIP 채용 결과와 관계없이 지원자의 회복 탄력성, 직무에 대한 지속적인 관심과 준비 의지를 확인하고자 하는 질문이다. 감정적으로 반응하기보다는 자신에게 부족했던 점을 돌아보고 향후 계획을 성숙하게 수립하겠다는 태도를 보이는 것이 좋다.

06 면접기출

1 인성 관련 질문

① 지원자의 소개를 해 보시오

② 서울시설공단에 지원하게 된 동기는 무엇인가?

③ 마지막으로 하고 싶은 말이 있다면 해 보시오

④ 이직이나 또는 퇴직사유는 무엇인지 말해 보시오

⑤ 지원자의 취미가 무엇인지 소개해 보시오

⑥ 지원자의 전공을 소개해 보시오

⑦ 청계천 공사에 대한 지원자의 견해를 말해 보시오

⑧ 지원자는 졸업 후 지금까지 무엇을 했는지 말해 보시오

⑨ 지원자가 생각하는 신입사원으로써의 자세 3가지를 말해 보시오

⑩ 신입사원으로써 가장 중요한 덕목과 그 이유는 무엇인지 말해 보시오

⑪ 지원자가 좋아하는 주 전공과목은 무엇인가?

⑫ 성과연봉제에 대한 지원자의 생각을 말해 보시오

⑬ 만약 지원자보다 나이 어린 상사가 부서에 있다면 이에 대해 어떻게 대처할 것인지 말해 보시오

⑭ 지원자가 지원한 직종에 반드시 채용되어야 하는 이유를 설명해 보시오

⑮ 지원자는 입사하게 되면 어떠한 일을 할 것 같은지 말해 보시오

⑯ 만약 지원자가 입사 후 성취감을 느끼지 못하게 되면 어떻게 할 것인지 말해 보시오

⑰ 서울시설공단의 주요 사업과 가장 중요하다고 생각되는 사업은 무엇이라고 생각되는지 말해 보시오

⑱ 공공기관 직원으로서 갖춰야 할 직업윤리는 무엇이라고 생각하는가?

① 다짐공법에 대해서 설명해 보시오

② 아스팔트와 콘크리트 포장의 차이를 설명해 보시오

③ 유압기기를 다뤄본 경험이 있나요?

④ 비가 많이 내려서 펌프에 물이 넘쳐 흘렀습니다. 그 때 무엇을 가장 중요하게 확인해야 하는지 말해 보시오

⑤ 압력과 힘의 관계를 설명해 보시오

⑥ 공유재산에 대해서 설명해 보시오

⑦ 전기화재 발생 시의 조치 방법에 대해서 설명해 보시오

⑧ 공사 중 민원 발생 시 어떻게 대처할 것인지 말해 보시오

⑨ 공사 현장감독으로서 가장 중요하게 생각해야 하는 무엇인지 말해 보시오

⑩ 내진설계에 대해 간단히 설명해 보시오

⑪ 지진 발생하게 될 경우 교량에서 중점적으로 신경 써야 할 부분에 대해 설명해 보시오

⑫ 포트 홀에 대해 아는 대로 말해 보시오

⑬ 보도나 도로를 다니면서 불편했던 점이 있다면 개선방안과 함께 말해 보시오

⑭ 공사감독자로서 자신만의 원칙 3가지를 말해 보시오

⑮ 워라밸(Work and Life Balance)에 대한 자신의 의견을 말해 보시오

⑯ 상수도 굴착 공사 과정과 유의사항에 대해 설명해 보시오

⑰ 국내 한강 다리 중 가장 마음에 드는 다리와 그 이유를 말해 보시오

⑱ 옹벽 시공 시 현장감독자가 중점적으로 봐야 할 것은 무엇인가?

⑲ 10년 후 지원자의 모습에 대해 상상해 보시오

⑳ 서울시설공단의 경영이념과 가치에 대해 말해보시오.

가볍게! 빠르게! 확인하는 용어사전 시리즈

가볍게! 빠르게! 한눈에 보는
부동산용어
사전
◆ 공기업 / 언론사 / 기업체 / 공무원 채용대비에 필요한 용어 수록
◆ 분야별 구성으로 최신 중요 시사용어 총 1262개 수록
◆ 자가진단 TEST 및 십자말 풀이, 파트별 실력 점검퀴즈로 이해도와 응용력 강화
◆ 한눈에 확인할 수 있는 시리즈 상식을 통해 폭넓은 지식 확장

가볍게! 빠르게! 한눈에 보는
시사용어
사전 1262
◆ 공기업 / 언론사 / 기업체 / 공무원 채용대비에 필요한 시사용어 수록
◆ 분야별 구성으로 최신 · 중요 시사용어 총 1262개 수록
◆ 자가진단 TEST 및 십자말 풀이, 파트별 실력 점검 퀴즈로 이해도와 응용력 강화
◆ 한눈에 확인할 수 있는 시리즈 상식을 통해 폭넓은 지식 확장
SEOWONGAK (주)서원각

가볍게! 빠르게! 한눈에 보는
경제용어
사전
◆ 공기업 / 언론사 / 기업체 / 공무원 채용대비에 필요한 용어 수록
◆ 분야별 구성으로 최신 · 중요 시사용어 총 1262개 수록
◆ 자가진단 TEST 및 십자말 풀이, 파트별 실력 점검퀴즈로 이해도와 응용력 강화
◆ 한눈에 확인할 수 있는 시리즈 상식을 통해 폭넓은 지식 확장
SEOWONGAK (주)서원각

시사용어사전 │ 경제용어사전 │ 부동산용어사전

시사용어사전
매일 접하는 각종 기사와 정보! 공기업/언론사/기업체/공무원 채용을 준비하는 수험생과
현대인이 꼭 알아야 할 최신 시사상식을 쏙쏙 뽑아 이해하기 쉽도록 영역별로 정리

경제용어사전
주요 경제용어는 거의 다 실었다! 금융권/공기업/언론사/기업체/공무원 채용을 준비하기 전에,
경제 공부를 시작하기 전에 읽어보면 경제가 쉬워지도록 사전식으로 구성

부동산용어사전
부동산에 대한 이해를 높이고 부동산의 개발과 활용, 투자 및 부동산 용어 학습에도
적극적으로 이용할 수 있는 교재, 공인중개사 출제용어도 수록